U0940222

政治经济学的现代应用

——产业协同发展：理论、实践与创新

田　敏　著

中国农业出版社

图书在版编目（CIP）数据

政治经济学的现代应用：产业协同发展：理论、实践与创新/田敏著．—北京：中国农业出版社，2017.12

ISBN 978-7-109-23812-1

Ⅰ．①政…　Ⅱ．①田…　Ⅲ．①产业经济－区域经济发展－研究－中国　Ⅳ．①F127

中国版本图书馆 CIP 数据核字（2017）第 328621 号

中国农业出版社出版
（北京市朝阳区麦子店街 18 号楼）
（邮政编码 100125）
责任编辑　孙鸣凤
文字编辑　刘金华

中国农业出版社印刷厂印刷　　新华书店北京发行所发行
2017 年 12 月第 1 版　　2017 年 12 月北京第 1 次印刷

开本：700mm×1000mm　1/16　　印张：12.25
字数：220 千字
定价：48.00 元

摘　要

坚持以人民为中心的发展思想，是马克思主义政治经济学的根本立场。立足我国国情和发展实践，坚持从人民群众的利益出发，探索中国经济关系的趋势性变化和阶段性特征，以解决全面深化改革和全面建设小康社会过程中的经济问题，党的十九大报告提出，我国经济正处在转变发展方式、优化经济结构、转换增长动力的攻关期，必须坚持质量第一、效益优先，以供给侧结构性改革为主线，推动经济发展质量变革、效率变革、动力变革。

党的十八届三中全会提出的全面深化改革的总目标，就是完善和发展中国特色社会主义制度，推进国家治理体系和治理能力现代化。国家治理体系和治理能力体现在各个方面，其中一个重要方面是经济治理能力。这要求坚持以新理念引领经济发展新常态，统筹推进“五位一体”总体布局和协调推进“四个全面”战略布局，加快推动经济结构战略性调整和经济转型升级。在习近平总书记领导下制定的十八大、十九大国家发展的全面规划，从理论到实践都深刻体现了马克思主义政治经济学的精髓——政治经济为人民。在这种精神的指导下，中国经济迎来了转型发展的关键期，也对转型期三次产业协同发展提出了新的要求。

习近平总书记在 2014 年 7 月 8 日主持召开经济形势专家座谈会时指出，发展必须是遵循经济规律的科学发展，遵循自然规律的可持续发展。各级党委和政府要学好用好政治经济学，自觉认识和更好遵循经济发展规律，不断提高经济社会发展质量和效益的能力与水平。总书记在 2017 年 7 月 26—27 日省部级主要领导干部专题研讨班开班式上做重要讲话时强调，坚持和发展中国特色社会主义，必须高度重视理论的作用，在坚持马克思主义基本原理的基础上，勇于推进实践基础上的理论创新，在理论上不断拓展新视野、做出新概括。在我国经济社会发展新常态的关键时刻，习近平总书记强调学好用好政治经济学，这对于新常态下提高治理经济能力、推动经济持续健康发展具有十分重要的意义。

正确把握政治经济学的当代应用，有利于我们进一步探索我国经济发展的长期规律、阶段特征以及二者的关系，探索创新如何成为驱动力和我国经济发展的内在机制，探索政府宏观调控与市场自我调节的有效结合，探索地方政府在社会主义市场经济条件下的科学应用和应有作用，探索“看得见的手”和“看不见的手”怎样才能更好结合发挥作用。不断调整产业结构，完善符合经济规律的制度安排，通过发挥市场机制作用探索未来产业发展方向。在三次产业的融合与互动发展中，新技术、新产业、新业态和新模式会不断涌现，从而形成新的经济增长点。

古典政治经济学首次把经济整体的效果评价问题和国家在经济中的地位和作用问题提出，认为经济的目标是增加财富，国家的任务是保证财富的增加。马克思对政治经济学的贡献十分巨大，他首次把国家概念建立在社会生产方式之上，用经济来解释国家的起源，并从宏观层面论述了社会总资本的再生产，强调总量平衡和结构平衡，强调资本有机构成的提高。他与恩格斯共同提出了经济基础与上层建筑一对概念，用经济基础和上层建筑的相互作用恰当地描述了政治与经济的关系。马克思揭示的市场经济的一般规律，对于我们完善社会主义市场经济体制、推动经济持续健康发展具有重要指导意义。新政治经济学是世界第二次大战后西方社会出现的用经济学的方法研究政治问题的学术流派，其中包括以布坎南为代表的公共选择理论、以奥尔森为代表的集团理论以及以科斯、诺思为代表的新制度经济学等。这些学派从不同角度研究政治和经济关系的问题，具有政治与经济的融合、注重制度研究和使用了泛经济学方法的共同特点。应用政治经济学分析研究当今经济社会现实问题，提高按经济规律治理经济的能力，首先要正确认识、把握和遵循经济规律，以全新的角度思考国家治理体系问题，完善符合经济规律的制度安排，处理好政府和市场的关系，使它们在各自具有比较优势的领域充分发挥作用，实现经济治理科学化，推动符合经济规律的发展。

推进供给侧结构性改革，加快转变经济发展方式，深化改革，提高供给质量，是党中央综合研判世界经济形势和我国经济发展新常态做出的重大决策。供给侧结构性改革是创新和发展中国特色社会主义政治经济学的重大成果。该理论创造性地提出并构建了用以指导改革发展实践的理论体系，既强调供给侧结构性矛盾是主要矛盾，又强调供给要以满足人民群众日益增长的物质文化需要为目的和归宿。当前要以“三去一降一补”为突破，既要淘汰落后产能，减少无效供给，更要做大做强优势产能、培育壮大战略性新兴产业、加快提升传统产业，发展现代服务业，扩大有效供给。以高新技术产业的融入来提升传统产业，以战略性新兴产业的培育和发展促进产业转型与升级，这是三次产业协同发展的现实应用。转变经济发展方式，推进产业结构优化升级，产业协同带动是基于供给侧结构性改革的一项重大举措，其中三次产业协同发展和产业融合处于重要内容。

三次产业协同带动是推动经济发展方式转变中的一个重大命题，通过推进三次产业的结构调整，推进供给侧结构性改革，加强经济的内生增长力，培育经济增长新动能，提高最终消费在国民经济中的比重，保持经济“稳中求进”。三次产业协同带动的主要力量是创新，在这一以科技创新为主要动力的发展阶段，借鉴美日韩等国成功的科技发展模式，上海、江苏、广东等先进地区探索出了各具特色的产业升级和科技创新的成功路径，东北老工业基地的辽宁省，西部地区的成都、重庆等城市也进行了探索性的实践，取得了许多成功经验。突出表现为：一方面，处理好新旧产业的“加”“减”关系，大力发展能源资源开发利用、新材料和先进制造、信息网络、现代农业、健康、生态环境保护、空间和海洋、公共安全等新兴产业。加快传统产业的再创新，进一步提高传统产业的质量、效益和竞争力。另一方面，一、二、三产业融合并进。科技创新并非局限于工业领域，而是一、二、三产业全面协调创新。首先把农业科技创新摆到更加突出的位置，形成农业新业态中的战略性新兴产业，如生物工程、医药卫生等，同时大力发展与装备制造业、原材料工业等密切相关的具有高附加值的设计、研发等生产性服务业，加快服务业与现代工业相互融合、共同发展。再者，处理好科技创新与产业、区域创新的融合关系。创新传统的应用技术研究方式，构建产业技术创新链，提高产业占领市场和扩张的能力，进一步增强产业的成长性，提高产业的经济效益，推动科技创新与产业创新加速融合，提高科技支撑区域发展的能力。

主要观点如下：

1. 转变经济发展方式，强调三次产业协同带动。首先是将三次产业分别置于各自在国民经济中重要的战略地位上，寻求其间的战略互动。其中，农业是基础产业，处于战略的基础地位；工业，特别是制造业被放到了战略性的主导产业位置中；服务业，特别是生产性服务业，在工业发展中极大地促进了产业的升级。通过实现三次产业的协同融合，提高产业带动力，增强拉动国民经济的三驾马车中的消费需求，使得经济增长由过去的以投资、出口拉动为主转变为主要依靠国内市场，特别是消费需求，经济发展方式突出表现为需求拉动、内生增长。

2. 三次产业协同带动强调的是产业间的关联互动。由于产业关联的内在规律性，产业内各部门间的产品、生产技术、服务、价格、投资等相互关联，不同产业之间通过产业链的前向后向关系相互依托发展，各次产业通过产业关联引领，形成产业间的关联互动、递进发展。创新推进三次产业协同融合，信息化条件下产业关联方式扩展带来三次产业协同融合，由传统的第二产业占主导地位逐渐演变为工业化中下期的二、三产业并重的“双轮驱动”形态和后工业化时期以知识型新兴产业为核心，三次产业高度交织融合并衍生出许多新兴产业的“多维立体创新型”结构形态。

3. 三次产业协同带动的动力源泉在于创新。创新首先催生新兴产业的出现，新兴产业特别是战略性新兴产业具有“战略性”地位，“全局性”“长远性”和“导向性”的特征，拥有显著的技术优势，产业间的溢出和波及效应强，通过发挥其技术引领和产业带动作用，增加传统产业附加值，促进传统产业的高端化发展。同时，通过战略性新兴产业先进技术和高端产品的引入，延伸了传统产业链的长度和宽度，使得传统农业转型升级为一产起步“接二连三”的三产联动格局；工业从“生产型制造”向“服务型制造”转变；技术含量高、高附加值的高端服务业对制造业提出了提供各种物质载体和高效率硬件的要求，促进了传统产业的改造与提升，带动了一、二产业的转型与升级。

4. 经济发展的时序表现为先导产业和特色优势产业的更替。战略性新兴产业由于显著的技术优势，产业渗透性和带动力强，首先表现为先导性产业。其先导性特征决定了战略性新兴产业不仅促进生产力水平的不断提高、劳动力分工的精细化、产业部门的智能化和功能专业化发展，同时引领传统产业向着合理化、高端化和生态化方向转型升级，并注重与区域根植性结合，带动区域特色优势产业发展，形成区域特色经济。

5. 三次产业协同带动在不同的地理空间内涵、形态是不同的，各区域协调发展，需要按照国家区域发展总体战略和全国主体功能区规划的要求，综合考虑资源、环境容量、市场空间等因素，充分发挥区域比较优势，调整优化重大生产力布局。一方面，中国迫切需要这样的战略选择和分工：我国经济发达的东部地区和内地有条件的地区，应当因地制宜，发挥各自优势，承担发展不同领域的先进制造业，在新能源、新材料、重大装备、电子数字技术、人工智能、纳米技术、生物工程等领域，加快发展高端制造业；另一方面，引导地区间产业合作和有序转移，防止落后产能向中西部地区转移；再一方面，积极推进以产业为纽带、资源要素集聚的产业集群建设，深入推进新型工业化产业示范基地创建共建。各地根据自己的资源禀赋和环境基础，因地制宜地确定不同区域的发展空间形态。如果把区域划分为城市区域、工矿区域和农村地区，则中心城市着重发展总部、研发、设计、营销等现代服务业，此时的主导产业主要是第三产业；大都市郊区和大中城市着重发展高技术、先进制造，包括核心产业到它们的支持产业、配套产业、衍生产业；工矿区域主要发展工业生产，特别对于资源类地区主要结合丰富的资源开展生产，表现为以工业经济带动其他产业的发展；广大农村和小城镇地区主要发展与当地丰富的农产品资源相配套的农产品深加工，以工业反哺农业，大力发展特色优势产业，推进农业现代化发展，此时的产业形态主要表现为在大力发展农业生产的基础上，以工业带动产业升级，实现现代农业，同时吸纳更多的农民就业，进一步发展服务业。

关键词：治理现代化　供给侧结构性改革　内生增长　创新驱动　产业融合

目　　录

1 导论

1.1 选题背景和意义

党的十九大报告提出，从现在到二〇二〇年，是全面建成小康社会决胜期。要突出转变发展方式、优化经济结构、转化增长动力的攻关重点，紧扣我国社会主要矛盾变化，统筹推进包括经济建设在内的各项建设。“党的十八届三中全会提出的全面深化改革的总目标，就是完善和发展中国特色社会主义制度，推进国家治理体系和治理能力现代化。”国家治理体系和治理能力体现在各个方面，其中一个重要方面是经济治理能力。中共十八大以来，党和国家走过很不平凡的5年，经济社会发展取得了新的成就。经济保持中高速增长，2013—2016年，我国经济年均增长率为7.2%，明显高于世界同期2.5%的平均水平，也高于发展中经济体4.0%的平均水平，我国对世界经济增长的平均贡献率达到30%以上，超过美国、欧元区和日本贡献率的总和，居世界第一位。2016年我国国内生产总值为11.2万亿美元，占世界经济总量的15%左右。结构调整稳中有进，经济发展向中高端水平迈进，服务业成为国民经济第一大产业，装备制造业和高技术产业增长明显快于传统产业，消费成为经济增长主要推动力。科技创新不断取得重大突破，2017年创新指数排名列全球第22位，创新型国家建设取得重要进展。全面深化改革全面展开，对外开放向纵深推进，高水平对外开放呈现新格局，全球经济治理话语权不断提升。民生事业持续改善，人民群众获得感显著增强，2016年全国居民恩格尔系数为30.1%，接近联合国划分的20%～30%的富足标准。

中共十八大召开以来，面对世情国情的深刻变化，各地区各部门按照党中央、国务院决策部署，坚持以新理念引领经济发展新常态，统筹推进“五位一体”总体布局和协调推进“四个全面”战略布局，稳中求进，以推进供给侧结构性改革为主线，加快推动经济结构战略性调整和经济转型升级。改善国民经济结构，增强经济增长动力，提升经济增长质量，产业结构不断优化，需求结构持续改善，新型城镇化稳步推进，区域发展格局优化重塑，收入分配结构加快调整，发展的协调性和可持续性不断增强。

习近平总书记在2014年7月8日主持召开经济形势专家座谈会时指出，发展必须是遵循经济规律的科学发展，必须是遵循自然规律的可持续发展。各级党委和政府要学好用好政治经济学，自觉认识和更好遵循经济发展规律，不断提高经济社会发展质量和效益的能力与水平。总书记在2017年7月26—27日省部级主要领导干部专题研讨班开班式上重要讲话强调，我们党是高度重视理论建设和理论指导的党，强调理论必须同实践相统一。坚持和发展中国特色社会主义，必须高度重视理论的作用，保持和发扬马克思主义政党与时俱进的理论品格，勇于推进实践基础上的理论创新。在坚持马克思主义基本原理的基础上，以更宽广的视野、更长远的眼光来思考和把握国家未来发展面临的一系列重大战略问题，在理论上不断拓展新视野、做出新概括。

在我国经济社会发展新常态的关键时刻，习近平总书记强调学好用好政治经济学，这对于新常态下提高治理经济能力、推动经济持续健康发展具有十分重要的意义。正确把握政治经济学的当代应用，有利于我们进一步探索我国经济发展的长期规律、阶段特征以及二者的关系，探索创新如何成为驱动力和我国经济发展的内在机制，探索政府宏观调控与市场自我调节的有效结合，探索地方政府在社会主义市场经济条件下的科学应用和应有作用，探索“看得见的手”和“看不见的手”怎样才能更好结合发挥作用。不断调整产业结构，完善符合经济规律的制度安排，通过发挥市场机制作用探索未来产业发展方向。在3次产业的融合与互动发展中，新技术、新产业、新业态和新模式会不断涌现，从而形成新的经济增长点。

古典政治经济学首次把经济整体的效果评价问题和国家在经济中的地位和作用问题提出，认为经济的目标是增加财富，国家的任务是保证财富的增加。马克思对政治经济学的贡献十分巨大，他首次把国家概念建立在社会生产方式之上，用经济来解释国家的起源，并从宏观层面论述了社会总资本的再生产，强调总量平衡和结构平衡，强调资本有机构成的提高。他与恩格斯共同提出了经济基础与上层建筑一对概念，用经济基础和上层建筑的相互作用恰当地描述了政治与经济的关系。马克思揭示的市场经济的一般规律，对于我们完善社会主义市场经济体制、推动经济持续健康发展具有重要指导意义。新政治经济学是第二次世界大战后西方社会出现的用经济学的方法研究政治问题的学术流派，其中包括以布坎南为代表的公共选择理论、以奥尔森为代表的集团理论，以及以科斯、诺思为代表的新制度经济学等。这些学派从不同角度研究了政治和经济的关系问题，具有政治与经济的融合、注重制度研究和使用了泛经济学方法①的共同特点。应用政治经济学分析研究当今经济社会现实问题，提高按经济规律治理经济的能力，首先要正确认识、把握和遵循经济规律，以全新的角度思考国家治理体系问题，完善符合经济规律的制度安排，处理好政府和市场的关系，使它们在各自具有比较优势的领域充分发挥作用，实现经济治理科学化，推动符合经济规律的发展。

推进供给侧结构性改革，加快转变经济发展方式，深化改革，提高供给质量，是党中央综合研判世界经济形势和我国经济发展新常态做出的重大决策。供给侧结构性改革是创新和发展中国特色社会主义政治经济学的重大成果。该理论创造性地提出并构建了用以指导改革发展实践的理论体系，既强调供给侧结构性矛盾是主要矛盾，又强调供给要以满足人民群众日益增长的物质文化需要为目的和归宿。转变经济发展方式，推进产业结构优化升级，产业协同带动是基于供给侧结构性改革的一项重大举措，其中三次产业协同发展和产业融合是重要内容。

三次产业协同带动是推动经济发展方式转变中的一个重大命题，通过推进三次产业的结构调整，推进供给侧结构性改革，加强经济的内生增长力，培育经济增长新动能，提高最终消费在国民经济中所占的比重，保持经济“稳中求进”。我国经济经过多年快速增长，2011 年人均 GDP 超过 5 000 美元，2016 年人均 GDP 已达 8 126 美元，属中等偏上收入国家。随着经济总量和发展阶段的变化，我国经济发展中出现了许多结构性矛盾，突出表现为在需求结构上过于依赖投资和外需，在产业结构上过于依赖第二产业，在投入结构上过于依赖物质投资和外延扩张，同时经济增长和资源环境矛盾加剧。现代化进程的推进，工业化、信息化成为推动经济发展的强大动力，随着居民收入的稳步增长，消费结构升级，国内消费需求潜力巨大。供给和需求的巨大变化，迫切要求转变经济发展方式，抓住消费结构和产业结构升级的巨大需求潜力及各地良好的物质基础和资源优势，通过推进三次产业协同带动发展，扩大国内需求特别是消费需求，增强拉动国民经济的三驾马车中消费的带动力，减弱国际市场的波动对我国经济增长稳定性的影响，转变过去投资拉动靠前、基建和工业带动凸显的局面，加强经济的内生驱动力，保持经济持续稳定增长。国际金融危

① 即以经纪人为基本假设，从理性人出发，分析政治中的个人、集团和国家（政府）。

机发生以来，我国发展的外部环境也发生了很大变化，加快转变经济发展方式的紧迫性更加凸显出来。金融危机发生以来，主要发达国家经济萧条可能持续较长时间，全球市场可能陷入持续低迷，市场需求不振将成为制约经济发展的主要因素。发达国家一方面加大“振兴制造业”和“再工业化”，另一方面纷纷推出新兴产业发展战略，着力抢占未来科技和经济发展的制高点。无论是近期还是中长期，我国发展的外部环境更趋严峻复杂，必须把经济发展重心转到扩大内需，特别是消费需求、调整产业结构和改革创新上来。

三次产业协同带动的主要力量是创新，在以科技创新为主要动力的发展阶段，借鉴美日韩等国成功的科技发展模式，上海、江苏、广东等先进地区探索出了各具特色的产业升级和科技创新的成功路径，东北老工业基地的辽宁省，西部地区的成都、重庆等城市也进行了探索性的实践，取得了许多成功经验。突出表现为：一方面，处理好新旧产业的“加”“减”关系，大力发展能源资源开发利用、新材料和先进制造、信息网络、现代农业、健康、生态环境保护、空间和海洋、公共安全等新兴产业。加快传统产业的再创新，进一步提高传统产业的质量、效益和竞争力。另一方面，一、二、三产业融合并进。科技创新不仅局限于工业领域，而是一、二、三产业全面协调创新。首先把农业科技创新摆到更加突出的位置，形成农业新业态中的战略性新兴产业，如生物工程、医药卫生等，同时大力发展与装备制造业、原材料工业等密切相关的具有高附加值的设计、研发等生产性服务业，加快服务业与现代工业相互融合、共同发展。再者，处理好科技创新与产业、区域创新的融合关系。创新传统的应用技术研究方式，构建产业技术创新链，提高产业占领市场和扩张的能力，进一步增强产业的成长性，提高产业的经济效益，推动科技创新与产业创新加速融合，提高科技支撑区域发展的能力。

基于以上时代的迫切需要和对经济发展中出现的现实状况的思考，本研究拟对这一跨学科的课题进行探索性研究，努力构建一个与现实世界更吻合的产业协同带动的一般性解释框架，希望能对我国的经济运行有一定的参考价值。

1.2 研究思路及创新点

1.2.1 研究思路

本研究紧紧围绕三次产业协同发展及中国实践而展开。三次产业协同带动是推动经济发展方式转变中的一个重大命题，这是一个涉及产业经济学和协同学的理论和方法，并要求在实践中不断探索的重大问题。本研究首先阐述政治经济学相关理论，然后对经济发展新常态、中国经济发展面临的转型展开论述，对产业结构优化升级的内涵及外延进行研究。从产业关联的角度分析三次产业协同带动的结构条件，着重探讨根据自身资源禀赋、区位特点等要素出发，改造提升传统产业，发展战略型新兴产业，促进生产要素向效率更高的产业转移，实现经济结构调整；从行业内的竞争效应和产业间的溢出和波及效应分析产业协同带动的微观机理；从需求拉动和供给推动分析产业协同带动的产业经济学机理；分析耦合和自组织机制，对产业协同带动机制进行协同学解释。在此基础上，分析产业协同带动的相关影响因素，并从时间序列和空间展开过程进行分析研究，探讨产业协同带动的短期发展和长期均衡，探讨新兴产业成长和主导产业转换的制约因素，总结统筹城乡综合配套实验区三次产业协同带动的实践经验，并对产业协同带动的实现路径和制度保障进行研究。对转变经济发展方式的空间展开过程及产业集聚、产业转移、产业空间形态的差异及优化整合做出探讨。探索提升治理能力，配套完善符合经济规律的制度安排，对促进经济发展方式转变，推进产业结构优化升级的现行制度、制约瓶颈及顶层设计展开探讨。全书共十二部分：

第一部分　导论，介绍研究背景、研究主线及框架，主要内容、研究方法和创新点，研究撰写，相关范畴界定等，其中包括转变经济发展方式、推动产业结构优化升级的内涵及外延分析。

第二部分　相关理论综述，探讨政治经济学经典理论及其现代应用，评述马克思的产业结构相关理论等，以及对供给侧结构性改革的深化认识。

第三部分　阐述三次产业协同带动是转变经济发展方式的重要内容，探索经济发展方式与三次产业协同带动相关关系。提出产业结构优化升级需要三次产业分别处于各自的战略主导位置上才能形成产业带动力，产业选择首先要根据各地经济发展阶段情况而定。

第四部分　分别从产业协同带动的微观机理、产业经济学机理和协同学角度探讨创新驱动推进三次产业协同带动的内在机理。

第五部分　分析影响产业协同带动的相关因素，分别包括自然资源和生态环境、人口结构、人力资本状况、技术进步和科技创新的贡献率、战略性新兴产业的带动和产业政策等。

第六部分　梳理转变经济发展方式的时间序列来展开进程，并对先导产业和特色优势产业的更替和信息化条件下的产业关联方式扩展做出分析。

第七部分　以转变经济发展方式的空间展开过程及产业集聚、产业转移、产业空间形态的差异及优化整合做出探讨。

第八部分　探索提升治理能力，配套完善符合经济规律的制度安排，对促进经济发展方式转变，推进产业结构优化升级的现行制度、制约瓶颈及顶层设计展开探讨。

第九部分　统筹城乡综合配套改革试验区三次带动实践分析。以成都和重庆市三次产业发展状况、产业间的比例关系及产业关联展开分析，总结试验区三次产业协同带动实现路径和我国三次产业协同带动发展的实践模式。

第十部分　以四川省城市群的经济实力分析为例，从结合经济实力评价的角度，分别构建了经济发展状况、三大产业状况、购买力状况、城镇化状况等方面各级指标细项的城市群经济实力评价指标，探索四川省城镇化进程中城镇与各城市群间的分工、功能互补和协同发展状况。阐述城镇的发展首先要融入地区宏观区域布局，从中寻找各自在城市群中的功能与定位，使之成为城市宏观区域布局中必不可少的功能节点，推进区域格局从单中心带动到多中心拓展，经济非均衡协调发展，在城市群的发展中发挥各自的“点”与“极”的作用。

第十一部分　产业协同发展创新实践，分析城市经济转型中宜居社区关键要素的培育和发展，并以突出经济增长、保护环境、构建和谐社区、提高人们的生活品质为目标。

第十二部分　结语。

1.2.2　研究方法及创新点

对三次产业协同带动的理论研究，是一项综合了多学科知识，尤其是系统论和协同学等现代横断科学的理论研究尝试，这决定了所要采取研究方法的跨学科和前沿性的特点。在方法论的意义上，本书主要采用了溯因推理方法、分析与综合以及实证分析和规范分析相结合等研究方法。具体来说，在引入典型实证分析并推至整个产业体系的一般意义时，我们采用了溯因推理方法。

本书的研究采用理论研究和实践分析相结合，研究结构考虑系统的全面性及对路径问题的研究。根据所设定的研究目的和基本思路，以及所采取的溯因推理、分析与综合等研究方法，总体上设定的研究技术路线和分析框架如图1-1所示。

在理论背景方面，始于20世纪后期的协同学、突变论等新兴横断学科日渐成熟，已逐步进入到社会学科的主流学术研究视野之中，其所强调系统内要素的竞争与合作、非线性作用、自组织、役使等原理，更为切实地刻画了现实经济体系的特征，因此具有相当程度区域经济学和理论产业经济理论研究的适用性。

本书拟突破的重点是如何把握三次产业协同带动的作用机理和理清产业协同带动的实现条件，这其中包括了如何确定产业协同带动中的序参量，对产业体系的时间和空间结构演变趋势的归纳，产业协同实践总结提炼，外在因素导致产业系统产生突变或分形的触发条件等。难点一是如何构建一个对三次产业协同带动的分析框架；二是理顺产业结构调整和空间结构优化的耦合与机制的配套；三是对研究中所需数据和资料的采集、分析和处理，以及在后续的课题研究中如何保持不同分析工具的使用和项目研究逻辑结构的一致性。

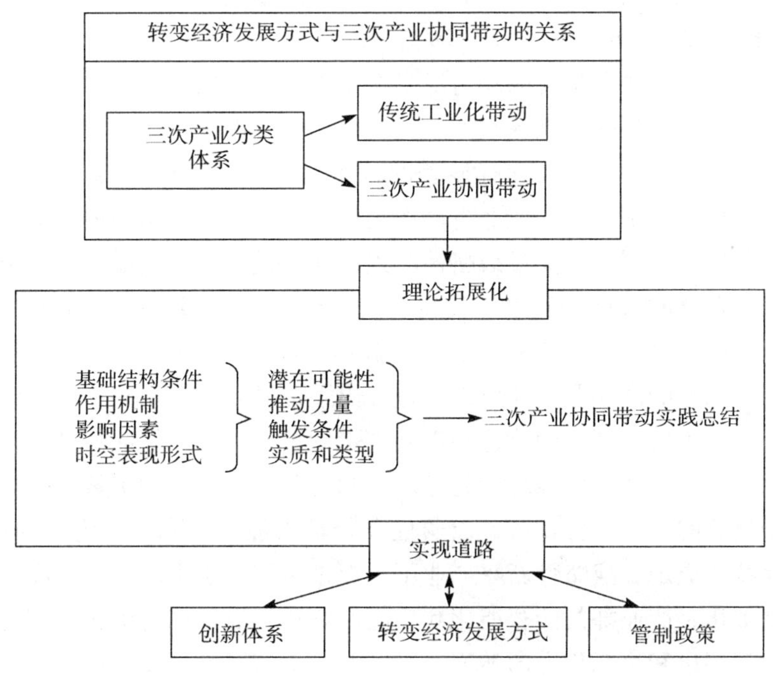

图 1-1 基本分析框架

本书创新点包括：

（1）转变经济发展方式，强调三次产业协同带动，首先是将三次产业分别置于各自在国民经济中重要的战略地位上，寻求其间的战略互动。其中，农业是基础产业，处于战略的基础地位；工业，特别是制造业被放到了战略性的主导产业位置中；服务业，特别是生产性服务业，在工业发展中极大地促进了产业的升级。通过实现三次产业的协同融合，提高产业带动力，增强拉动国民经济的三驾马车中的消费需求，使得经济增长由过去的以投资、出口拉动为主转变为主要依靠国内市场，特别是消费需求，经济发展方式突出表现为需求拉动、内生增长。

（2）三次产业协同带动强调的是产业间的关联互动。由于产业关联的内在规律性，产业内各部门间的产品、生产技术、服务、价格、投资等相互关联，不同产业之间通过产业链的前向后向关系相互依托发展，各次产业通过产业关联引领，形成产业间的关联互动、递进发展。创新推进三次产业协同融合，信息化条件下产业关联方式扩展带来三次产业协同融合，由传统的第二产业占主导地位逐渐演变为工业化中下期的二、三产业并重的“双轮驱动”形态和后工业化时期以知识型新兴产业为核心，三次产业高度交织融合并衍生出许多新兴产业①的“多维立体创新型”结构形态。

（3）三次产业协同带动的动力源泉在于创新。创新首先催生新兴产业的出现，新兴产业特别是战略性新兴产业具有“战略性”地位，“全局性”“长远性”和“导向性”的特征，拥有显著的技术优势，产业间的溢出和波及效应强，通过发挥其技术引领和产业带动作用，增加传统产业附加值，促进传统产业的高端化发展。同时，通过战略性新兴产业先进技术和高端产品的引入，延伸了传统产业链的长度和宽度，使得传统农业转型升级为一产起步“接二连三”的三产联动格局；工业从“生产型制造”向“服务型制造”转变；技术含量高、高附加值的高端服务业对制造业提出了提供各种物质载体和高效率硬件的要求，促进了传统产业的改造与提升，带动了一、二产业的转型与升级。

（4）经济发展的时序表现为先导产业和特色优势产业的更替。战略性新兴产业由于显著的技术优势，产业渗透性和带动力强，首先表现为先导性产业。其先导性特征决定了战略性新兴产业不仅促进生产力水平的不断提高、劳动力分工的精细化、产业部门的智能化和功能专业化发展，同时引领传统产业向着合理化、高端化和生态化方向转型升级，并注重与区域根植性结合，带动区域特色优势产业发展，形成区域特色经济。

（5）三次产业协同带动在不同的地理空间内涵、形态是不同的，各区域协调发展，需要按照国家区域发展总体战略和全国主体功能区规划的要求，综合

① 以新能源产业、信息通信产业、新医药产业等为代表。

考虑资源、环境容量、市场空间等因素，充分发挥区域比较优势，调整优化重大生产力布局。一方面，中国迫切需要这样的战略选择和分工：我国经济发达的东部地区和内地有条件的地区，应当因地制宜，发挥各自优势，承担发展不同领域的先进制造业，在新能源、新材料、重大装备、电子数字技术、人工智能、纳米技术、生物工程等领域，加快发展高端制造业；另一方面，引导地区间产业合作和有序转移，防止落后产能向中西部地区转移；此外，积极推进以产业为纽带、资源要素集聚的产业集群建设，深入推进新型工业化产业示范基地创建共建。各地根据自己的资源禀赋和环境基础，因地制宜确定不同的区域发展空间形态。如果把区域划分为城市区域、工矿区域和农村地区，则中心城市着重发展总部、研发、设计、营销等现代服务业，此时的主导产业主要是第三产业；大都市郊区和大中城市着重发展高技术、先进制造，包括核心产业到它们的支持产业、配套产业、衍生产业；工矿区域主要发展工业生产，特别对于资源类地区主要结合丰富的资源开展生产，表现为以工业经济带动其他产业的发展；广大农村和小城镇地区主要发展与当地丰富的农产品资源相配套的农产品深加工，以工业反哺农业，大力发展特色优势产业，推进农业现代化发展，此时的产业形态主要表现为在大力发展农业生产的基础上，以工业带动产业升级，实现现代农业，同时吸纳更多的农民就业，进一步发展服务业。

1.3 相关范畴界定

中共十八大以来，以习近平同志为核心的党中央立足于我国处于并将长期处于社会主义初级阶段这个最大实际，坚持发展仍是解决我国所有问题的关键这个重大战略判断。2013 年 11 月，习近平总书记亲自主持制定了《中共中央关于全面深化改革若干重大问题的决定》，明确了全面深化改革的时间表、路线图、施工图。2013 年 12 月 30 日成立了由习近平总书记担任组长的中央全面深化改革领导小组，负责改革的总体设计、统筹协调、整体推进和督促落实。在习近平总书记亲自部署下，农村改革、国企改革、财税改革、国防和军队改革等一系列重大改革，供给侧结构性改革、扶贫脱贫攻坚、加强和改进宣传思想工作和意识形态工作等全面推进，极大地激发了社会生产力、社会活力、思想创造力。在深化改革中坚持和发展中国特色社会主义，统筹推进“五位一体”总体布局和协调推进“四个全面”战略布局，稳中求进，以推进供给侧结构性改革为主线，加快推动经济结构战略性调整和经济转型升级。其中包括：改善国民经济结构，增强经济增长动力，提升经济增长质量，产业结构不断优化，需求结构持续改善，新型城镇化稳步推进，发展的协调性和可持续性不断增强等。因此，本研究需要对我国经济发展所处阶段、经济发展方式转变的内涵、三次产业协同带动的内涵及外延以及供给侧结构性改革等相关范畴进行研究。

1.3.1 对经济发展方式概念的界定

经济发展方式应充分体现其阶段性、体制背景、发展战略。我们认为经济发展方式是指在一定的经济发展阶段、一定的经济发展战略和经济体制下，推动经济发展的方法和路径，最终达到经济社会统一发展的方式。

1. 对我国经济发展所处阶段的认识

2007年美国次贷危机引发的全球金融危机不可避免地蔓延到实体经济，欧美经济的大幅衰退导致中国出口急剧下降，2008年出口连续下降对经济的拖累作用迅速显现，2008年我国经济运行的主要特点是前高后低，工业生产逐月逐季下降。2009年国家投资4万亿，主要对民生工程、基础设施、生态环境保护、汶川地震灾后重建、提高城乡居民特别是低收入群体的收入水平等领域进行投资，实现了保增长、保民生、保稳定的要求，采取了扩大内需的经济刺激政策。

但是，大幅投资增长也带来了一些负面影响。表现为：消费和投资结构恶化，国民经济过度依靠投资和出口拉动，资源消耗高、浪费大、环境破坏和污染严重，内需乏力，产能过剩的矛盾进一步突出；推动我国经济发展的自主创新能力还不强，总体上经济发展技术含量不高，很多关键技术和核心技术受制于人，先导性战略高技术领域科技力量薄弱，重要产业对外技术依赖程度仍然较高；从全国范围来看，地区经济存在着较大的不平衡，国民经济过度依靠东部发达地区。长期来看，这种发展方式是不可持续的。

中共十八大以来，在新中国成立特别是改革开放以来我国发展取得的重大成就基础上，党和国家事业发生历史性变革，我国的发展站到了新的历史起点上。经过近40年的快速发展，我国经济体制规模已成为世界第二，从低收入跨入中等收入阶段，并向高收入阶段迈进，经济发展进入新常态。显著特征是需求结构变化，特别是消费升级，随着人民物质水平的极大提高，人民生活由一般的数量满足向追求更高水平、更高质量转变，进入到以质量为体现的新阶段。随之而来产生诸如高质量的产品和服务，且无污染的新需求结构要求，这就对我们的供给提出了更高要求和更高标准，因此调整供给结构，适应需求结构的要求随之产生。

社会主义初级阶段是我国现阶段的最大国情。我国虽然已成为世界第二大经济体，但人均 GDP 刚刚突破 8 000 美元，地区发展还很不平衡，目前仍有 4 300多万贫困人口没有脱贫，发展短板不少。从供给侧本身来看，由于人口增长和劳动力无限供给带来的发展条件和前一轮改革开放释放出来的制度条件减少，资源环境约束日益趋紧，原来靠增加数量来满足消费者需要的发展模式已难以为继，迫切需要新的质量型发展模式来接续。旧的发展动能不断衰减，依靠农村劳动力转移来提升劳动生产率遇到瓶颈，全要素生产率下降，经济迫切需要能够创造高质量产品的新发展动能、形成产品和服务的有效供给来满足不断升级的消费需求。

2. 经济发展方式类型包括外延型和内涵型、粗放型和集约型、内需为主型和外需为主型等

为了全面提高社会再生产的经济效益，我国必须尽快从“粗放型”的外延扩大再生产转向“集约型”的内涵扩大再生产，使内含型的扩大再生产占据主导地位。按照内含扩大再生产的要求，我们要通过深化经济体制改革，形成有利于节约资源、降低消耗的市场机制，有利于自主创新的技术进步机制，有利于市场公平竞争和资源优化配置的经济运行机制。发挥好政府和市场两只手的作用，充分考虑运用市场化、法制化手段，发挥好市场在资源配置中的决定性作用。使政府职能真正转到履行好宏观调控、市场监管、公共服务、社会管理、保护环境等基本职责上来，特别要强化技术、质量、能耗、环保、安全等标准约束，以市场化方式引导企业准入、退出和兼并重组等。

3. 正确认识和准确把握我国社会发展的阶段性特征

在省部级主要领导干部“学习习近平总书记重要讲话精神，迎接党的十九大”专题研讨班开班式上，习近平同志提出了“认识和把握我国社会发展的阶段性特征”这一重大命题。习近平同志强调，中共十八大以来，在新中国成立特别是改革开放以来我国发展取得的重大成就基础上，党和国家事业发生历史性变革，我国发展站到了新的历史起点上，中国特色社会主义进入了新的发展阶段。

正确认识和准确把握我国社会发展的阶段性特征。关键是要坚持辩证唯物主义和历史唯物主义的方法论，准确把握基本国情，提出新的思路和新的战略与举措。我国正处于并将长期处于社会主义初级阶段，在社会生产力方面，我们所要解决的问题主要是如何牢固树立和贯彻落实新发展理念，努力实现科学发展、均衡发展、可持续发展；在人民生活方面，所要解决的主要问题是怎样更好地拓展领域、提升品质，满足人民群众对美好生活的向往，人民群众的需要呈现多样化、多层次、多方面的特点，这是当前我国社会发展的一个重要阶段性特征，中国特色社会主义已经进入了新的发展阶段，在全面建成小康社会决胜阶段、中国特色社会主义发展关键时期提出新的思路、新的战略、新的举措，提出具有全局性、战略性、前瞻性的行动纲领。

1.3.2 对经济发展方式转变内涵的理解

1. 经济发展方式内涵

经济发展方式内涵包括经济发展速度、机制、结构、质量和效益等，是在一定的经济发展阶段、一定的经济发展战略和一定的经济体制下，实现经济发展的方法、途径和模式。经济发展方式，除了包括经济增长方式所指的生产要素组合方式和生产要素配置方式外，还包括经济结构、产业结构、城乡结构、区域结构以及分配结构、社会结构、环境生态、人口资源、安全稳定等方面的内容。评价经济发展方式的指标，不仅包含经济增长衡量指标，如 GDP、工业、农业和服务业的增加值、固定资产投资、财政收入、进出口总额、社会消费品零售总额等，还包括结构的变化、环境的变化、民生改善、社会发展等相关的指标。

经济结构是经济发展方式的重要组成部分，我国在经济结构方面存在的主要问题：在收入分配结构方面，劳动者报酬在初次分配中比重偏低，居民收入占国民收入比重偏低，居民收入差距过大，贫富差距严重；在区域发展方面，东、中、西部发展很不平衡，差距还没有缩小；在城乡发展方面，城乡二元结构仍很突出，城乡差距还在继续扩大；在产业结构方面，一、二、三产业发展不协调，一产不稳、二产不强、三产不足，某些行业产能严重过剩，传统产业技术水平低、战略性高新技术产业发展慢，产业组织结构还不合理。经济结构存在的这些问题在经济发展方式方面已凸显出来。

放眼国际经济大环境，世界经济走出国际金融危机最困难的时期并出现复苏，同时国际金融危机影响依然存在，各种全球性问题相互交织，影响世界经济全面复苏的不确定因素依然较多。在这样的背景下，各国尤其是主要大国都在对自身经济发展进行战略筹划，纷纷把发展新能源、新材料、信息网络、生物医药、节能环保、低碳技术、绿色经济等作为新一轮产业发展的重点，加大投入，着力推进。世界范围内生产力、生产方式、生活方式、经济社会发展格局正在发生深刻变革。培育新的经济增长点、抢占国际经济创新增长制高点已经成为世界发展大趋势，创新驱动内生增长的经济发展方式在综合国力竞争中的地位更加突出。为增强我国经济发展后劲、调整经济结构、加强国际竞争力，推动经济社会又好又快发展，我们必须提高自主创新能力，加快转变经济发展方式，下大气力解决制约我国经济发展的深层次矛盾和问题。

2. 我国转变经济发展方式刻不容缓

转变经济发展方式，调整和优化经济结构是深入贯彻落实科学发展观的重大举措，是我国应对世界后金融危机的各种挑战，保持经济可持续发展的重大政治选择，是节能减排应对全球气候变化，履行国际庄严承诺的重大步骤。

我们对转变经济发展方式从 3 个方面来理解，即调整需求结构、调整供给结构、调整要素结构。

（1）第一个转变是在需求结构上改变经济增长过度依赖投资和出口的状况，实现消费、出口、投资协调拉动，更多地发挥消费对经济增长的拉动作用。

（2）第二个转变是要在供给结构（或者产业结构）上，改变经济增长过度依赖第二产业的局面，实现一、二、三产业协同带动发展，重点是发展第三产业。对于不同地区、不同资源禀赋的城市，根据自身经济发展所处的阶段和已具备的基础条件，发展各具特色的产业，让与区域圈层相匹配的产业优先发展，进一步带动其他产业的发展，实现地区经济的持续均衡发展。

（3）第三个转变就是改变经济增长过度依赖能源资源消耗的局面，通过技术进步和创新发展，及改善管理和提高劳动者素质来推动经济增长。

金融危机的冲击使转变发展方式有了更大的紧迫性。把金融危机的挑战变成机遇，把出口下降的压力变为结构优化的动力，在发展方式的转变上要重点突出。从转变供给结构角度上来看，要实现一、二、三次产业协同带动。

1.3.3 三次产业协同带动的内涵与外延

1. 三次产业协同带动需要三次产业分别处于各自的战略主导位置上才能形成产业带动力

在三次产业的关联互动中，一、二、三产业应分别被放到各自应有的战略地位中。其中，农业处于战略的基础地位；工业中特别是制造业被放到了战略性主导产业位置中；服务业，特别是生产性服务业，在工业发展中极大地促进了产业的升级。

三次产业协同带动需要三次产业分别处于各自的战略主导位置上才能形成

产业带动力，科技创新是产业间协调拉动的动力源泉，通过产业间的溢出和波及效应传递，产业间的需求和供给相互作用推动地区经济发展。如，都市农业融生产、生活、生态功能于一体，不仅能供应农产品，还能带动农产品加工和物流的发展，并满足居民观光、休闲等精神需求。这种新型农业形态，使农业从第一产业起步，向第二、第三产业延伸，拉长了农业产业链条、促进了农业转型升级，形成了一产起步“接二连三”的三产联动格局。工业是国民经济的主导产业，加强工业对整体经济的带动力，转变经济发展方式的内在动力可促进信息化和工业化深度融合。伴随着下一代网络、物联网、云计算、移动智能终端、智慧城市等技术的发展，信息网络技术将在研发设计、生产过程控制、节能减排、安全生产等领域更大地发挥信息化在工业转型升级中的支撑和带动作用，深化信息技术集成应用，改造提升传统制造业，促进“生产型制造”向“服务型制造”转变，培育发展战略性新兴产业。加快高端服务业发展，推动制造模式向数字化、网络化、智能化转变，实现产业升级。中国的现代化需要发达的现代服务业提供支撑和服务，特别是经济、生产要素的快速流动和有效利用，需要高度依赖发达的金融服务、畅通的物流业、全球化条件下“云计算”对物联网发展的催生等，这些技术含量高、高附加值的高端服务业极大地推进了经济结构优化升级，加速经济增长内生性要素积累、促进了战略性新兴产业的培育，并对制造业提出了提供各种物质载体和高效率硬件的要求，促进了传统产业的改造与提升，带动了一、二产业的转型与升级。

2. 产业选择首先要根据各地经济发展所处阶段做出选择

对一、二、三产业协同带动，首先和经济发展阶段密切相关。根据工业化规律和历史经验，在不同工业化阶段，一、二、三产业比重是不断变化的。在农业经济时代，国民生产总值中，农业所占比重是较大的。随着工业化的进展，资金、劳动力等生产要素向工业流动，一产在国民生产总值中比重逐步降低，以工业为主的二产比重逐步增加，以致占主体地位。实现工业化后，生产要素加速向三产流动，三产在国民生产总值的比重增加并逐渐取代二产的主体地位。就全国而言，我国正处在工业化中后期阶段，农业比重会进一步降低，第二产业仍有较大的发展空间，服务业特别是生产性服务业有很大潜力。

除此之外，要充分考虑我国区域经济发展不平衡的因素。从整体上看，我国已经进入工业化中后期阶段。但是，各地区经济发展很不平衡。据研究，上海、北京等地已经实现了工业化；天津、江苏、浙江、广东、山东等地已经进入工业化后期阶段；辽宁、福建、山西、吉林、内蒙古、湖北、河北、黑龙江、宁夏、重庆等处于工业化中期发展阶段；陕西、青海、湖南、河南、新疆、安徽、江西、四川、甘肃、云南、广西、海南、贵州等还处于工业化的初级阶段。由于各地所处工业化阶段不同，对经济结构的要求不同，他们面临的任务也不同。对于已经实现工业化和处于工业化发展后期阶段的地区来说，他们面临的主要任务是如何促进产业结构升级，对于处于工业化初级阶段的地区来说，面临的主要任务是加快工业化进程的问题。也就是说，各地要根据自己的资源优势、已有的发展基础和所处的经济发展阶段，选择适合自己发展的产业作为支柱产业和优势产业，逐步培育发展壮大，带动地区经济发展，形成一种一、二、三次产业协同发展的格局。

以我国面积最大的直辖市——重庆市为例。重庆市辖区面积为 8.24 万平方千米，至 2016 年总人口达 3 048.43 万人，地处我国中部和西部地区的结合部。优越的地理环境使重庆不仅是长江上游最大的经济中心、西部地区的重要增长极之一，而且也是西南工商业重镇和水陆空交通枢纽地。2016 年实现地区生产总值 17 558.76 亿元，比 2015 年增长 11.70%。其中，第一产业增加值 1 303.24 亿元，增长 4.6%；第二产业增加值 7 755.16 亿元，增长 11.3%；第三产业增加值 8 500.36 亿元，增长 11.0%。重庆市成为直辖市以来三次产业结构逐步优化，至 2016 年三次产业结构比为 7.4∶44.2∶48.4。如表 1-1 所示，第一产业增加值占 GDP 比重逐年下降，第二产业增加值占 GDP 比重上升，第三产业增加值比重也逐年上升。同时三次产业就业人员结构中第三产业从业人员所占的比重总体上稳定增长，已经成为增加就业的主渠道，但与天津、上海相比，第三产业吸纳就业的水平和能力仍然有待进一步提高。随着经济的发展，第一产业的就业比重不断降低，第二、第三产业的就业比重持续稳定增加。研究表明，重庆就业结构的变化与配第—克拉克定理基本相符，重庆现处于工业化中期起步阶段，产业结构不断优化。

表 1-1 重庆三次产业增加值占 GDP 的比重

单位：%

年份	第一产业增加值占 GDP 的比重	第二产业增加值占 GDP 的比重	第三产业增加值占 GDP 的比重
1990	30.6	41.4	28.0
1991	29.3	41.2	29.6
1992	25.4	42.1	32.4
1993	23.3	44.7	31.9

（续）

年份	第一产业增加值占 GDP 的比重	第二产业增加值占 GDP 的比重	第三产业增加值占 GDP 的比重
1994	23.5	45.2	31.3
1995	23.5	43.9	32.6
1996	21.9	43.3	34.9
1997	20.3	43.1	36.6
1998	18.8	42.2	39.1
1999	17.2	42.0	40.8
2000	15.9	42.4	41.7
2001	14.9	42.6	42.5
2002	14.2	42.9	42.8
2003	13.3	44.4	42.3
2004	14.1	45.4	40.5
2005	13.4	45.1	41.5
2006	9.9	47.9	42.2
2007	10.3	46.7	43.0
2008	9.9	44.6	45.4
2009	9.3	45.0	45.7
2010	8.6	44.6	46.8
2011	8.4	44.6	47.0
2012	8.2	45.4	46.4
2013	7.8	45.5	46.7
2014	7.4	45.8	46.8
2015	7.3	45.0	47.7
2016	4.6	11.3	11.0

资料来源：据重庆统计信息网资料和《2016 年重庆市国民经济和统计公报》整理。

根据重庆市经济发展所处的阶段，一方面需要有选择地加快工业化进程，另一方面要大力促进产业升级。2016 年重庆 GDP 增速较全国高 4 个百分点。重庆的高速增长主要得益于工业制造业的支撑。作为中国六大老工业基地之一的重庆，在全国工业经济下行情况下，2016 年工业经济发展一枝独秀，规模以上工业总产值比 2015 年增长 10.3%。在“6+1”支柱行业中，汽车、电子、装备、化医、材料、消费品和能源等行业增加值增速分别为 11.3%、

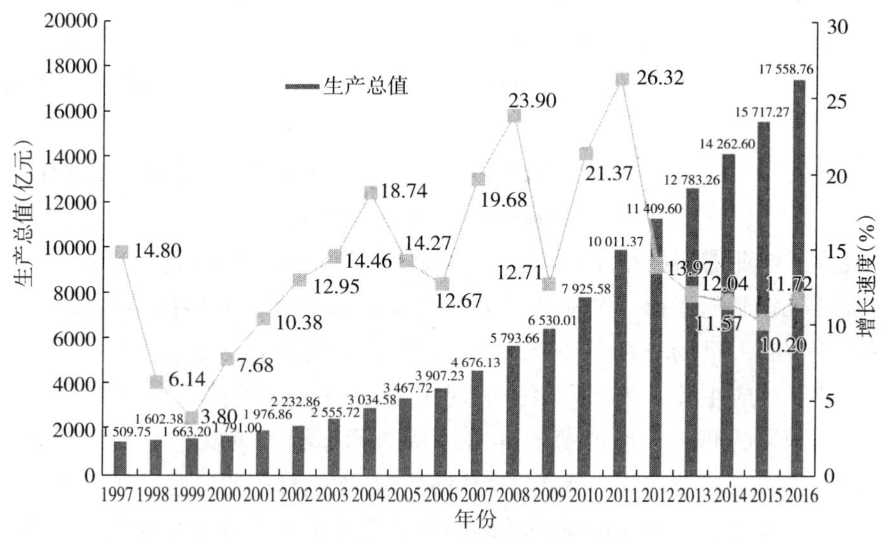

图 1-2 重庆市直辖以来全市生产总值及其增长速度

24.0%、11.2%、7.7%、6.4%、8.5%和 0.6%。根据重庆市经济和信息化工作委员会的数据，2016 年重庆市十大战略性新兴产业快速起跑，实现产值 2 700亿元，增长 50%以上，对工业产值增长贡献率达 40%①。也就是说，相比一些城市大拆大建，依靠高房价、房地产拉动地区经济，甚至出现实体产业空心化等现象，重庆经济高增速，主要是得益于实体制造业的发展②。同时，在新经济时代的背景下，大力发展高新技术产业，促进新能源、新材料的运用，促进产业升级。依托重庆市天然气资源丰富的能源禀赋，一方面加大对天然气资源的开采和有效利用，一方面发展循环经济、节能减排，走低碳经济的发展道路，使这一能源战略基地的天然气化工产业综合开发、利用与产业链延伸成为经济发展重点之一。

3. 有条件的地区大力发展服务业，通过发展服务业扩大就业容量

（1）我国第三产业发展水平远低于发达国家。我国从 20 世纪 90 年代中期就开始强调发展第三产业，到 2016 年我国服务业增加值为 384 221 亿元，占 GDP 比重上升为 51.6%，仍远远低于发达国家 70%左右的水平。我国服务业

① 佚名，2017. 重庆市战略性新兴产业蓬勃发展［N］. 重庆日报，05-08.

② 周芳，林小昭，2006. 多省份发布年报：第三产业跑得快重庆或领跑全国［N］. 第一财经日报，01-20.

增加值比重不仅明显低于美国（78.1%，2013 年）、英国（78.4%，2014 年）等发达国家，也低于发展中国家印度（52.1%，2014 年）、俄罗斯（60%，2014 年）等国家。从该指标看，目前我国服务经济发展水平仅相当于 20 世纪 70 年代初的日本、80 年代初的韩国和 90 年代末的印度。

即使发展水平低于我国的印度，由于有众多优惠政策，其第三产业的产值和就业比重都已接近 50%，金融业、保险业非常发达。

我国三产业滞后的根本原因：一是税收负担较重，税负高于工业；二是各种行政性收费制约了第三产业的发展；三是为第三产业发展的金融服务短缺，第三产业中有大批的小企业和个体户，它们在金融上需要小额贷款，但这个小额贷款缺乏供应主体。为生产服务的现代服务①和社区服务是我国第三产业落后于发达国家的两个突出的薄弱环节。从国际上看，研发已经从企业分离出来，而我国还在企业内部，需要加快发展。其次是社区服务也要加快发展。这一块我们比较落后，发达国家的社区服务从业人员占全社会从业人员的比重高达 30%～40%，我国的社区服务刚刚起步。通过发展服务业扩大就业容量，还需要深挖潜力。

（2）西部地区中心城市——成都市服务业的发展分析。以成都市 2007—2016 年产业结构调整为例。2007—2016 年，成都市第二产业总值从 2007 年的 1 504.02 亿元上升到 2016 年的 5 232 亿元，上涨 3.48 倍；第三产业从 2007 年的 1 585.05 亿元上升到 2016 年的 6 463.3 亿元，上涨 4.08 倍，占 GDP 比重从 47.68%上升到 53.11%，如图 1-3 所示。从总体来看，二、三产业产值上涨，涨幅第二产业快于第三产业。2007—2016 年第二、第三产业占 GDP 的比重均呈上涨态势，但第三产业占 GDP 的比重上涨幅度较小，说明成都市服务业的发展水平虽然总体上和第二产业趋势同步，但第三产业的发展在整个产业链上的位置还有待向高端提升，发展的幅度还有待进一步提高。

其中，在第三产业中，专业化服务——以金融生态环境进行分析。2007—2016 年，成都市年末金融机构贷款余额从 2007 年的 4 119 亿元上升到 2016 年的 25 009 亿元，年末金融机构存款余额从 2007 年的 6 393 亿元上升到 2016 年的 31 434 亿元，如图 1-4 所示。作为西部信息中心的成都，2007 年至 2015 年移动电话用户数从 1 163.4 万户增长到 2 221 万户，均呈上涨趋势。

成都市近年来产业结构调整总体上二、三产业呈上升态势，第三产业的发

① 现代服务业主要包括物流、金融、保险、咨询、会计、审计、法律、技术等。

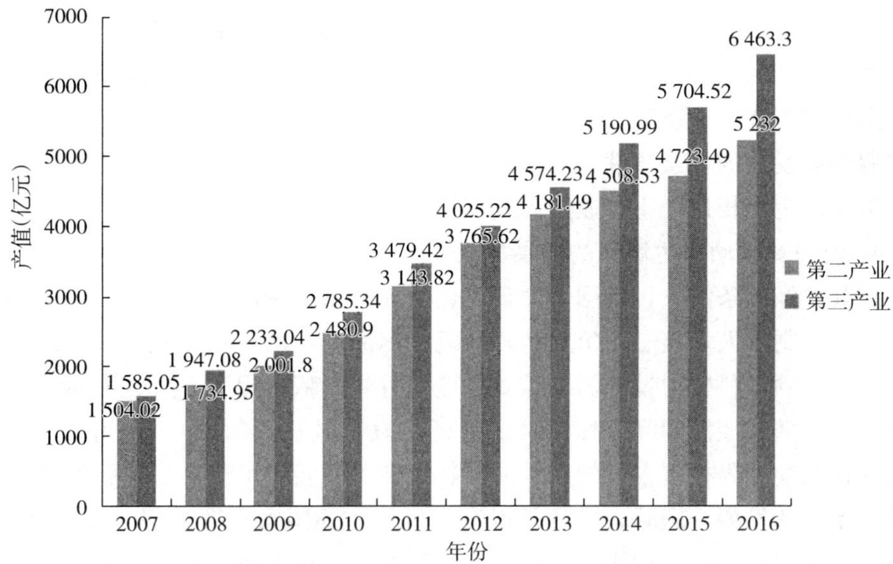

图 1-3　成都市 2007—2016 年二、三产业产值比较

数据来源：2007—2016 年《成都市国民经济和社会发展统计公报》整理所得。

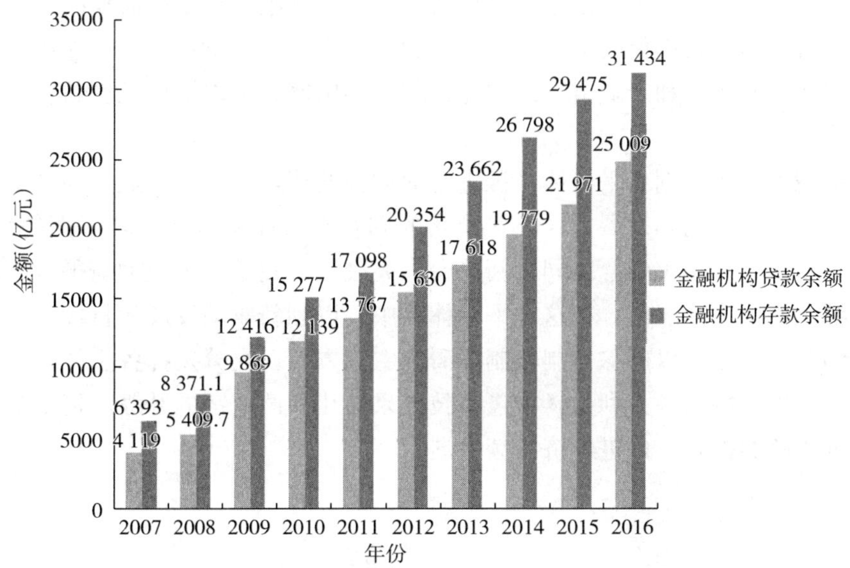

图 1-4　成都市金融生态环境 2007—2016 年趋势

数据来源：2007—2015 年数据来自于《成都统计年鉴》，2016 年数据来自于《2016 年成都市国民经济与社会发展统计公报》。

展围绕第二产业的发展而发展，但涨幅第三产业慢于第二产业。虽然比起西部很多城市，成都的第三产业发展是较快的，但就成都市目前的发展阶段来说，作为西部地区的中心城市，要实现产业升级，从制造基地转向总部经济，从传统制造业向围绕先进制造业的现代服务业转变，需要努力整合资源，创造适合现代服务业发展的要素条件。第三产业的发展步伐还需要加大，大力发展与传统制造业的生产相比处于产业链高端部分的现代服务业。

4. 走创新驱动内生增长的发展模式

在开放经济条件下，我国企业自主创新能力低，生产中有很多关键技术和核心技术受制于人，核心竞争力弱，缺乏知名品牌，产品附加值不高；先导性战略高技术领域科技力量薄弱，重要产业对外技术依赖程度较高。我国作为发展中大国，随着经济国际化程度越来越高，为了国家安全和国计民生的需要，必须密切关注世界技术发展的新动向，特别要关注新技术革命的进展和战略性高技术产业的发展。国际金融危机以来，世界主要国家都寄希望于科技进步，培育战略性新兴产业，加快经济结构调整和升级，抢占新一轮国际竞争的先机和优势。我们迫切需要建立和完善创新的激励机制，高度重视能源与资源领域、信息领域、先进材料与制造领域、农业与生态领域、航空与航天领域、海洋开发领域、生命与人口健康等领域的重大技术突破和技术革命动向；高度重视基本科学的重大进展与突破。在这些领域加大投入，抢占先机，加快成果转化，快速形成产业和产业链，加快建设创新型国家，走内生增长创新驱动的发展道路。

构筑多层次的创新平台体系推进全面创新改革，立足于形成引领经济发展新常态的体制机制和发展方式。多层次的创新平台体系包括区域层面的平台、科技创新平台、军民融合协同创新平台、高校科研院所和企业创新平台、创新创业孵化器等多个层次，在这个平台体系中，以创新驱动发展为目标，以推动科技创新为核心，以破除体制机制障碍为主攻方向，充分发挥各主体在平台建设中的作用，协调各方利益，推进科技成果转化和产业链的升级、资金链的配置、价值链的提升，促进经济持续发展。

2 政治经济学相关理论及其现代运用

在马克思这一宏大理论工程中，古典政治经济学作为一门现代社会的新科学，以对经济领域的实证分析取代传统政治哲学的先验观念论建构，开辟了一种理解现代社会的全新理论境界，从而为马克思创立历史唯物主义奠定了必要的学科条件。随后斯密和李嘉图对“资产阶级生产关系的内部联系”进行了初步揭示，为马克思批判资本主义提供了思想前提。在此基础上马克思在他的政治经济学批判中形成了更彻底的社会主义理论。

2.1 政治经济学理论综述

政治经济学早在1615年法国学者就已提出，但真正成为理论体系的是英国资产阶级古典政治经济学。资产阶级古典政治经济学提出了价值、剩余价值、劳动创造价值等包含诸多科学因素的政治经济学范畴和理论，成为马克思主义政治经济学的理论来源。但它不可避免地具有资产阶级的局限性，所以没有也不可能成为揭示人类经济和社会发展规律的代表劳动人民利益的政治经济学。

2.1.1 古典政治经济学及马克思对政治经济学的贡献

古典政治经济学兴起于17—18世纪的英国和法国，其起源可以追溯到近代政治哲学的诞生，而近代政治哲学是对古典政治哲学实行决裂和反叛的产物。近代政治哲学彻底修正了古典政治哲学对人性的理解，用人的权利取代德性和义务作为人性的新根基。至于近代政治哲学在理论上的关键步骤，则是先有霍布斯，后有洛克。霍布斯接受了古典哲学的自然法概念，但又彻底修改了自然法的内涵，把自然法变成每个人保护自己生命的自然律概念，以此确立起个人权利的至上性原则；洛克则更进一步将个人权利奠基在私有财产权上，并把劳动确立为财产权的基础。近代政治哲学所提供的关于人生而自由平等、每个人的人格和权利都应受到尊重和保护、私有财产神圣不可侵犯等现代价值观念，彻底颠覆了古典政治哲学的世界观和人性观，为政治经济学成为一门社会科学奠定了政治和伦理前提。

政治经济学最初是作为政治哲学和伦理学的一个分支出现的。在霍布斯的理论中，经济事关“国家的营养与生殖”，从而隶属于国家理论。休谟的人性论把政治经济学包含于其中，政治经济学研究是其人性研究的一个方面。同样，爱尔维修的唯物主义哲学主张“快乐即善，痛苦为恶”的享乐主义观点。这种哲学深刻影响了法国经济学的重农学派，并且为资本主义“经济人”的概念提供了伦理基础；这种“经济人”概念意味着，由于物品消费和财富积累构成了现世幸福的基础，每个具有理性的人都把追求自身利益最大化作为行动的直接目的。无疑，“经济人”概念代表了人类自我理解的一种全新倾向。现代社会的一个重大变革是把经济从私人领域里解放出来，将其上升为公共事务和政治问题。随之一个全新的经济型社会产生，政治经济学的社会概念在斯密学说中首次出现。斯密认为，从自利原则出发并不会导致人对人像狼一样的冲突，因为人性中天生具有互通有无、以物易物的自然倾向，在现代世界内，“每个人都得靠交易过活，或者说，都在一定程度内变成了商人”①。这种自发性的商业行为最终产生出一个超出任何个人意志的社会有机体，它就是在国家之外浮现出来的市场体系，“是一个由各种相互作用的力量所组成的封闭体系，无需一股‘外部的’政治力量的帮助而能够维持它自己的存在”②。在这个新型社会中，传统政治共同体赖以存在的道德权威失去作用，被一种悄无声息的商业运转所置换，虽然每个人都从自己的利益出发，但受一只“看不见的手”的引导，在无意中增进了社会整体的利益：我们每天有吃有喝，并非由于肉商、酒商或面包商的仁心善行，而是由于他们关心自己的利益。我们诉诸他们自利的心态而非人道精神，我们不会向他们诉说我们多么可怜，物质又是如何匮乏，而只说他们会获得什么好处③。这体现了自由主义的社会概念④。

滕尼斯提出了共同体与社会的划分，认为现代社会才是真正的“社会”，即由相互分离的独立个人出于各种主观目的而人为组成的机械结合关系体。只

① 斯密，2011. 国富论［M］. 谢宗林，李华夏，译. 北京：中央编译出版社：22.

② 沃林，2009. 政治与构想：西方政治思想的延续和创新［M］. 辛亨复，译. 上海：上海世纪出版集团：310.

③ 斯密，2011. 国富论［M］. 谢宗林，李华夏，译. 北京：中央编译出版社：13.

④ 认为社会是一个不同于政治的自律性领域，其自身具有某种内在的规律和动力。

有在这里，自律性的商品市场和经济行为才成为可能[①]。斯密从一种全新的经济学观点看问题，认为传统共同体作为一种人为的制度，当其将道德和政治抬高到人性的自然之上以刻意促进共同善的时候，恰恰产生对社会的伤害作用；成功的社会不需要依赖特殊的政治和道德力量，而是借助人最真实的自利本性，道德和公正能在暗地里进行运作，实现一种不为个人所预见的社会全体的和谐。

在经济学的平台上，斯密发现了透视人类社会和历史变迁的全新的理论范式，这就是把经济和财产权类型作为划分不同社会阶段的标准，社会体制是特定历史时期的物质生活条件与财产制度的直接产物，全部历史依据这个标准可以划分为狩猎社会、游牧社会、农耕社会和商业社会 4 个阶段[②]。斯密论证了现代古典政治经济学兴起于 17—18 世纪的英国和法国，其起源可以追溯到近代政治哲学的诞生，而近代政治哲学是对古典政治哲学实行决裂和反叛的产物。近代政治哲学彻底修正了古典政治哲学对人性的理解，用人的权利取代德性和义务作为人性的新根基。至于近代政治哲学在理论上的关键步骤，则是先有霍布斯，后有洛克——霍布斯接受了古典哲学的自然法概念，但又彻底修改了自然法的内涵，把自然法变成每个人保护自己生命的自然律概念，以此确立起个人权利的至上性原则；洛克则更进一步将个人权利奠基在私有财产权上，并把劳动确立为财产权的基础。近代政治哲学所提供的关于人生而自由平等、每个人的人格和权利都应受到尊重和保护、私有财产神圣不可侵犯等现代价值观念，彻底颠覆了古典政治哲学的世界观和人性观，为政治经济学成为一门社会科学奠定了政治和伦理前提。

斯密的社会概念在思想史上具有重大意义，它使一种独立于政治哲学和伦理学的经济科学成为可能。正如温奇所说："在经济决定政治这一点上，斯密的工作在自由政治思想史上标志着一个重要的分水岭，它代表着这样一个决定性时刻，即无论是好是坏，自身规范的社会与经济领域的'科学'概念，被认为是统治着伦理和政治领域的，而伦理和政治以前则被认为是独立的领域。"[③]斯密开发的经济一社会视角预示了后来马克思历史唯物主义研究的基本模式。当马克思批评卢梭等契约论者把社会看作一项理性计划，而强调社会交往的偶

---

① 滕尼斯，2010. 共同体与社会［M］. 林荣远，译. 北京：北京大学出版社版：53，62.

② 斯密，2011. 国富论［M］. 谢宗林，李华夏，译. 北京：中央编译出版社；坎南，1962. 亚当·斯密关于法律、警察、岁入及军备的演讲［M］. 陈福生，陈振骅，译. 北京：商务印书馆.

③ 温奇，2010. 亚当·斯密的政治学［M］. 褚平，译. 南京：译林出版社：6.

然性造成的联合时，这已经非常接近斯密从商业交换出发理解市民社会的基本观念了[①]。而马克思思想发展的关键一步，正是通过研究黑格尔法哲学而意识到“对市民社会的解剖应该到政治经济学中去寻求”，又通过对政治经济学的批判而最后得到历史唯物主义的一般原理[②]。

马克思批判性地继承了资产阶级古典政治经济学的科学成分，在唯物史观的基础上创新发展了政治经济学，使之揭示了资本主义社会剩余价值的来源和秘密，揭示了资本主义社会的基本矛盾和为社会主义所代替的必然性，揭示了商品经济、货币经济和社会化大生产的一般规律。成为代表无产阶级和人民大众根本利益并指导无产阶级革命的理论武器，也成为社会主义经济建设、改革和发展的理论指南。

李嘉图理论将资本主义生产的真实结构进一步揭示出来。可以说，通过李嘉图理论，古典政治经济学完成了一次资本主义的自我批判。这就是为什么马克思说：“资产阶级政治经济学的对立面，即社会主义和共产主义，是在古典政治经济学本身的著作中，特别是在李嘉图的著作中找到自己的理论前提的。”[③] 古典政治经济学的早期主题是财富如何实现增殖。到了李嘉图时代，其关注点开始转向财富如何进行分配，确定财富分配的法则，成为政治经济学的新主题。[④] 对分配问题的考察必然涉及生产领域中社会三大阶级的不同地位及其关系。马克思认为李嘉图的功绩在于从经济学角度指出了各阶级之间在经济上的对立性：李嘉图“终于有意识地把阶级利益的对立、工资和利润的对立、利润和地租的对立当作他的研究的出发点，因为他天真地把这种对立看作社会的自然规律”。[⑤]

2.1.2 新政治经济学

《马克思恩格斯〈资本论〉书信集》中谈到，对政治经济学的批判就是对资本主义制度及其存在方式的批判，资本主义的“内部联系一旦被了解，相信

---

① 中共中央马克思恩格斯列宁斯大林著作编译局，2009. 马克思恩格斯文集：第1卷［M］. 北京：人民出版社：573-574.

② 人们在自己生活的社会生产中发生一定的、必然的、不以他们的意志为转移的关系，即同他们的物质生产力的一定发展阶段相适合的生产关系。

③ 中共中央马克思恩格斯列宁斯大林著作编译局，1995. 马克思恩格斯全集［M］. 北京：人民出版社：4.

④ 李嘉图，2011. 政治经济学及赋税原理［M］. 郭大力，王亚南，译. 南京：译林出版社：15.

⑤ 马克思，2004. 资本论［M］. 北京：人民出版社.

现存制度的永恒必要性的一切理论信仰，还在现存制度实际崩溃以前就会破灭”①。马克思的这一观点，要对政治经济学的财富理论予以根本性的批判，以此中止资本主义经济运行的“自然规律”，实际地实现社会关系形式的变革。“马克思主义是一种反经济的理论，这种批判拒绝回到政治经济学，然而恰恰相反，科学是一种对抗性的运动。”② 马克思的政治经济学批判并没有止步于对经济的实证分析，而是要在社会和历史的更大平台上，把实证研究引入对资本主义的政治批判和伦理批判这样一个总体性理论规划当中。它表明，资本主义的内在矛盾必然导致社会革命，社会主义作为一种新的生产方式将扬弃资本主义，从而实现人性的复归。于此，马克思的工作以更高的政治诉求和理论思维回归到政治哲学的先验界面。“正如经济学家是资产阶级的学术代表一样，社会主义者和共产主义者是无产者阶级的理论家。”马克思的这个论断表达了他自己的经济学研究与资产阶级政治经济学的本质区别，对政治经济学的批判必然通往社会主义。

马克思主义政治经济学诞生后的西方世界尽管经济学流派纷呈，特别是在当代还形成了新古典综合派、凯恩斯经济学、新凯恩斯主义、现代货币主义、新古典宏观经济学、新制度经济学、公共选择学派、新剑桥学派、新熊彼特经济学派、激进政治经济学派等，但都没有超过、取代马克思主义政治经济学。政治经济学是指导中国社会主义经济建设的基本理论，这是中国社会主义经济建设实践的客观总结。1978 年改革开放以来，我国大量地学习借鉴西方发达国家的经验，包括学习和借鉴西方经济学的一些理论，也包括在经济运行发展层面上被借鉴和应用，但没有成为我国现代化建设的根本性指导理论。

中国共产党人和中国人民的过人之处是善于总结长期革命建设正反两个方面的经验教训，并找到了一条科学的道路，那就是马克思主义必须与中国实际相结合，必须吸收人类文明的一切有益成果为我所用，必须走自己的路。改革开放 40 年来，我国形成了中国特色社会主义基本经济制度，形成了中国特色社会主义经济发展道路，形成了中国特色社会主义市场经济体制，其根本的指导理论不是西方经济理论，而是马克思主义中国化产生的中

---

① 中共中央马克思恩格斯列宁斯大林著作编译局，1976. 马克思恩格斯《资本论》书信集[M]. 北京：人民出版社：283.

② 奈格里，2011.《大纲》：超越马克思的马克思 [M]. 张梧，孟丹，王巍，译. 北京：北京师范大学出版社：28.

国特色社会主义理论体系。这个理论体系包括中国化了的马克思主义政治经济学理论。

古典政治经济学首次把经济整体的效果评价问题和国家在经济中的地位和作用问题提出，认为经济的目标是增加财富，国家的任务是保证财富的增加。马克思对政治经济学的贡献十分巨大，他首次把国家概念建立在社会生产方式之上，用经济来解释国家的起源，并从宏观层面论述了社会总资本的再生产，强调总量平衡和结构平衡，强调资本有机构成的提高。他与恩格斯共同提出了经济基础与上层建筑一对概念，用经济基础和上层建筑的相互作用恰当地描述了政治与经济的关系。马克思揭示的市场经济的一般规律，对于我们完善社会主义市场经济体制、推动经济持续健康发展具有重要指导意义。

新政治经济学是第二次世界大战后西方社会出现的用经济学的方法研究政治问题的学术流派，其中包括以布坎南为代表的公共选择理论、以奥尔森为代表的集团理论，以及以科斯、诺思为代表的新制度经济学等。这些学派从不同角度研究政治和经济关系的问题，具有政治与经济的融合、注重制度研究和使用了泛经济学方法的共同特点。应用政治经济学分析研究当今经济社会现实问题，提高按经济规律治理经济的能力，首先要正确认识、把握和遵循经济规律，以全新的角度思考国家治理体系问题，完善符合经济规律的制度安排，处理好政府和市场的关系，使它们在各自具有比较优势的领域充分发挥作用，实现经济治理科学化，推动符合经济规律的发展。

马克思和恩格斯致力于探索人类社会发展规律，尤其是着重研究资本主义社会的特点及运行规律。他们提出生产关系是理解人类社会历史发展的根本出发点，并运用辩证唯物主义和历史唯物主义，研究作为人类社会发展的各个时代基础的生产关系，尤其是着重研究了资本主义社会的生产关系，创立了无产阶级的政治经济学。这是马克思主义理论最深刻、最详细的证明和运用。他们通过着重剖析资本主义社会，认为资本主义社会主要有以下几个特点：资本家通过剥削雇佣工人获得剩余价值是资本主义社会的主要特点；资本积累的作用是具有两面性的；资本主义导致的周期性的经济危机会给社会带来苦难甚至战争，从而最终威胁到资本主义的生存；资本主义会导致帝国主义和战争，这些是人类社会发展的巨大代价；资本主义导致了复杂的阶级斗争，包括劳资矛盾及其他类型的阶级斗争；资本主义最终将被社会主义与共产主义所代替。

马克思主义特别是马克思主义政治经济学自从诞生之后就发挥了重要的作用，它激发并指导了自19世纪以来的社会主义运动。俄国的十月革命是在科学社会主义理论形成之后，在无产阶级革命的发生变得越来越有可能的情况下，俄国的布尔什维克党根据科学社会主义理论及政治经济学原理，发动了十月革命夺得政权，建立了第一个社会主义国家。十月革命的胜利对中国革命产生了重大影响。中国共产党通过将马克思主义普遍原理与中国实践相结合，发展出一套独具特色的社会主义理论，在这些理论的指导下，经过数十年的革命斗争，中国共产党取得了中国革命最终的胜利，并坚持以马克思主义政治经济学作为指导经济建设的理论依据。政治经济学对于世界其他地区的革命胜利以及资本主义社会的改革也发挥了一定的作用。第二次世界大战以后，社会主义运动在东欧、中美和东亚蓬勃发展，并形成了社会主义阵营，从而开启了资本主义灭亡的进程。当然，在实践中也会有挫折，一些社会主义国家又倒退回资本主义国家；同时，随着新自由主义思潮重新流行起来，一些国家的社会主义改革遭遇失败，但是政治经济学同样有助于我们理解这些现象。

随着经济学和社会的发展，马克思主义政治经济学取得了新的进展，表现在：①资本主义劳动过程理论的新发展。强调劳动过程是马克思的经济分析区别于其他经济学派的最重要的特征。资本主义经济制度不能正常运转是其内在结构性矛盾运动的必然结果。这种结构性矛盾的核心，就在于资本和劳动之间必定存在一种资本剥削劳动的关系。马克思主义学者对当前劳动过程的具体分析，揭示了资本主义的劳资关系在当前特定条件下的表现形式及其本质特征。②经济危机理论的进一步发展。马克思主义经济学家通过对资本主义基本矛盾的剖析，进一步完善了有关资本主义基本制度必然导致经济危机的相关理论，也正是新自由主义导致了严峻的2008年的金融危机和经济危机。③关于国际经济关系的理论。随着经济的发展，世界各国经济之间彼此相互开放，世界经济成为一个相互联系、相互依赖的有机体。自由贸易区、贸易同盟、资本市场国际化、经济调节国际化等使得国际经济关系日益复杂，给我们提出了很多新课题。④关于社会主义及共产主义的理论。马克思在人类思想史上第一次提出比较系统的社会经济调节理论。当前马克思主义学者在经济调节的理论与实践方面都获得了很大的进展。

政治经济学主要是一种分析社会问题的方法，马克思主义政治经济学为人们理解当代的社会经济问题提供深刻而透彻的分析。这些问题包括：①中国经济发展中存在的外贸依存度过高问题。中国政府已经意识到对出口的高度依赖性是中国当前面临的主要问题之一，并且认为中国应该更多地依靠其国内市场来发展经济。政治经济学可以在 3 个层次上为我们提供答案：首先，它可以用来理解在中国当前所处的发展阶段下出现高外贸依存度的必然性；其次，政治经济学可以用来为克服外贸依存度过高的问题提供政策建议，并为中国经济未来的发展提供相应的制度与政策指导；最后，政治经济学还可以用来说明阻碍当前制度及政策变革的主要因素是什么，并为克服这些障碍提出建议。②中国的收入差距过大的问题。政治经济学应该能够说明导致这种现状的原因，并能为扭转这种现状提供相应的制度及政策建议①。③中国工人面对的相对较低的工资和艰苦的工作条件问题。政治经济学应该能够解释导致当前的这种状况的主要原因是什么，并提出相应的解决办法。④中国大城市的高房价问题。当前房地产引发的资产泡沫问题在中国呈现出愈演愈烈之势，许多中国年轻人抱怨说负担不起日益升高的房价。政治经济学应该能够分析说明资产泡沫产生的原因，并提出相应的政策建议。⑤如何实现共产主义的问题。1978 年之后，中国人开始意识到中国可能在条件还不成熟的情况下，过早地实行了计划经济和国有经济。此后，市场经济及私营企业再次在中国经济中开始发挥一定的作用，这为中国带来了近 40 年的经济增长。但问题是随着中国经济的增长，怎样实现向共产主义的转变。政治经济学可以回答有中国特色的社会主义如何向共产主义转变这个问题。⑥如何分析世界经济的问题。随着中国逐渐成为世界的经济大国，我们希望政治经济学不仅被用以分析中国的经济，而且被用以分析世界经济。运用政治经济学分析世界经济及资本主义发展现状，借鉴成功发展我国经济，将会对政治经济学及社会主义在中国及世界的进一步传播和发展做出巨大的贡献。

2.2 丰富和发展当代中国马克思主义

任何科学理论和制度，必须本土化才能更好地发挥作用。中国特色社会主义理论体系是以马克思主义基本原理为指导，与中国具体实践相结合的理论指导。马克思主义在我们党不断推进下，紧密结合中国的实际加以运用。马克思主义政治经济学是马克思主义的重要组成部分，也是我们坚持和发展马克思主

① 大卫·科兹，2011. 马克思主义政治经济学的历史及未来展望［J］. 学术月刊（7）：69-71.

义的必修课。习近平总书记指出，坚持和发展中国特色社会主义，必须高度重视理论的作用，增强理论自信和战略定力。不断根据时代变化和实践发展，深化认识、总结经验，不断推进实践基础上的理论创新，坚持理论指导和实践创新良性互动，在这种统一和互动中发展21世纪中国的马克思主义，真正掌握和了解中国特色社会主义理论体系。

当代对马克思主义政治经济学的学习、研究和运用，形成了符合时代特征的理论体系。在新民主主义时期创造性地提出了新民主主义纲领，在探索社会主义建设道路过程中对发展我国经济提出了独创性的观点，如提出社会主义社会的基本矛盾理论，提出统筹兼顾、注意综合平衡，以农业为基础、工业为主导、农轻重协调等重要观点。这是我党对马克思主义政治经济学的创造性发展。中共十一届三中全会以来，我们党把马克思主义政治经济学同中国的改革开放新实践结合，不断丰富和发展马克思主义政治经济学，形成了当代中国马克思主义政治经济学的许多重要理论成果。如，社会主义本质的理论、关于以人民为中心的发展思想的理论，关于社会主义初级阶段基本经济制度的理论，关于树立和落实创新、协调、绿色、开放、共享的发展理念的理论，关于发展社会主义市场经济，使市场在资源配置中起决定性作用和更好发挥政府作用的理论，关于推进供给侧结构性改革的理论，关于推动新型工业化、信息化、城镇化、农业现代化相互协调的理论，关于用好国内国际两个市场、两种资源的理论，关于促进社会公平正义、逐步实现全体人民共同富裕的理论等①。这些理论成果，是适应当代中国国情和时代特点的政治经济学，开拓了马克思主义政治经济学的新境界。

推进供给侧结构性改革，加快转变经济发展方式，深化改革，提高供给质量，是党中央综合研究世界经济形势和我国经济发展新常态做出的重大决策。供给侧结构性改革是创新和发展中国特色社会主义政治经济学的重大成果。该理论创造性地提出并构建了用以指导改革发展实践的理论体系，既强调供给侧结构性矛盾是主要矛盾，又强调供给要以满足人民群众日益增长的物质文化需要为目的和归宿。转变经济发展方式，推进产业结构优化升级，其中三次产业协同发展和产业融合处于重要内容。

① 中共中央宣传部，2016. 习近平总书记系列重要讲话读本［M］. 北京：学习出版社，人民出版社：33-36.

2.3 发展方式转变的理论综述

1. 由经济增长方式向经济发展方式的转变，伴随着理论层面上认识的深化和转变

一般认为，经济发展方式是指实现经济发展的方法、路径。这种概念界定指出了经济发展方式的核心要素，但是它一则忽视了经济发展方式受经济发展阶段的制约、与经济体制和经济发展战略的内生性，往往容易导致在经济实践中脱离经济发展阶段、忽视制度背景和发展战略的约束，二则忽视了经济发展的质的方面，即要求人民群众物质和文化生活水平的不断提高、生态环境不断改善和社会的和谐等题中应有之义。

理解经济发展方式是有理论前提的，应该充分体现经济发展方式的阶段性、体制背景、发展战略这三大前提。故对经济发展方式的概念做如下界定：

经济发展方式是指在一定的经济发展阶段、一定的经济发展战略和经济体制下，推动经济发展的方法和路径，最终达到经济社会统一发展的方式。

首先，经济发展方式具有阶段性，处于不同发展阶段的国家在经济发展方式上具有阶段性特征。中国处于工业化的中期，必然要经历主要靠要素积累促进经济发展的阶段，所以在这个阶段，一方面要重视资本的投入数量和效益，另一方面还要重视技术创新、结构调整、节能减排等。

其次，如果生产力水平既定，那么在不同经济发展战略的导向下并依托不同的经济体制条件，人们会选择不同的经济发展方式，从而相应地获得不同的经济发展质量和效益。反过来看，如果要实现一种发展方式向另一种发展方式的转变，通常就必须对原有的经济发展战略和经济体制进行根本性的变革；没有经济发展战略的转轨与经济体制和改革与之相配合，经济发展方式的转变就不可能深入进行。从这个意义上讲，现在提出转变经济发展方式，是科学发展成为统领经济社会发展的重大战略的体现，社会主义市场经济体制改革正在不断深入和深化，要求更加关注经济社会的和谐发展的体现。反之，概念本身也昭示我们，转变经济发展方式必须要在科学发展观的指导之下，也必须以不断建立完善的社会主义市场经济体制作为根本的制度保障。

现阶段我国经济发展的动力源是多元的。其中经济增长论，古典经济增长理论、新古典经济增长理论、新增长理论和制度学派关于经济增长动力源泉的观点是不同的。纵向来看，经济增长的动力源泉经过了一个劳动、资本—劳动、资本、外生技术进步—内生技术进步—制度的变迁过程，动力源泉的变迁大体能够与经济发展的阶段相吻合，即不同的发展阶段都有主流的动力源与之对应。具体到我国的现实状况，目前经济发展的动力源泉应该是综合性的，可以简单总结为：制度变革是一切动力源泉的基本保障，资本积累是第一推动因素，劳动力是必须着重考虑的限制性因素，技术进步是重点发展和应用的因素，统筹兼顾是保证动力持续的前提条件。我国亟待建立一个更加完善的市场经济体制，正处在工业化的中后期阶段，理论结论和发达国家工业化的实践证明，资本是这个阶段经济增长的第一推动力，只不过我国目前最需要引起重视的是投资结构和效率；我国是劳动力大国，农村尚有大量的剩余劳动力需要转移，城市每年又有大批的新增失业人口，就业的压力对经济增长的动力构成了约束；经济全球化浪潮和知识经济时代的到来，使我们不得不提升经济增长的技术含量，不得不着力提升自主创新能力；发展中大国各地生产力发展的不平衡性也要求动力源泉的选择是综合性的和多层次性的；已有发展的不平衡时的各种动力源泉的效率在降低，因而必须以统筹兼顾来保证其持续性。

现阶段我国经济发展方式转变的内涵至少可以总结为以下 5 个方面：

（1）效率提高。效率提高是经济发展方式转变的最基本要求，意味着要由高投入、低效率的发展方式，转向低投入、高效率的发展方式。要求提升劳动力的素质，优化资本的配置，提升技术装备水平，发展高新技术产业，改造提升传统产业，加快市场化取向改革，转变政府职能，变建设性政府为服务性政府。

（2）结构优化。经济结构尤其是产业结构的优化升级是转变经济发展方式的关键环节，经济发展方式转变也意味着产业结构的高级化过程。根据产业结构演变的一般规律和国际产业发展的一般历程，三次产业发展的逻辑次序为：一二三→二一三→二三一→三二一，产业结构越来越轻型化，越来越服务化。我国产业结构的调整和发展总体上也要遵循这些基本规律，将之作为产业结构发展的指导。但是，由于各地自身的产业地位和作用不同，在结构优化的同时还要根据各地区三次产业的优势进行选择，形成三产互动。

（3）自然和谐。我国目前经济发展的现状可以归纳为高投入、高消耗、高排放、不协调、难循环、低效率，这种经济发展方式已经难以支撑完成工业化和现代化的历史任务，所以必须转向减少环境污染、发展循环经济、构建节约型社会、实现可持续发展的轨道上来，保持人、自然和生态环境的和谐相处。

（4）运行平稳。由于体制和粗放型经济发展方式的原因，我国经济运行具有波动剧烈、运行不平稳的特点，新的经济发展方式也必须是有利于减缓经济运行波动幅度，使经济能够持续、快速、健康发展。

（5）统筹协调。包括城乡统筹和区域统筹。城乡优势互补、良性互动、统筹发展；区域发展实现发挥特色优势、发展比较均衡、公共服务比较均等的格局。

2. 马克思主义全面发展理论

马克思主义认为社会再生产的类型是随着社会生产的发展而发展的。以简单再生产为特征的前资本主义的社会再生产类型，扩大再生产一般是外延的性质。以扩大再生产为特征的社会里，随着新技术在生产中的广泛运用，随着劳动者的劳动熟练程度和劳动生产率的提高，内含型的扩大再生产在社会生产中占有越来越大的比重。内含型扩大再生产对劳动的节约具有显著的优势。因此，为了全面提高社会再生产的经济效益，我国必须尽快从“粗放型”的外延扩大再生产转向“集约型”的内涵扩大再生产，使内含型的扩大再生产占据主导地位。按照内含扩大再生产的要求，我们要通过深化经济体制改革，形成有利于节约资源、降低消耗的市场机制，有利于自主创新的技术进步机制，有利于市场公平竞争和资源优化配置的经济运行机制。

马克思主义唯物史观还认为，人的发展与人的全面发展是一个历史的过程，也是一个社会发展与进步的过程。人的全面发展是人的发展的最高阶段，只有当社会关系的发展达到某种全面性的时候，人才能获得全面发展。人的全面发展是以人的自由发展为前提的，只有当社会提供给人自由发展的环境与时机时，人的全面发展才有实现的可能性。因此，人类社会发展到一定阶段，需要转变经济发展方式，实现人们对物质财富、精神财富的双重需求，提高人们的生活质量。

3. 西方学者对经济发展的认识

库兹涅茨在1930年出版的《生产和价格的长期运动》一书中，提出了长期动态增长过程在深化经济现象的理解中的核心地位，并在1941年的著作《国民收入及其构成》中就阐述了国民收入与产业结构间的重要联系。他通过对大量历史经济资料的研究得出重要结论，即库兹涅茨产业结构论：产业结构和劳动力的部门结构将趋于下降，政府消费在国民生产总值中的比重趋于上升，个人消费比重趋于下降。在理论前提上，他把克拉克单纯的“时间序列”转变为直接的“经济增长”概念，即“在不存在人均产品的明显减少即人均产品一定或增加的情况下产生的人口的持续增加”。同时，“人口与人均产品双方的增加缺一不可”，而“所谓持续增加，指不会因短期的变动而消失的大幅度提高”。而后，他将产业结构重新划分为“农业部门”“工业部门”和“服务部门”，并使用了产业的相对国民收入这一概念来进一步分析产业结构。由此，使克拉克法则的地位在现代经济社会更趋稳固。

克拉克在《经济发展条件》(1940) 中阐述，他通过对 40 多个国家和地区不同时期三次产业劳动投入和总产出的资料的整理和比较，总结了劳动力在三次产业中的结构变化与人均国民的提高存在着一定的规律性：劳动人口从农业向制造业，进而从制造业向商业及服务业的移动，即所谓克拉克法则。其理论前提是，以若干经济在时间推移中的变化为依据。这种时间系列意味着经济发展，而经济发展在此是指不断提高的国民收入。

英国著名的发展经济学家罗森斯坦·罗丹于 1943 年在《东欧和东南欧国家工业化的若干问题》一文中提出大推动理论，该理论的核心是在发展中国家或地区对国民经济的各个部门同时进行大规模投资，以促进这些部门的平均增长，从而推动整个国民经济的高速增长和全面发展。该理论认为，区域经济增长取决于资本、劳动力和技术 3 个要素的投入状况，而各个要素的报酬取决于其边际生产力。在自由市场竞争机制下，生产要素为实现其最高边际报酬率而流动。在市场经济条件下，资本、劳动力与技术等生产要素的自由流动，将导致区域发展的均衡。因此，尽管各区域存在着要素禀赋和发展程度的差异，由于劳动力总是从低工资的欠发达地区向高工资的发达地区流动，以取得更多的劳动报酬。同理，资本从高工资的发达地区向低工资的欠发达地区流动，以取得更多的资本收益。要素的自由流动，最后将导致各要素收益平均化，从而达到各地区经济平衡增长的结果。

刘易斯于 1954 年发表《劳动无限供给条件下的经济发展》，创立了二元经济理论，解释经济发展的根本原因。他认为发展中国家普遍具有经济的二元结构，即整个社会分为两大经济部门：传统部门和现代部门。刘易斯认为，生产要素从劳动生产率低的传统部门向生产率高的现代部门聚集，是经济增长的重要推动力。既然传统部门的边际生产力约为零值，存在着劳动力过剩，那么从该部门抽出劳动力将不会减少其产出，加上资本家把利润转化为资本的行为，进一步增加了现代部门从传统部门吸收劳动力的能力。经济的发展就表现在劳动力从农村部门向城市部门的转移过程和现代部门产量及就业量的增长两个方面。这既是经济的发展过程，也是农村人口的城市化过程，同时也是一个不发达经济中二元经济向同质经济转化的过程。

赫希曼在 1958 年出版的《经济发展战略》提出了一个不平衡增长模型，

突出了早期发展经济学家限于直接生产部门和基础设施部门发展次序的狭义讨论。郝希曼认为，不发达地区不具备产业和地域全面增长的资金和其他资源，因而理论上的平衡增长是不可能的。社会经济发展要根据不平衡发展规律，有重点、有差异、有特点地发展，而不是平均使用力量发展，并认为在不平衡系统中总是存在着支配性的因素。因此，在不同时期要选择支配全局的重点地区、重点部门发展经济，投资只能有选择地在若干区位条件优越的增长极地区进行，其他地区则可通过区域增长极的扩散效应而逐步扩散。

其中关联效应理论和最有效次序理论，已经成为发展经济学中的重要分析工具。罗斯托提出了著名的主导产业扩散效应理论和经济成长阶段理论。他认为，产业结构的变化对经济增长具有重大的影响；在经济发展中重视发挥主导产业的扩散效应，其主要著作有《经济成长的过程》和《经济成长的阶段》等。钱纳里对产业结构理论的发展贡献颇多，他认为，经济发展中资本与劳动的替代弹性是不变的，从而发展了柯布—道格拉斯的生产函数学说。指出在经济发展中产业结构会发生变化，对外贸易中初级产品出口将会减少，逐步实现进口替代和出口替代。

20 世纪 60 年代以后形成了新的经济发展理论。例如，迈克尔·P. 托达罗提出了发展的新经济观点。他认为，发展必须包括经济加速增长、缩小不平等状况和消灭绝对贫困，也包括社会结构、民众态度和国家制度的重要变化的多方面过程。他还提出了发展的 3 个核心价值：生存、自尊、从奴役中解放出来。此外，他还提出了发展的 3 个目标：一是增加基本生活必需品数量的可得性，二是提高生活水平，三是扩大对个人和国家可得的经济和社会选择范围。冈纳·米尔达尔提出了著名的“回波效应”和“扩散效应”。所谓的“回波效应”是指经济活动正在扩张的地点和地区将会从其他地区吸引净人口流入、资本流入和贸易活动，从而加快自身发展，并使其周边地区发展速度降低；而“扩散效应”是指所有位于经济扩张中心的周围地区，都会随着与扩张中心地区的基础设施的改善等情况，从中心地区获得资本、人才等，并被刺激促进本地区的发展，逐步赶上中心地区。

2.4 产业协同带动的理论综述

1. 马克思产业结构关系理论

马克思再生产理论所关注的是物质生产部门生产资料生产部类和生活资料

生产部类两大部类之间的生产与交换关系，同当前两大产业的划分与现代经济中三次产业的划分有本质的不同。但是，无论是对两大产业还是三次产业，都是对国民经济总体产业的研究，都是要加强产业之间发展的协调，促进产业的合理化与运行的高效化。马克思的社会资本再生产理论揭示了产业之间的关联和所存在的比例关系，保持产业之间发展的合理比例，才能充分实现资源利用的效率和提高国民经济的总体运行效率。这一理论思想在今天仍然有指导意义，有助于我们改造传统产业，大力发展现代产业，提升我国的产业结构，实现产业结构的高级化。同时，在发展现代产业的过程中，更加注重产业之间的协调发展，降低产业发展不平衡的效率损失，保持国民经济运行的稳定高效。

在马克思再生产理论中，资本具有自我扩张的冲动和能力，这也是经济发展的内在动力，即利润最大化。社会主义再生产过程也是一种扩大再生产，社会财富的不断增加就是这一扩大再生产发展的结果。在社会主义市场经济条件下，保持和鼓励这一资本内在的扩张动力，可以使我国经济充满活力，刺激经济快速增长。但是，资本扩大再生产的规模和速度必须与国民经济发展的要求相一致，必须注重经济增长的质量，注重内涵的扩大，处理好三次产业的关系，优化配置各次产业自身及其要素结构，使三次产业协同带动促进国民经济发展，这样才能又好又快和平稳较快地发展。

2. 三次产业的空间布局理论

理查德·坎蒂隆（Richard Cantillion，1730）、冯·屠能（VonThünen，1826）、劳恩哈特（W. Launhardt，1882）和韦伯（A. Weber，1909）等西方学者在不同时期分别对不同产业的空间布局进行了分析。其中，劳恩哈特在德国《工程师协会期刊》上发表《确定工商业的合理区位》一文，提出了区位三角形的极点概念，阿尔弗雷德·韦伯在《工业区位论》一书中建立了一般工业产业区位理论。1939 年奥古斯特·廖什（August Losch）出版了《区位经济学》，他认为工业布局问题是一个经济单位互动过程，需要考虑各种相关影响因素，找出各经济单位的相互关系，才能找出某种工业布局的合理区位。这中间当然也包括各次产业之间的相互影响。1956 年艾萨德（W. Isard）出版了《区位和空间经济》（*Location and Space-Economy*）一书，提出了区域科学概念，艾萨德定义区域经济科学是研究包括可在某一区域有效地从事生产并获取利润的单个或集团产业；改善区域内居民的福利；如何提高区域内人均收入水平，改善收入分配，更有效地衡量收入等；区域内产业的集聚和分散，获得区域内资源的最有效的利用。艾萨德讨论了空间这种生产要素在三次产业部门中的分配问题。美国著名农业发展经济学家舒尔茨（T. W. Schultz）提出了经济进步延滞假说，讨论了农业发展的空间区位问题。舒尔茨考察了地域的农业社区和经济进步中心，即农村地区与工业城市两种地域空间。农业的发展状况与农业所处的地域空间，即与工业城市之间的距离有密切关系，而与农业本身的性质无关。

克鲁格曼将空间经济学发展成为新地理经济学。克鲁格曼定义的经济地理是指生产的空间区位，它研究经济活动发生在何处且为什么发生在此处。他认为在一个国家内经济活动的区位问题是一个重要的主题，在他看来，对于像美国这样的大国来说，国内生产的区位是和国际贸易一样重要的问题，而且在一些特殊的情况下，国际经济学越来越变得像区域经济学。克鲁格曼还认为，20世纪80年代的新贸易理论和新增长理论，告诉了人们一个新的经济学世界观，但却很难从贸易、增长和商业周期中找出令人信服的证据来说明这就是世界经济实际运行方式。而研究国际国内经济活动的区位的经济地理学可以为新贸易理论、新增长理论等提供思想基础，产业经济是区位经济学研究的三大主要内容之一（厂商、产业和经济是空间经济学研究的三大主题）。克鲁格曼的空间经济学强调偶然事件以及历史因素而不是比较优势在产业形成和发展中的重要作用，他指出一些产业在某个地域的形成并不是该地域要素禀赋优势产生的，而是一些偶然事件导致该地域某种产业的出现，也可能是以前该地域就存在某种产业生产的历史传统。历史因素还可以用来解释在初始禀赋条件相类似的地方之间，经济活动分布不均衡现象，在空间经济学看来，这是由于积累循环因果关系和路径依赖所导致的，积累循环因果关系可以说明区域经济的演化。

3. 西方其他关于三次产业发展和国内相关研究综述

国外相关经济学者对三次产业发展的相关理论研究大体遵循了4个不同的研究方向和路径：产业布局、产业结构、产业关联和产业政策。虽然理论上说，西方发达国家已经进入到了后工业社会，他们的产业结构开始不断软化、服务化，但是这是对西方发达国家经济的一种误解。分析发达国家的产业结构我们不仅要看相对数量，还要看绝对数量。如果历史地看传统产业的绝对数量我们就会看到他们的农业、制造业的产值并没有减少，而且还在不断扩大。从竞争力来说，他们的传统产业依然保持着很强的竞争力。比如装备制造业，目前发展中国家基本上是依赖发达国家。发达国家的现代农业具有很高的劳动生产率。从政策来看，西方国家在面临发展中国家竞争的情况下，一度放弃过农业、制造业等传统产业，但是经验告诉他们这样做不利于经济的发展。

国内已有的对三次产业协同带动的研究成果包括：①对工业化所处阶段的分析。从经济发展水平、产业结构、工业结构、就业结构、空间结构等多方面评价我国各地区工业化水平。参照钱纳里等（1989）的划分方法，再结合相关理论研究和国际经验估计确定工业化不同阶段的标志值，以分析我国各地区工业化水平。②工业结构与增长活力分析。选择产业结构，变过去的被动调整为主动调整，主动根据地区的市场需求和资源禀赋，进行产业结构调整，选择快速增长的产业、高生产率的产业、在初始具有相对优势的产业（用相对生产率来度量）、具有先发移动优势的行业（用初始所占份额在平均份额以上来度量）、需要技术水平较高的行业，主动调整产业结构，才能扩展产业发展空间，提高各地经济发展速度。③专业化对经济增长的影响具有以下 3 种效果：一是提高效率，二是产生风险，三是动态的效果，如果专业化处在一种动态的市场中，专业化的国家和地区将享受到较高的生产率，如果地区专注于低工资的行业、成熟的产业或产品差异化潜力较低的行业中，其经济增长速率和发展水平将受到很大制约。综上所述，如何开展对三次产业协同带动的理论研究，包括对三次产业协同带动机制的考察、产业演变新形式的解释等话题，依然是我国产业经济学、区域经济学等学科领域的空白和亟待解决的重要课题。尤其是如何应用国内外最新理论研究成果，对相关话题做出更为前沿和开创性的研究，是取得三次产业协同带动理论与实践研究突破的关键。

4. 对产业协同带动的认识

产业协同带动的理论渊源可以追溯至协同学（Synergetics）。协同学的创立者是联邦德国斯图加特大学教授著名物理学家赫尔曼·哈肯（Hermann Haken），1971 年他提出协同的概念，1976 年系统地论述了协同理论，发表了《协同学导论》（1977）、《高等协同学》（1983）。协同学认为，千差万别的系统尽管其属性不同，但在整个环境中各个系统间存在着相互影响而又相互合作的关系。大量子系统组成的系统，在一定条件下由于子系统相互作用和协作，这种系统会研究内容，探讨其转变所遵守的共同规律。应用协同论方法可以把已经取得的研究成果类比拓宽于其他学科，为探索未知领域提供有效的手段，还可以用于找出影响系统变化的控制因素，进而发挥系统内子系统间的协同作用。

（1）关于产业协同内涵。国内学者大多从经济学角度对产业协同的内涵进行了定义。徐力行、毕淑青（2007）认为，产业协同是指开放条件下各产业子系统自发相互约束耦合，表现出在时间、空间或功能上有序结合的过程。产业协同是以系统的观点来考察产业之间的联动状态和过程，不仅关注各产业运动在时间和功能上的衔接，同时也关注其在动态变化中运行方向上的一致。

胡大立在《产业关联、产业协同与集群竞争优势的关联机理》（2006）中指出，产业协同是指集群内的企业在生产、营销、采购、管理、技术等方面相互配合、相互协作，形成高度的一致性或和谐性。集群内企业相互协同会产生协同效应，即对单个企业而言，作为集群中的一个企业比作为一个单独运作的企业所能获得更高的盈利能力就是协同效益，即所谓的“1＋1＞2”的效果，进而形成竞争优势。

李辉、张旭明（2006）在产业集群的协同效应研究中对产业集群的协同效应进行了定义，认为集群系统能产生促进集群系统本身、集群子系统以及集群系统环境提高效率、良性发展的有利影响，它集中体现为集群的成本优势和创新优势。产业集群在产品的生产率、市场占有率、出口量等方面表现出的竞争力以及对区域经济的贡献和带动作用，归根结底是其协同效应的结果。

彭容胜在《区域间产业协调发展基本问题探讨》（2006）一文中提到，分工会使区域间产业的联系更加紧密，大大增加产业间的相互依存度。在这种情况下，为了保护共同利益，不同区域的产业需要有共同遵守的规则，于是产业之间的合作产生了。通过区域间产业的合作，在资源和市场有限的情况下，可以把本属于外部性的因素转化为内部因素，实现区域间产业优势互补，从而巩固市场地位，提高双方的竞争优势。归根到底，区域产业合作的动力基础在于双方可以在协作中获益。

徐力行、高伟凯在《产业创新与产业协同——基于部门间产品嵌入式创新流的系统分析》（2007）一文中提出，产业协同是指开放条件下，作为国民经济运行的子系统，各产业或产业群相互协调合作形成宏观有序结构的过程。已有对产业协同的研究主要反映在产业结构合理化等方面，从方法论上讲绝大部分的研究还是静态研究。然而，协同是系统自组织的动态概念，国民经济各产业之间时刻处于动态平衡和失衡的交替当中，因此，有必要以动态的分析方法，来探究产业结构在运动中的平衡条件。

（2）产业协同早期思想。产业结构同样存在着自然界中物质的协同现象。在区域经济的早期理论中，就蕴含着这一思想。

①产业的区位选择。杜能（V. Thunen）在其著名的《孤立国》（1826）一书中提出，距离以城市为代表的消费市场的远近对农作物的布局有重大影响，由内到外他将假设的孤立国划分成 6 个同心农业圈层，杜能的《孤立国》

是区位论的奠基之作。韦伯（A. Weber）（1909）在分析影响工业布局的区位因素时，提出了区位因素、区位优势和最优区位等概念，还提出了3个一般性区位因子，即运输费用、劳动费用和聚集力。后来，克里斯塔勒（Christaler）（1933）提出中心地理论，奥古斯特·廖什（August Losch）（1940）又考察了市场规模和市场需求结构对产业区位的影响，区位分析也由生产扩展到市场，并且从单个厂商扩展到整个产业。

②区域产业战略选择。在区域经济发展战略选择方面存在着两种观点，分别是：第一，平衡发展理论。其代表人物是罗森斯坦·罗丹（P. N. Rosenstein Rodan），他在《东欧和东南欧国家工业化的若干问题》（1943）一文中提出"大推进"理论，指出在东欧和东南欧需要"大推进"（即同时对许多项目大量投资）来实现经济增长。实践证明，"大推进"理论只有在自给自足的封闭经济中才有其正确性。第二，缪尔达尔和赫希曼提出的不平衡发展理论，该理论承认社会经济发展不平衡的客观存在性，反对在资源配置上对各产业、各地区采取平均主义作法，主张遵循并自觉利用不平衡发展规律，实行有区别、有重点、有选择的不平衡发展战略。此后法国经济学家佩鲁（Francois Perroux）在韦伯工业区位发展理论提出的聚焦概念的基础上提出来的增长极理论，由后来的法国经济学家布代维尔（J. B. Boudeville）、美国经济学家弗里德曼（John Friedman）、瑞典经济学家缪尔达尔（Gunnar Myrdal）、美国经济学家赫希曼（A. O. Hischman）分别在不同程度上进一步丰富和发展了这一理论。增长极理论认为：一个国家要实现平衡发展只是一种理想，在现实中是不可能的，经济增长通常是从一个或数个"增长中心"逐渐向其他部门或地区传导。因此，应选择特定的地理空间作为增长极，以带动经济发展。具体方式可能是某些主导产业部门和有创新能力的行业集中于一些地区或大城市，会形成增长极，并带动其他地区的发展。但是我们发现，增长极形成后往往更多地侧重产业协同问题。这是因为增长极的两种作用，即极化效应和扩散效应。经济发展的初级阶段，极化效应是主要的，当发展到一定阶段时，扩散效应加强并逐渐占主导地位，两者相互作用，促进了区域经济的协同发展。

对于区域产业战略选择，美国经济学家弗农（Raymond Vernon）在《产品周期中的国际贸易》（1968）中提出了产品循环发展模式理论，他认为，产品生命周期包括新产品阶段、成熟阶段和标准化阶段。新产品阶段一般由发达国家开始形成某一产品或产业的生命周期。成熟阶段是产品及其生产技术逐渐成熟的阶段，外国厂商开始模仿或引进该技术进行生产，产品开始由技术密集型向资本密集型转化。标准化阶段研究与开发费用占生产成本的比重逐步降低，资本尤其是熟练劳动成为产品成本的主要部分，生产地点也逐步向低成本的不发达国家或地区转移。之后随着技术的不断创新，该产品的技术逐步标准化直至落后，其附加值也逐渐降低，发达国家便会从这一领域退出并再次推出新的产品，从而又开始新一轮“产品生命周期”，即产品按“新产品开发—国内市场形成—出口—资本和技术出口—进口—更新的产品开发”顺序循环，技术的成熟带动产业结构由劳动、资源密集型向资金、技术密集型演进。随之，中国学者夏禹龙等根据国外理论基础，提出技术梯度理论，认为处在高梯度的地区，经济发展主要在于预防经济结构老化，行之有效的办法是不断创新，建立新行业、新企业，开发新产品，保持技术上的领先地位；处在低梯度的地区，经济发展首先应重点发展占有较大优势的初级产业、劳动密集型产业，尽快接过那些从高梯度地区淘汰或外溢出来的产业发展地区经济，并尽量争取外援，从最低的发展梯度向上攀登进入世界先进行列。即高梯度发达地区随产业结构的演进适时将一些处于成熟或成熟后阶段的产业转移至可大大降低生产成本且资源丰富的低梯度地区，低梯度地区可以此为契机累积经济起飞的条件，在吸收有形资本品、技术和先进管理经验的同时，利用产业转移中的技术扩散效应，加快其传统产业的改造，兼收并创新地建立和带动新兴产业，以此快速提升其产业技术水平，加速其产业升级进程，利用并发挥国际转移产业的聚集效应形成主导产业群体，从而实现经济的“跨越式”发展。

（3）产业协同的衡量。目前，国内关于协同的衡量方面的研究并不是很多，对于产业协同的衡量也大多采用系统动力学、灰色关联度等分析方法。

赵旭、吴孟（2007）通过建立综合评价指标体系，利用因子分析法，对我国各省市城市化与城市生态环境水平进行综合评价，并通过耦合度、耦合协调度函数判断我国各省市城市化与城市生态环境的协调发展状况。徐婕等（2007）运用了改进的DEA模型—交叉效率评价方法对我国各地区的资源、环境与经济协调发展的相对有效性进行了评价，并引入了“伪标准指数”（FSI），将传统DEA方法评价值与对抗交叉DEA评价值比较分析，最后构建了一个经济—协调发展二维综合评价矩阵来进一步分析。

徐力行、高伟凯（2007）在基于创新的分类基础上，运用系统动力学仿真，对制造业进行了敏感影响产业协同的关键产业链接环节的分析。王传民（2006）对县域产业协同发展成熟度评价时，将社会经济大系统分为社会、经济、科技、环境子系统来设计县域经济协同发展指标体系，并将指标体系经适当处理为无量纲的量，寻求 D（k）为满足既能衡量协同度又能衡量发展程度的量，从而根据县域经济协同发展评价方法，分别对子系统内部和子系统之间协同发展成熟度进行测算，以此来对产业协同程度进行测定，得出结论，一般情况下，D（k）越接近 1，协同成熟度越高。而后，在此基础上，王传民、袁伦渠（2006）又应用灰色关联分析法研究产值结构与就业结构、资产结构的协同问题，构建了县域产业的协同发展模型。通过计算第一、第二、第三产业的产值比重与就业比重、固定资产形成额比重之间的灰色关联度，对县域的经济发展水平做出判断，从而推进县域产业结构的优化。彭志忠（2006）运用灰色关联分析研究产值结构与就业结构、资产结构的协同问题，构造分析县域产值结构与就业结构、资产结构关联度的方法，为县域就业结构与资产结构调整以促进产业结构优化提供分析工具。吴焕新（2008）在研究县域经济产业协同发展成熟度时，试图探索建立一套科学合理的评价指标体系，从而对中国县域经济产业协同发展成熟度做出一个总体的评价。王传民（2006）认为，县域经济产业协同机制是指县域产业系统在内外部因素的作用下，产业竞争力要素之间以及其与外部环境之间相互作用、相互促进、相互依赖和相互影响，驱使协同系统的形成和发展的内在机能和控制方式。朱道才、赵双琳（2008）通过灰色关联度和相关关系分析，对安徽省凤阳县产业协同情况进行衡量和评价，并提出推动县域经济协调发展的政策措施。

（4）产业协同的效应。包括产业集聚协同效应和产业集聚创新效应两个角度。

①产业集聚协同效应。李辉、张旭明（2006）从系统协同效应的视角，揭示了产业集群的理论根源：产业集群是一个区域经济系统，具有分工协同、制度协同、集聚协同和竞争协同四方面的协同效应，即高度专业化促进收益递增、交易制度优化提升市场效率、从外部经济中获取成本降低的力量及成本差异创造竞争优势，各种协同效应的综合作用决定了产业集群能有效地降低成本和促进创新。陆小成、罗新星（2007）认为产业集群协同演化是指产业集群内以各企业等要素间的相互作用为基础的经济联合体，协同竞争是产业集群演化的重要动力。通过利用 Lotka—Volterra 模型分析，对产业集群内企业之间的捕食与竞争关系进行研究，认为产业集群协同演化策略选择需要重视产业集群演化的协同效应，防止过度竞争，以正确的企业发展战略为导向，以产业集群核心竞争力的培养和优化为依托，注重产业集群内企业之间的竞合策略。吴结兵、蔡宁（2007）认为在产业集群的结构中成员行为形成了资源整合的协同效

应，这是产业集群绩效及竞争优势的基础。他们对于产业集群从协同效应角度的研究主要从新产业区理论和波特的集群理论两种范式出发，新产业区理论归结于产业区内企业间在竞争基础上的合作行为，新产业区理论并不否定竞争，但无疑更加强调了合作在整个产业区的形成发展、经济绩效等各个方面的重要作用，而波特集群研究的协同效应主要机制是竞争提高生产率。万幼清、邓明然（2007）基于知识视角研究了产业集群协同以提高企业的技术能力和学习能力，有助于企业的持续创新，最终促进各方核心能力的形成和发展。与单个企业自主创新相比，在同一创新中产业集群协同共享的知识基础可以使企业接触复杂问题并与其他以前无法接触到的知识来源交汇，使经济效果显著提高。胡大立（2006）则明确指出产业关联性和协同性（正相关还是负相关、正协同还是负协同）是性质方面的属性，而产业关联度和产业协同度（关联度和协同度的大小）则是数量方面的属性。

②产业创新协同效应。徐力行、毕淑青（2007）认为创新正在成为影响产业竞争力的重要因素。提高一国的创新能力必须有系统化的方向和运行方式，只有把创新提高到产业层次才会对产业竞争力产生决定性的影响。由于产业协同能力是产业创新的重要保障，两者存在着很强的良性互动关系。因此，必须把围绕主导产业而设立的技术主线和技术标准体系作为凝聚产业创新资源的核心，把建立产业协同共享技术平台和消除体制性障碍作为产业协同的基本条件。徐力行、高伟凯（2007）采用投入产出分析方法，结合图论，探索创新扩散的产业通道，并据此对产业群加以分类，最后引进系统动力学方法来探究产业创新对产业协同的影响。

（5）其他。产业结构演进与经济社会发展关系的研究表明，一个国家或一个区域产业结构演进在不同的历史阶段呈现不同的特征，表现了对应时期的经济和社会发展水平。

安世银（2007）认为促进经济发展，既要遵循产业演进规律，更要依靠第一、第二和第三产业协同带动经济增长的要求，在产业结构调整中实现产业的不断演进，同时又通过三次产业协同带动来促进国民经济持续健康快速发展。

王深、赵英军、刘涛（2004）在研究企业实现资本增值最大化的有效途径中，认为协同效应主要是通过企业资源战略、业务经营战略和组织战略的完善，达到企业资源结构、业务结构和组织结构的优化而获取的。刘联辉、王坚强（2004）在中小制造企业协同物流模式及其实现途径中，提出制造企业协同物流体系实现的有效途径分别是联合采购、供应商管理库存、与供应商联合库存、仓库证券融仓库存①、共同配送。

李若朋、荣蓉、吕廷杰（2004）通过建立产业协同促进分工发展的模型，研究基于知识交流的产业协同模式，从知识管理理论和交易成本理论出发，分析知识交流效率对分工发展的影响，阐述通过降低交易成本来提高知识交流效率的方法，进而得出了 TKA 型和 HD 型两种产业协同模式。

肖文韬（2003）认为促进产业结构本身及地区间的产业协调发展还得通过产业政策的制定及其运作来实现。苏明吾（2001）认为，为了充分保证产业政策实施的有效性，必须要有产业发展的协调政策和机制。考虑到我国经济制度以及社会主义市场经济的特殊性，我国现阶段产业协调模式的选择应该是“有政府调控的市场协调模式”，其内涵是：政府为实现经济与社会发展目标，采取间接的调控手段，为市场秩序和环境提供充分的保证，使宏观产业关系的协调在市场的引导下实现。冷梅、成达建、胡军（2001）认为，高新技术产业的发展对整个经济增长模式和产业结构调整有深刻影响，广东和香港都面临产业结构升级的任务，需要协同发展高新科技产业，通过分析政府介入的理论依据和政府介入的边界，认为粤港高新科技产业的协同发展需要政府的适度介入，进行制度创新。

习近平指出，我们要按照中共十六大、十七大、十八大提出的全面建成小康社会各项要求，突出抓重点、补短板、强弱项，坚定不移深化供给侧结构性改革，推动经济社会持续健康发展。转变经济发展方式，深刻认识经济发展新常态，全面深化改革，牢牢把握我国发展的阶段性特征，把握社会主义初级阶段这个最大国情，更准确地把握我国社会主义初级阶段不断变化的特点。我国虽然已成为世界第二大经济体，但人均 GDP 刚刚突破 8 000 美元，地区发展还很不平衡。中国特色社会主义进入了新的发展阶段，在坚持马克思主义基本原理的基础上，以更宽广的视野、更长远的眼光来思考和把握国家未来发展面临的一系列重大战略问题，在我国改革发展的伟大实践中，不断拓展理论新视野、做出理论新概括，不断丰富和发展理论创新成果。三次产业协同发展是在经济转型期对经济发展规律的新的认识，深刻揭示了产业结构与经济发展的内在关系。综上所述，产业协同对于经济发展的作用是不言而喻的，应进一步以多学科融合、多方法交叉的方式进行研究。

赵双琳、朱道才在《产业协同研究进展与启示》（2009）中认为：首先，

① 仓库证券融仓库存方式是区域中小货组企业与第三方仓储公司形成合作库存的信托机制。

研究方法的创新是产业协同研究不断拓展和深化的关键因素之一。目前此类研究以定性分析居多，少数辅之以定量研究，这也是国内产业协同研究难以深化的主要原因之一，因此，应运用物理学、地理学、管理学等多个学科相关知识进行分析研究并注重定量研究的广泛应用，制定出一系列的指标体系，改进关于协同度的测算方法，以便得出具体的协同度数值，为促进经济更好更快发展提供理论支撑。其次，在开展产业协同发展研究的同时，也应当注重创新协同研究，揭示产业协同发展与创新协同的相互影响机制，为区域间经济持续、稳定发展提供理论参考。再次，加强产业协同的国际比较研究，充分借鉴、利用国外产业协同研究的理论、方法和成果。同时，应注意到产业协同在不同的国家和地区、不同的经济社会文化背景下，表现出的差异性，以期为我国产业的发展战略选择提供理论参考和依据。最后，应该强化实证研究，产业是国家谋求竞争优势的关键载体，区域经济的发展依赖于产业的发展。现阶段，关于区域经济发展的措施大多数着眼于产业之间的协同发展，例如泛长三角地区内的各省市充分利用自身的比较优势，在人才、技术、资金等方面进行协同。现在的长三角地区，部分优势产业需要升级，原有的传统产业需要转移，这就要求长三角附近有一个成本更低的空间，作为“泛化”的区域，以便形成更大范围的产业协同发展。

2.5　深入推进供给侧结构性改革

2015 年 11 月中央财经领导小组第十一次会议上，习近平总书记首次提出供给侧结构性改革，做出了“在适度扩大总需求的同时，着力加强供给侧结构性改革的战略部署”；在中央政治局审议“十三五”规划纲要草案稿时指示，要将供给侧结构性改革作为“十三五”规划的主线。在 2016 年 12 月中央经济工作会议上，习近平总书记对深入推进供给侧结构性改革做了全面部署。推进供给侧结构性改革，是党中央综合研判世界经济形势和我国经济发展新常态做出的重大决策，是当前和今后我国经济发展的重点。

2.5.1　新常态下促进经济平稳健康发展的重大创新和根本举措

深入推进供给侧结构性改革，作为相当长时期经济发展的大政方针和工作主线，是适应引领发展新常态，解决供需矛盾，促进经济平稳健康发展的必然选择，是贯彻落实新发展理念的必然要求。中共十八大以来，习近平总书记提出创新、协调、绿色、开放、共享的发展理念，这就要求从要素驱动向创新驱动转变，特别要解决当前面临的实体经济结构性供需失衡、金融和实体经济失衡、房地产和实体经济失衡这三大结构性失衡矛盾，必须从供给侧结构性改革上想办法、定政策、出措施。深入推进供给侧结构性改革的核心要义在于以改革促供给侧体制机制创新，增强微观主体活力和资源配置效率，从供给侧推动结构优化和质量提升，以主要解决供给侧结构性矛盾来解决供需失衡矛盾。减少无效供给、扩大有效供给，提高供给结构对需求结构的适应性，以改革促体制机制创新，以制度促科技创新，进而提高产品和服务供给的质量效率，实现经济平稳健康发展。

2.5.2 为世界经济走出发展困境提供了中国方案和范式

2008年以来的国际金融危机，从根本上改变了世界周期发展的趋势。从技术周期看，全球经济进入第五轮科技创新长周期的下行期；从建筑和设备投资的重周期看，虽有好转，但不明显。全球经济陷入了生产过剩、贸易收缩和低速增长困境，一些国家和地区仍处于通缩之中。根本原因在于，世界经济“内生”病因和历史上任何一次都不同。一方面，劳动生产率增速放缓，美国、欧盟、日本劳动生产率增速从2000—2008年年均增长2.5%、0.7%、1.4%降到2009—2015年年均增长1.5%、0.3%和0.4%。另一方面，供需结构变化出现新趋势，单纯的需求管理、供给管理和结构主义政策，都难以奏效。供给侧结构性改革应运而生，通过改革创新体制机制，解决经济发展过程中带有中长期特征的结构性问题，引导资源高效配置、提高潜在增长率和可持续发展动能。G20杭州峰会将“结构性改革”列入全球经济治理的行动指南，标明以供给侧结构性改革为核心的中国方案和范式，已逐渐被世界主要经济体认同和接受，对适应引领世界经济发展新趋势具有导向性意义。

2.5.3 创新和发展中国特色社会主义政治经济学的重大成果

供给侧结构性改革理论明晰并丰富了供给和需求的科学内涵，是对经济学特别是中国特色社会主义政治经济学的创新和发展。该理论既不离开需求谈供给，也不离开供给谈需求，强调只有将供给和需求联系起来考虑，提高供给结构对需求结构的适应性。该理论创造性地提出并构建了用以指导改革发展实践的理论体系。既强调供给侧结构性矛盾是主要矛盾，又强调供给要以满足人民群众日益增长的物质文化需要为目的和归宿，强调供给侧结构性改革最终目的是满足需求，主攻方向是提高供给质量，根本途径是深化改革。当前要以“三去一降一补”为突破，既要淘汰落后产能，减少无效供给，更要做大做强优势产能、培育壮大战略性新兴产业、加快提升传统产业，发展现代服务业，扩大有效供给。以高新技术产业的融入来提升传统产业，以战略性新兴产业的培育和发展促进产业转型与升级，这是三次产业协同发展的现实应用。

供给侧结构性改革政策既强调供给侧管理为主，又注重供给侧管理和需求侧管理相结合，注重总量性宏观政策与产业政策、微观政策、改革政策和社会政策协调配套。既区别于凯恩斯主义为代表的需求决定论，区别于萨伊定律为核心的供给经济学，也区别于里根和撒切尔主义的供给管理，还区别于罗丹和刘易斯的结构主义政策，具有鲜明的创造性。供给侧结构性改革理论是基于我国经济新常态的深刻认识，是适应引领新常态的理论指导，为我国跨越“中等收入陷阱”实现两个百年目标指明了方向和路径，是中国特色社会主义政治经济学的重要组成部分。

2.5.4 对供给侧结构性改革的深化认识

2016 年在“三去一降一补”为重点任务的推进供给侧结构性改革过程中，宏观经济总体平稳，产业转型升级加快，微观活力不断增强，消费者信心提高，供求失衡矛盾缓解。2016 年钢铁、煤炭去产能提前完成任务，分流安置人员超过 65 万人。房地产整体库存水平下降。规模以上工业企业资产负债率下降 0.7 个百分点，全年企业成本降低 1 万亿元以上，规模以上工业企业每百元主营业务收入中成本同比下降 0.14 元。农村能源、交通基础设施进一步改善，全年脱贫 1 000 万人。政府在推进去产能工作中，努力探索破解深层次矛盾的路径，注重市场机制建设，规范指数发布和期货交易，探索出中长期合同、减量置换指标交易等新的机制，努力实现供需动态平衡，有效应对价格的异常波动。

供给侧结构性改革是提高质量、优化结构和转换动能的必由之路，是加快转变经济发展方式，促进传统产能转型升级和培育新动能的有效路径。在推进贯彻落实新发展理念中，推进企业重视品牌质量和精细生产，重视运用新技术、新产品、新模式来加快创新、提高产品质量，增强适应和满足多样化、个性化、高端化消费需求的供给能力，促进地区经济增长的质量和效益更加显著。国家信息中心互联网大数据分析显示，89.2%网民认为2016年的供给侧结构性改革“取得了重要进展”。国际货币基金组织总裁拉加德认为“中国已经成为全球结构性改革的引领者”。

深入推进“三去一降一补”，推进两个“扩”，即过剩产能的“扩围”和“扩优质产能”。从全过程来看，去过剩产能是手段，扩优质产能是改革的目的。扩优质产能，既要培育壮大新产能、新动能，也要改造提升传统产能，做大做强传统产业中的优质部分，加快发展现代服务业，特别是适应产业升级的生产性服务业和适应消费结构升级的生活型服务业，扩优质产能的动力是创新驱动。在制度建设方面，加快要素市场改革，为提高全要素生产率提供更好的制度供给。强化公益性创新平台建设，以更灵活的机制促进科技成果转化，借助网络化众创平台、新兴孵化器等促进技术和知识的自由流动、优化整合，更好更快形成新的生产力；打破行业垄断和地方保护，促进价格机制真正引导要素配置。在放宽基础设施市场准入的同时，进一步放宽服务领域的市场准入，加快向外资和民资开放准入限制，持续增强微观主体活力，促进新旧动能接续转换。

3　经济发展方式转变与三次产业协同带动相关关系分析

3.1　内生增长与经济发展方式转变

内生增长理论产生于20世纪80年代中期，该理论认为经济能够不依赖外力推动实现持续增长、内生的技术进步是保证经济持续增长的决定因素。罗默、卢卡斯是对内生增长理论具有重要贡献的代表性的经济学家。

罗默在《收益递增经济增长模型》（1986）中提出了内生经济增长模型，他认为尽管任何特定的技术突破都可能随机出现，但技术的整体增长同我们投入的资源、人力、物力成正比，其内含有技术发展与投资增长之间的必然联系。而传统观念认为技术是“外生”的，是一种随机事物，他认为知识的非竞争性决定了一个人对知识的运用并不妨碍其他人对这种知识的运用，而且这种运用的成本相对较低，即知识具有外溢效应。这种外溢效应和知识产生的递增生产力不仅是知识自身形成递增收益，导致无约束的长期经济增长。

罗默提出技术内生化模型有3个假设前提：经济增长的基本推动力是技术变动；技术变动是内生决定的；知识或思想是指“作为研究新思想的成本一旦投入，以后这些新思想就可以无成本地重复使用。”

罗默认为由于知识的传播和人力资本的外部收益，伴随着资本积累的规模收益是非递减的。i公司的产出水平Y_i不仅与私人投入K_i和L_i有关，也与总体经济的资本存量K有关，用柯布—道格拉斯生产函数表示为：

$$Y_i = AK_i^{\alpha}K^{\beta}L_i^{1-\alpha} \tag{3-1}$$

式中，$0<\alpha<1$；$\beta>0$。对于给定的K，生产函数表示私人部门在K_i、L_i投入上具有不变的规模收益，如果$\beta>0$，则代表有溢出效应。

式3-1可进一步变换为：

$$Y_i = A\left(\frac{K_i}{L_i}\right)^{\alpha}\left(\frac{K}{L}\right)^{\beta}L_iL^{\beta} \tag{3-2}$$

令$k_i=\frac{K_i}{L_i}$和$k=\frac{K}{L}$，则式3-2变形为：

$$Y_i = Ak_i^{\alpha}k^{\beta}L_iL^{\beta} \tag{3-3}$$

在均衡点，假设每个公司的资本劳动比 k_i 均等于 k，则式 3－3 变形如下：

$$Y_i = Ak^{\alpha+\beta}L_iL^{\beta} \tag{3-4}$$

考虑总体经济，把 Y_i 汇总，总量生产函数可以写为：

$$Y = AK^{\alpha+\beta}L^{1-\alpha} \tag{3-5}$$

由于 $k=K/L$，那么，总量生产函数又可以写为：

$$Y = AK^{\alpha+\beta}L^{1+\beta} \tag{3-6}$$

式 3－6 把总产出和总投入联系起来，如果 $\beta>0$，代表规模收益递增。

由式 3－6 可得到全要素生产率的计算公式为：

$$\hat{g} = \frac{\dot{A}}{A} = \frac{\dot{Y}}{Y} - (\alpha+\beta)\frac{\dot{K}}{K} - (1-\alpha)\frac{\dot{L}}{L} \tag{3-7}$$

$S_L=1-\alpha$ 是劳动增长率系数，但 $S_K=\alpha$ 不再是资本增长率的系数，它通过 β 来调节对生产率增长的贡献份额。由于建立在投资基础上的知识的溢出，导致资本的社会边际产品（$\alpha+\beta$）（Y/K）超过私人边际产品 α（Y/K）（私人边际产品等于要素价格 R）。式 3－7 中要素投入增长率的权数和是 $1+\beta$，如果 $\beta>0$、$1+\beta>1$，表示规模收益递增。在此情况下，劳动生产率的增长率可写为：

$$\frac{\dot{y}}{y} = \hat{g} + (\alpha+\beta)\frac{\dot{k}}{k} + \beta\frac{\dot{L}}{L} = \hat{g} + \alpha\frac{\dot{k}}{k} + \beta\left(\frac{\dot{k}}{k} + \frac{\dot{L}}{L}\right) \tag{3-8}$$

即劳动生产率的变化等于外生的技术进步的增长率加上人均资本拥有量的增长速度乘以资本收入在国民收入中的份额，加上溢出或递增收益的效益。

卢卡斯在《论经济发展机制》（1988）一文中阐述了他的人力资本模型。卢卡斯认为，“根据索洛原创性论文指出的理由，收益递减使得物质资本无法成为增长的动力。因此解释经济增长的任务就落在了人力资本的身上。”卢卡斯在新古典模型的基础上引入一个重要因素—人力资本，来解决这种不足。人力资本的概念首先是由美国经济学家西奥多·舒尔茨提出的。他针对“技术决定论”的不足，提出用人力资本理论来补充和发展技术进步论。舒尔茨认为，经济增长理论的核心概念是投资的收益率，人力资本可以产生递增的收益，因此，人力资本投资是决定经济增长率的一个关键的投资变量。但是，舒尔茨的人力资本概念没有提出以人力资本为核心的增长模式。宇泽宏文（1965）最早进行了将人力资本纳入经济增长模型的尝试，他在新古典增长模型的基础上试图通过假定存在一个生产人力资本并提高技术水平的教育部门将技术进步内生化，但未能最终将经济增长内生化。卢卡斯在他们的基础上进行了更深一步的研究，并把人力资本作为解决经济增长内生化问题的一个重要原因，并取得了显著的成果。

卢卡斯的人力资本模型基本思路如下：卢卡斯认为人力资本一方面是劳动者的技能、知识水平，这会不断提高劳动者自身的生产率。假定每个劳动者的技术水平为从 0 到无穷大，用 h 表示，$N(h)$ 表示技术水平为 h 的工人数，工人总数 N 为各个技术水平 h 的工人数 $N(h)$ 之和，则

$$N=\int_0^{\infty}N(h)\mathrm{d}h \qquad (3-9)$$

另一方面，人力资本存在外部性，这就使得人力资本从旧产品扩散到新产品，从一个人身上扩散到与其相关的如家庭成员身上。一个拥有较高人力资本的人对他周围的人会产生更多的有利影响，提高周围人的生产率，但他并不因此得到收益。这种外部性可以定义为平均的技术水平：

$$h_{\alpha}=\frac{\int_0^{\infty}hN(h)\mathrm{d}h}{\int_0^{\infty}N(h)\mathrm{d}h} \qquad (3-10)$$

式中，分子为 N 个工人所拥有的技术水平总和；分母为工人总数。h_{α} 能同时提高资本要素与劳动力要素的生产率。由于单个个人不能对 h_{α} 产生明显的影响，故 h_{α} 对生产要素的生产率的影响被称为外部效应。

根据人力资本的外部和内部效应，卢卡斯得出的生产函数为：

$$Q(t)=AK_{(t)}^{\alpha}[u(t)N(t)h(t)]^{1-\alpha}h_{\alpha}^{y}(t) \qquad (3-11)$$

式中，$h_{\alpha}^{y}(t)$ 是人力资本的外部效应；$h_{(t)}^{1-\alpha}$ 是内部效应；技术水平 A 是为正的常数；α 表示物质资本的产出弹性。生产函数被假定为柯布—道格拉斯型函数。

现代经济增长理论中对经济增长因素的分析表明，技术进步已成为发达国家经济增长中的最重要因素，也是现代经济发展的基础。技术进步能提高工业技术装备水平和劳动生产力，加快工业经济结构的调整，推动经济发展并促进经济发展方式转变，由于技术进步的推动，我国重工业得以快速发展。一般加工制造业的比重相对稳定，以电子及通信制造业为中心的技术密集型产业和高新技术产业迅速增长。在全部国有及规模以上非国有工业企业中，通信设备、计算机及其他电子设备制造业产值占工业总产值呈不断增长趋势，技术密集型产业的发展极大地带动了工业结构的升级。

结合我国实际情况，我们来看一下经济增长中，人力资本所占的比重。从图 3-1 中可以看出，财政性教育经费支出逐年增加，从 2007 年的 8 280 亿元增加到 2016 年的 31 373 亿元，但是占 GDP 的比重依然较小。2007 年财政性教育支出占 GDP 值比重为 3.06%，2016 年该比重也只上升到 4.22%，达到了占 GDP4%的目标，但目前世界平均水平为 7%左右，其中发达国家达到 9%左右，经济欠发达的国家也达到 4.1%相比，我们的这个比例还相差很远。

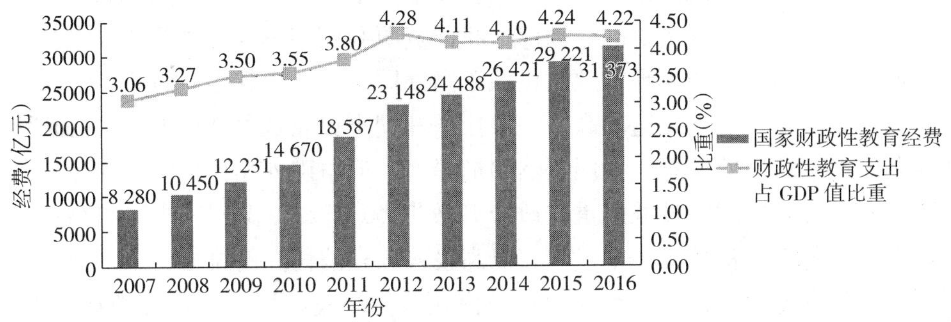

图 3-1　2007—2016 年财政性教育经费占 GDP 的比重

数据来源：2007—2015 年国家统计局年度数据，《2015 年全国教育经费执行情况统计公告》《2016 年全国教育经费统计快报》《2015 年国民经济和社会发展统计公报》《2016 年国民经济和社会发展统计公报》。

3.2　我国转变经济发展方式已刻不容缓

中共十六大提出 21 世纪头 20 年全面建设惠及十几亿人口的更高水平的小康社会的目标。中共十七大提出了全面建设小康社会的新要求，提出“加快转变经济发展方式”，把“经济增长主要由依靠投资、出口拉动转向依靠消费、投资、出口协调拉动转变”向“由主要依靠第二产业带动向依靠第一、第二、第三产业协同带动转变”。中共十八大做出全面建成小康社会的新部署，提出顺应实践要求和人民愿望，统筹推进“五位一体”总体布局和协调推进“四个全面”战略布局，坚定不移地贯彻新发展理念，有力推动我国发展不断朝着更高质量、更有效率、更加公平、更可持续的方向前进，全力推进脱贫攻坚，持续改善民生，各项事业取得历史性成就。深入推进供给侧结构性改革是创新和发展中国特色社会主义政治经济学的重大成果。我国现阶段的经济发展方式仍存在直接制约我国经济、社会发展的一些问题，经济发展方式的转变刻不容缓。

（1）国内要素成本上升、资源环境约束强化。改革开放以来，我国通过低成本的生产要素吸引国际产业转移和外商投资，但随着经济的发展，要素成本上升成为必然趋势。同时，我国是一个资源相对贫乏的国家，以高投入、高消耗为特征。现阶段的经济发展方式使我国资源短缺的压力日益加剧，国内资源难以支撑传统工业生产方式的经济扩张，资本投入也难以支撑高投入低产出的经济扩张。我国经济的快速增长在很大程度上是依靠资金、劳动力和自然资源等生产要素的粗放投入实现的。当前，我国资源利用率不仅表现为终端利用效率较低，开采和加工转换环节效率也低于国外同类行业。就生产过程的能源消耗来看，我国综合能耗普遍较高，一般比国外同类设备或技术高出10%以上。从能源的加工转换效率看，我国虽然逐渐提高，但与国外相比仍有较大差距。

（2）生态环境问题日益严重。改革开放近40年来，我国经济持续高速增长，但是付出了沉重环境污染代价。以高投入、高消耗、高排放、不协调、难循环、低效率为主要特征的粗放型增长模式，使得我国能源、资源消耗量大，利用效率低，污染排放严重，现有的生态环境不堪重负。我国现有荒漠化土地面积达267.4万平方千米，占国土面积的27.9%，而且每年仍在增加1万多平方千米；我国七大江河水系，劣质类水质占27%，75%的湖泊出现不同程度的富营养；我国600多个城市中其中有400多座供水不足，其中100多个城市严重缺水，另外还有3.6亿农村人口喝不上符合卫生标准的水。

（3）城乡收入差距不断拉大。随着我国经济的高速增长，城乡居民的收入水平同步增长，城乡居民人均纯收入显著提高，人们生活不断得到改善如表3-1所示。但是我国农村居民人均纯收入增长速度落后于城镇居民人均可支配收入的增长速度，城乡居民收入绝对量2016年比2011年有显著下降，但总体上还存在一定差距。

（4）产业结构严重不协调。如表3-2所示，从2006—2016年我国三次产业现状呈以下特点：第一产业增加值占GDP比重呈下降趋势；第二产业占主导地位，并在2010年以前稳定增长，2011年开始下降；第三产业占GDP比重总体呈上升趋势。2016年我国第三产业占国内生产总值比重为51.6%，第三产业增加值为384 221亿元，与1978年的24.2%相比，取得了很大的进步；但与全世界平均68%、中低收入国家平均50%、低收入国家平均48%的水平相比，我国第三产业的发展仍然有较大的差距。

表 3-1 城镇与农村居民家庭人均纯收入增长情况

年份	城镇居民人均可支配收入（元）	增长率（%）	农村居民人均可支配收入（元）	增长率（%）	城乡居民收入之比
2007	13 786	17.23	4 140	15.42	3.33∶1
2008	15 781	14.47	4 761	15.00	3.31∶1
2009	17 175	8.83	5 153	8.23	3.33∶1
2010	19 109	11.26	5 919	14.87	3.23∶1
2011	21 810	14.13	6 917	16.86	3.15∶1
2012	24 565	12.63	7 917	14.46	3.10∶1
2013	26 955	9.73	8 896	12.37	3.03∶1
2014	28 844	7.01	10 489	17.91	2.75∶1
2015	31 195	8.15	11 422	8.90	2.73∶1
2016	33 616	7.76	12 363	8.24	2.72∶1

注：从 2013 年起，国家统计局开展了城乡一体化住户收支与生活状况调查，2013 年及以后数据来源于此项调查。与 2013 年前的分城镇和农村住户调查的调查范围、调查方法、指标口径有所不同，2013 年后农村居民人均纯收入改为农村居民人均可支配收入。

数据来源：2007—2016 年《国民经济和社会发展统计公报》。

表 3-2 2006—2016 年我国三次产业增加值占 GDP 的比重

单位：%

年份	第一产业增加值占 GDP 的比重	第二产业增加值占 GDP 的比重	第三产业增加值占 GDP 的比重
2006	10.6	47.6	41.8
2007	10.3	46.9	42.9
2008	10.3	46.9	42.8
2009	9.8	45.9	44.3
2010	9.5	46.4	44.1
2011	9.4	46.4	44.2
2012	9.4	45.3	45.3
2013	9.3	44	46.7
2014	9.1	43.1	47.8
2015	8.8	40.9	50.2
2016	8.6	39.8	51.6

数据来源：2006—2015 年数据来自国家统计局年度数据，2016 年数据来自《2016 年国民经济和社会发展统计公报》。

我国第一产业增加值占GDP比重呈下降趋势，这是经济发展的必然结果。同时农业比重下降，林业比重相对稳定，牧业和渔业比重上升。但是农业基础相对薄弱，“三农”问题依然长期存在、农村消费力明显不足、城乡居民收入差距越来越大，直接影响了整个国民经济的发展速度。

自改革开放以来我国一直处于高速工业化阶段，直接导致第二产业增加值占GDP的比重一直保持最大状态，但是技术含量低、附加值低的传统产业仍占主导地位，而高新技术产业发展相对落后。与2010年相比，2016年通信设备、计算机及其他电子设备制造业增加值占GDP的比重呈增长趋势①。

2011年我国第三产业占国内生产总值比重为49.4%，第三产业增加值为203 260亿元，与1978年的比重24.2%相比，取得了很大的进步；但是与全世界平均68%、中低收入国家平均50%、低收入国家平均48%的水平相比，我国第三产业的发展仍然较大的差距，而且在最近9年第三次产业占GDP比重还呈现过下降趋势。第三次产业占GDP比重在上升后出现下降趋势主要有以下两方面原因：一是受片面理论制约。长期以来，我们片面理解马克思对第三产业的劳动不能创造价值的说法，而没有全面理解马克思同时承认他们是国家、社会和环境管理不能或缺的“总体劳动”的有机构成重要部分。我国从根本上忽视了第三产业对经济发展的重要性，盲目追求工业的发展。尽管改革开放后三次产业产值占GDP比重大幅上升，从1978年的24.2%上升到2002年的41.5%，但最主要的原因是第三产业为支持第一、第二产业的发展被动发展，而不是三次产业协同发展。目前，世界已经进入了知识经济时代，经济发展中科技的贡献率日益增大，发达国家的科技在经济中的贡献率为40%～60%，科技人员与知识分子等阶层的劳动不单是创造价值的一般劳动，而是非常重要的并起着更大作用的劳动，对社会财富的增长起着决定性影响。所以，当经济发展到一定阶段，如果我们不主动重视并推动第三产业的发展，第三产业的发展势必会受到制约。另一方面是受经济增长方式的制约。改革开放以来，我国经济发展迅速，尤其从1984年开始，我国的经济改革重点开始转向城市，大力发展重工业，以政治优势为依托，较好地组合和利用市场广大、劳动力成本低、自然资源丰富、工业体系相对完整、设施设备持续改善等有利条

① 2011年《国民经济与统计公报经济公报》显示，通信设备、计算机及其他电子设备制造业增长15.9%；2010年《国民经济与统计公报经济公报》显示，通信设备、计算机及其他电子设备制造业占整个GDP比重为13.7%。

件，形成了有显著特色的竞争优势。然而这一时期的经济发展是粗放型的经济增长方式，它的特点是以数量的增长速度为核心，高投入、高消耗、高排放、不协调、难循环、低效率，重视物力资本投入、轻视人力资本投入，生产与就业脱节，投资率高而消费率低等。随着我国社会和经济的发展，粗放型经济增长方式的缺陷日益凸显，我国经济市场的竞争优势逐渐缩小，三次产业的发展必然受到限制。

（5）国际经济的影响。从国际上看，经济全球化促进了全球生产能力迅速扩大，同时也进一步拉大了南北发展差距和全球贫富差距，使发展中国家需求增长受到很大限制。同时，我国出口贸易多年高速增长，但出口产品的方式主要是粗放型的，其国际竞争力主要是建立在低廉的生产要素之上，这类产品的出口产生了越来越多的贸易摩擦。随着社会的发展，我国目前的经济发展模式必然会阻碍经济发展和与国际间的经济，所以我们必须加快转变经济发展方式，才能提升我国在国际经济中的地位，减少在纠正世界经济失衡过程中可能受到的损害。

3.3　三次产业协同带动是经济发展方式转变的重要内容

三次产业协同带动，首先是将三次产业分别置于各自在国民经济中重要的战略地位上，寻求其间的战略互动。其中，农业是基础产业，处于战略的基础地位；工业特别是制造业被放到了战略性的主导产业位置中；服务业，特别是生产性服务业，在工业发展中极大地促进了产业的升级。

回顾我国改革开放以来经济发展的历程，我国的发展理念发生了明显的变化。1978—1984 年我国经济发展方式进行农业联产承包责任制改革，这一时期我国农业发展迅速。由图 3-2 可以看出，从 1978 年占 GDP 值的 28.2%上升到 1984 年的 32.1%，且这 6 年的比重均在 30%以上，而到 1985 年我国经济改革重点由农村转移到城市，开始了以增强企业活力为中心、大力发展重工业的全面改革，第一产业增加值占 GDP 比重逐年大幅度下降。

从 1985 年开始，我国的经济发展呈现出粗放型经济增长方式，尤其是从 1995 年以来经济增长方式一直呈高度粗放型状态。“八五”期间，邓小平在中共十四大上确定了中国经济体制改革的目标是建立社会主义市场经济体制。这一时期的三次产业特点是：第二产业尤其工业的超高速增长推动经济增长，一、

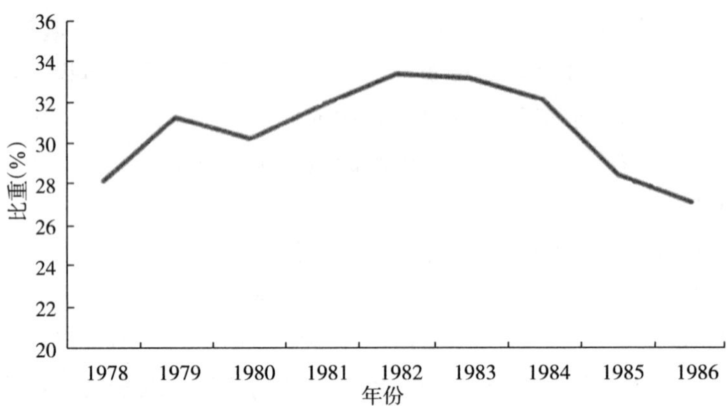

图 3-2　1978—1986 年第一产业增加值占 GDP 的比重

数据来源：根据《2009 年中国统计年鉴》整理。

三产业的增长速度依然落后于经济增长过程的需要，第二产业对经济增长的作用率大幅度上升，而第三产业对经济增长的作用率却明显下降，产业之间的增长关系表现出不协调态势。1991—1995 年 GDP 年平均增长为 11.8%，第一、第二、第三产业分别增长 4.1%、17.3%、9.5%，对 GDP 增长的作用率分别为 7.7%、64.9%和 26.5%，其中工业的增长率高达 17.7%，对 GDP 增长的作用率达 58.2%。显然，经济的高速增长来自于第二产业尤其工业超高速增长的推动作用。“八五”期间经济的高速增长是由于某些产业的片面扩张取得的，不是产业结构高度化的内在机制推动的，因而高速度中已潜伏了波动的危机。

“九五”期间，党中央提出把可持续发展战略确定为我国“现代化建设中必须实施”的战略。中国的经济发展主要是由能源密集型产业投资大幅增长带动的。经济增长方式从原来的高资本投入、高增长转变为相对下降的资本投入、高增长，从高能耗、高污染排放的高增长逐渐转向低能耗、少污染的高增长。这一时期经济增长主要是靠发展高新技术产业、旅游业、金融保险业、科教文卫体等知识密集型产业、服务业等第三产业。1996 年至 2000 年第一、第二、第三产业增加值占 GDP 比重平均值分别为 17.4%、46.6%、36.0%，且一、二产业增加值占 GDP 比重一直呈下降趋势，第三产业则完全相反，从 1996 年的 32.8%稳步上升到 2000 年的 39.0%。第三产业得到迅速发展，并且这些产业都是能耗比较低的，从而做到经济增长了而能源的绝对消耗量却下降了，单位能耗大幅度下降了，前期的重工业发展造成的环境污染恶化的问题也在这一阶段受到了遏制。

进入 21 世纪后，我国经济发展理念是以“以人为本”为核心的科学发展观。尽管自改革开放以来我国经济突飞猛进，但粗放型的经济增长方式使得经济结构矛盾日益尖锐，可持续发展面临严峻挑战，科学发展观应时而生。第一、第二、第三产业占 GDP 比重分别从 2002 年的 13.7%、44.8%、41.5%变为 2016 年的 8.56%、39.81%、51.63%。第一产业占 GDP 比重逐渐缩小，第二产业稳步上升，第三产业略有上下波动但总体呈上升趋势。这一时期随着工业化、城市化的推进，生产要素成本普遍上升，资源约束日趋强烈，生态环境治理任务更加繁重，发展不平衡加剧、收入差距扩大、就业矛盾加剧。

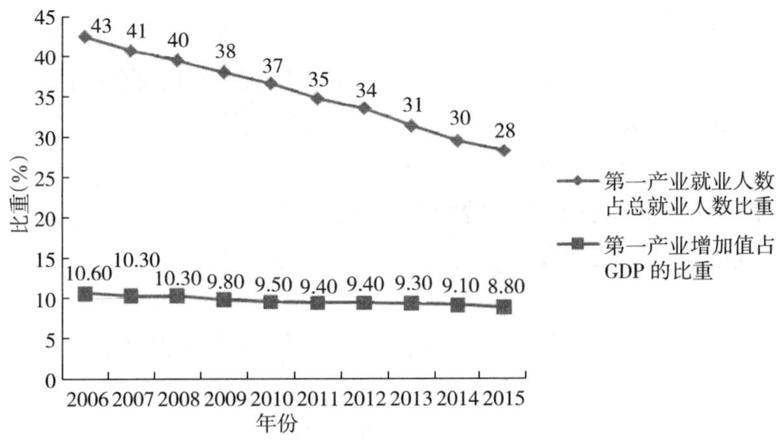

图 3-3　2006—2015 年我国第一产业增加值、就业人数的比重

数据来源：据各年《中国统计年鉴》数据整理所得。

由图 3-3 可以看出，产业结构的改变、经济的增长使就业人数相应的增加，第一产业的就业人数占总就业人数比例也逐年下降。2015 年占 GDP8.8%的第一产业容纳了 28%的从业人员，相较 2006 年的 43%下降。

综上所述，经济发展方式的转变总是伴随着产业结构的调整，从农业改革到工业改革，再到第三产业兴起，我国经济得到了迅猛发展，却也带来了各方面严重的问题。最主要原因之一是三次产业之间缺乏协同带动、互动发展。农业基础薄弱，工业大而不强、服务业发展特别是现代服务业的发展依然滞后。要解决现阶段矛盾的重点之一就是将三次产业分别置于各自在国民经济中重要的战略位置上，寻求其间的战略互动。经济发展不仅以第二产业为主导，各地还需要根据自身已有的基础和资源优势，大力发展一、三产业，最终达到经济全面持续发展，加快全民富裕的进程。

3.4 三次产业协同融合是经济结构调整优化的重要方向

产业融合是指不同产业或同一产业内的不同行业在技术创新与放松管制的基础上相互交叉、相互渗透，逐渐融合为一体，形成新产业形态的动态发展过程。主要包括高新技术产业对传统产业的渗透融合、产业间的延伸融合与产业内部的重组融合三种方式，通过这三种方式，各产业间的边界特征开始逐渐模糊或消失，新产品、新服务乃至新产业不断产生。

我国作为二元经济特征明显的发展中国家，产业经济结构上的矛盾十分突出：产业结构层次低、农业基础薄弱、工业大而不强、服务业发展滞后；城乡发展不协调、城乡收入差距越来越大、区域经济发展不平衡、环境污染严重、经济增长主要依靠投资拉动等。2009 年，中央经济工作会议提出"更加注意推动经济发展方式的转变和经济结构调整"，加快转变经济发展方式重要任务是调整优化产业结构，调整优化经济结构的重要方向是三次产业协同融合。

2006—2016 年我国第三产业占国内生产总值的比重保持在 45.0%左右，2017 年增速加快，截至 2017 年第二季度第三产业占国内生产总值的比重达到 54.1%，与 1978 年的 24.2%相比，取得了很大的进步，但与全世界平均 68%、低收入国家平均 48%的水平相比，我国第三产业的发展仍然存在较大的差距，而且在 2002—2008 年三次产业占 GDP 比重呈现下降趋势。三次产业占 GDP 比重在上升后出现下降趋势主要原因是在一段时期我国从根本上忽视了第三产业对经济发展的重要性，盲目追求工业发展，以工业发展带动投资、带动经济增长。改革开放后三次产业产值占 GDP 比重大幅上升，从 1978 年的 24.2%上升到 2016 年的 51.6%，2006 年至 2016 年期间保持在 45.0%，但第三产业是为支持一、二产业的发展被动发展，需要随着经济的发展，选择有优势的产业率先发展，逐渐发展成为三次产业协同融合。

我国工业化时期三次产业协同融合演进分别经历了如下阶段：

（1）工业化初期上半期以工业为主的第二产业迅速发展并占据主导地位，商贸服务业快速发展，工商业所占比重迅速扩大，农业所占比重急速缩小而失去主导地位；工业化初期下半期以二、三、一产业排序的平衡状态，三次产业相互之间交织融合程度逐渐加大。

（2）工业化中期的产业体系开始从工业化初期的传统产业体系向现代产业体系转变升级，占据主导地位的工业经济规模持续膨胀，所占 GDP 比重继续增长，现代服务业开始发展，三次产业相互交织融合，相互间生成一些边界模糊的中间型新产业，产业体系结构呈现立体连环套形态；工业化中下期，由于电子信息技术及互联网的快速发展和渗透，加深了三次产业相互交织融合程度，加快发展的现代服务业不断膨胀第三产业规模，使工业化中后期产业体系形成二、三产业并重、“双轮驱动”的结构形态，三次产业之间生成的中间型新产业不断增加。

（3）后工业化时期的现代产业，以知识型新兴产业为核心，三次产业高度交织融合，产业间依存度不断提高，分工更加细密，三次产业交织融合地带出许多新兴产业，例如新能源产业、信息通信产业、新医药产业等，形成了多维立体的创新型结构形态。

3.5 走创新驱动内生增长的发展模式推进产业融合

我国作为发展中大国，随着经济国际化程度越来越高，为了国家安全和国计民生的需要，必须密切关注世界技术发展的新动向，特别要关注新技术革命的进展和战略性高技术产业的发展。由于技术的外溢作用，使得行业技术水平的提高改变了集聚区域内单个企业的投入和产出间的技术关系，使其在既定投入下产出提高。国际金融危机以来，世界主要国家都寄希望于科技进步，培育战略性新兴产业，加快经济结构调整和升级，抢占新一轮国际竞争的先机和优势。我们迫切需要建立和完善创新的激励机制，高度重视能源与资源领域、信息领域、先进材料与制造领域、农业与生态领域、航空与航天领域、海洋开发领域、生命与人口健康等领域的重大技术突破和技术革命动向；高度重视基本科学的重大进展与突破。在这些领域加大投入，抢占先机，加快成果转化，快速形成产业和产业链，加快建设创新型国家，走内生增长创新驱动的发展道路。

以生物技术产业的引领作用为例，“在众多的高新技术中，现代生物技术产业是典型的创新驱动型产业，现代生物科技发展日新月异，创新速度加快，产业化周期缩短；生物技术创新与产业发展互动，推动产业升级和新兴产业崛起”。生物产业具有典型的高技术产业特征，科研开发实力直接决定了企业的生存和发展。生物产业的一、二产业纷纷成立自己的研发中心，加大技术研发的投入，使生物技术产业的一、二产业和三产业融为一体的发展趋势日益成为普遍的现实。

从全球生物技术药物品种分布情况来看，美国占全球份额的63%，其次是欧洲占25%，日本占7%。此外，生物技术药物在制药产业中所占的市场份额以及全球生物技术药物年销售额也呈现逐年上升趋势。根据 Manufacturing Chemists 报告，尽管遭遇经济危机，美国药物研究与生物技术公司 2009 年在药品和疫苗研发上投资仍然达到653 亿美元，比 2008 年的研发投入增加 15 亿美元。以创立于 1649 年的辉瑞（Pfizer）公司为例，该公司是一家拥有 150 多年历史的以研发为基础的跨国制药公司。南北战争期间，辉瑞公司对发酵工艺深入研究，并将其用于柠檬酸和青霉素的生产，成为工业界发展发酵技术的先驱之一；第二次世界大战后辉瑞公司进一步加强药物的生产与研发，于 1951 年研发广谱抗生素土霉素获得成功，成功研发四环素、吡罗昔康等药物。2000—2003 年辉瑞公司先后吞并了华纳兰伯特公司和法玛西亚公司，成为美国药品生产龙头企业。2009 年，该公司继续并购竞争对手惠氏，收购后全年实现销售额约 570.2 亿美元，成为了全美生物制药业的代表，辉瑞公司全球最大药品制造商的地位将进一步得以巩固。

生物技术产业的快速发展有效带动了合同制造外包市场的繁荣。2008 年全球制药业合同制造和研发服务（CRAMS）收入估计为 1 500 亿美元，在 2008 年后的 5 年中，每年以 12%的速度增长。据预测，到 2016 年年底，美国 20%的研发外包将转移到亚太地区，澳大利亚、中国和新加坡是科技研发投资的主要目的地。印度的合同制造外包市场目前年产值达 110 亿美元，年成长率高达 40%，为全球市场增长率的 3 倍，产值名列全球第 13 位，约占全球产量的 8%。现代生物技术发展日新月异，研发方式越来越国际化，随着科研投入的加大，技术和管理不断创新，生物技术产业的巨大增长潜力不断显现，同时制药外包有利于整合现有的生物产业链，有利于生物产业的创新升级。在此基础上更好地促进生物产业和各次产业间的互动，实现一、二、三产业融为一体。

我国科技创新能力显著增强，全球创新指数排名从 2012 年的第 34 位跃升至 2017 年的第 22 位。研发经费投入规模跃居世界第二。据最新统计，2016 年全国研发经费投入总量为 1.57 万亿元，比 2012 年增长 52.5%，年均增长 11.1%；按汇率折算，我国研发经费总量在 2013 年超过日本，成为仅次于美国的世界第二大研发经费投入国家。科技创新优化产业结构，在经济增速换挡期，高技术制造业呈现稳中有进的发展态势，为优化产业结构奠定了基础。据初步统计，2016 年高技术制造业实现主营业务收入 15.4 万亿元，比 2012 年增长 50.3%，年均增长 10.7%，比同期规模以上工业年均增速高 5 个百分点；2012—2016 年，高技术制造业对规模以上工业主营业务收入增量的贡献为 22.4%。高技术制造业的较快发展得益于研发投入的不断增加。2016 年，高技术制造业研发经费为 2 915.7 亿元，比 2012 年增长 69%；研发经费投入强度为 1.9%，比 2012 年提高 0.2 个百分点，是制造业平均水平的近 2 倍。

4　三次产业协同带动内在机理分析

4.1　三次产业协同带动的结构条件：产业关联

产业关联是三次产业协同带动的结构条件，通过产业内各部门间的产品和劳务关联、生产技术关联、价格关联、劳动就业关联、投资关联等方式，使不同产业之间相互依托连接起来并发展和提升关联产业。产业关联对三次产业协同带动的经济学作用主要从主导产业与关联产业之间的关系来体现。

结合区域经济发展现状、运用产业关联效应分析，确定各地区关联度高、带动性强的产业作为主导产业；利用主导产业的高渗透性和高带动性，逐步细分产业类别，促进产业结构调整和升级。从主导产业演变进程和我国目前产业政策来看，我国现行主导产业仍以工业为代表的第二产业为主，而且有着以高新技术为核心的发展趋势。如图 4 - 1 所示，主导产业与关联产业的前向、后向和侧向联系，不仅促进专业化分工和产业链的拓展，而且主导产业的先进技术和管理经验也会随着联动效应渗透到相关产业，如此循环，最终会产生产业协同带动、产业结构优化升级效应。

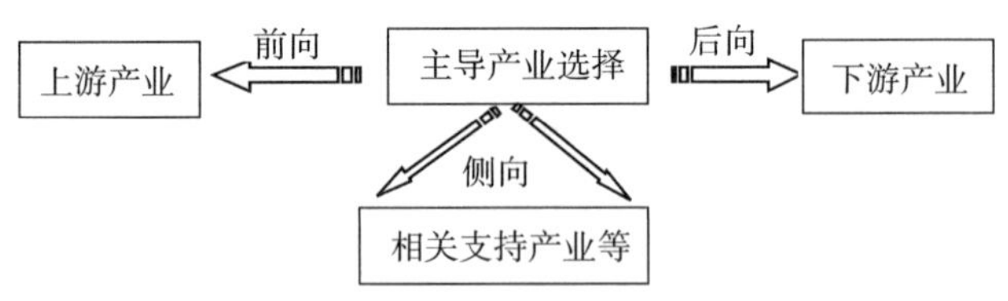

图 4 - 1　产业关联

产业关联效应对产业链的延伸和拓展具有重要意义，在现实经济发展中，突破现有产业结构瓶颈，培育新的经济增长点，能有效促进产业间协同带动。产业链的本质就是产业间链条式关联形态，而产业关联的效应越大、链条越紧密，则资源配置率越高。产业关联效应与产业链是相辅相成的，产业链的不断延伸和拓展最终能够促进三次产业间的协同带动。以汽车制造产业为例，汽车制造产业具有高附加值、产业链长、产业关联度高等特点。如图 4 - 2 所示，汽车制造业上游产业链主要有原材料钢铁、机械、橡胶、石化、电子、纺织、玻璃等的生产和运用，下游产业链中主要有汽车销售、汽车养护修理、金融保险、汽车美容等服务业以及汽车改装等，关联产业中主要包括公路建设、物流、餐饮等行业。作为主导产业，汽车制造的发展在很大程度上带动了产业链上相关行业和企业的发展，甚至有些行业是伴随汽车制造业的发展而产生的，对汽车制造业的依附度很高，这些都是产业关联效应作用的体现。

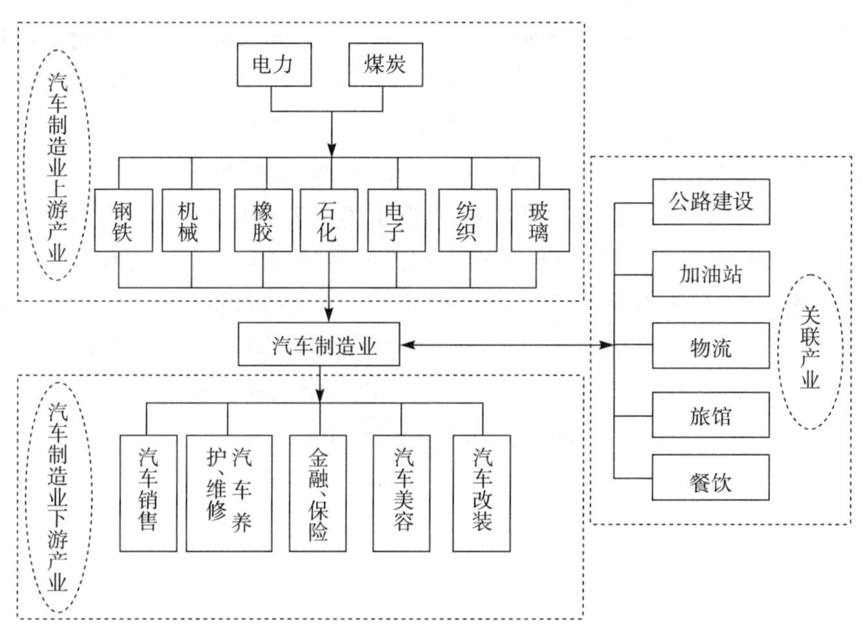

图 4-2　汽车制造产业链

4.2　产业协同带动的微观机理之一：行业内的竞争性效应

行业内各企业存在诸如企业规模、技术含量、人力资源、资源优势等各种差异，随着竞争环境的持续动态发展，企业间竞争程度不断加剧，单个企业已经很难再同时拥有各种战略行为所需的全部资源和能力。为了更有效地展开组织活动并推进战略实施，同行业之间在原来的竞争态势下开始互相合作，从而产生竞争性效应。通过行业内的竞争性效应，不同企业可以借助合作企业的优势来弥补本企业的不足，如引进先进技术、提高管理水平、扩大原料来源、融合流动资金，并充分发挥各自优势，最终达到共同发展实现双赢。同时，行业竞争也促使经济效益低下、规模较小、竞争力不足的企业被淘汰，而具有一定规模、经济效益较好的企业通过市场竞争得以生存并壮大起来。以此行业内的竞争效应使得产品市场中的企业处于互动状态，促进行业内部组织结构优化，行业整体竞争力增强，并带来产业的地理集聚，正如 Porter（1990）所说，产业的地理集聚是由于竞争导致的，集聚有助于提升产业竞争力和国家竞争力。

行业内的竞争能促进行业达成规模经济效应，主要表现在厂商进入、退出市场和厂商达到最优生产规模两个方面。设在完全竞争市场中，某行业的厂商长期均衡模型如图 4-3 所示。当市场价格较高为 P_1 时，产量为 Q_1，在均衡点 E_1 实现利润最大化的均衡条件是 $MR=LMC$，此时 $AR>LAC$，厂商获得最大的利润。因此就会有新的厂商进入到该行业的生产中来，从而导致市场供给增加，市场价格开始下降，利润减少直至消失，最终达到长期均衡。图中 E_0 点即为长期均衡点，P_0、Q_0 分别为均衡价格和均衡产量，此时长期平均成本 LAC 达到 LAC 曲线最低点。同样的道理，当市场价格较低为 P_2 时，部分厂商退出市场，带来价格上升直至达到均衡点 E_0。同时，当厂商在不同价格下选择了相应的最优产量 Q_1、Q_2、Q_0 时，也表示选择了最优生产规模。例如当产量为 Q_1 时，最优生产规模为 SAC_1 和 SMC_1。可见，厂商长期均衡的形成体现了行业竞争对该行业在完全竞争市场中产量变化和价格调整的积极推动作用。

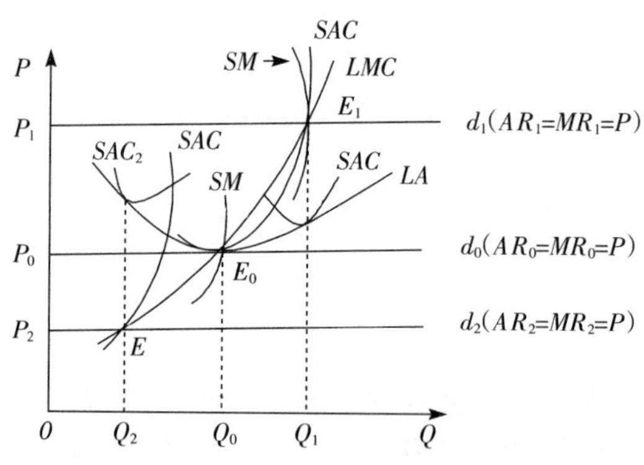

图 4-3 厂商长期均衡模型

此外，行业内竞争性效应还促进市场秩序的完善，提升市场化的质量，表现为提升竞争的主体秩序、交易秩序、法制秩序和道德秩序。其中，主体秩序回答“谁在竞争”，帮助建立企业产权制度；交易秩序完善价格决定制度，回答“怎样竞争”；法制秩序从法制上以公正保护市场内在竞争秩序；道德秩序从道德上以诚信弘扬市场内在竞争秩序，以此不断完善内在和外在的市场竞争秩序，从体制改革中寻求增长的动力和效率。

4.3 产业协同带动的微观机理之二：产业间的溢出和波及效应

受产业间关联作用的影响，某一产业的发展变化，尤其是技术水平发生变化，必然会波及、影响到相关产业。一般来说，产业间关联性越高，产业间溢出效应越明显，两者呈正相关性，其中最主要的是技术性溢出效应。在开放的国际竞争环境下，由于产业之间的技术关联以及知识型人力资本在产业间的流动，产生技术的“外部经济”，从而带动其他产业技术进步。产品在产业间存在着前、后向关联，主体产业产品的生产创新活动通过产品流通而带动了其他产业技术进步。高新技术产业对传统产业的优化升级起着主导和带动作用，对高新技术产品的应用可渗透到各产业部门中，并促进产业结构向知识密集型转变。

产业波及效应一般用影响力系数来分析。产业的影响力系数越大，其产业波及效应越大，对社会生产的辐射能力越大。在进行产业结构调整时，要对影响力系数较大、波及效应较强的产业加大投资；充分发挥高新技术产业的波及效应；鼓励计算机服务及软件、家电视听设备制造和其他电子计算机设备制造业等部门的发展，进而带动高新技术产业各部门发展。另一方面，产业波及效应既存在部门差异，也存在地区差异，故在进行经济结构调整时要充分结合本区域的产业发展状况，发挥影响力系数大产业的区域波及效应。

产业间的溢出效应主要体现在技术进步、人力资源等方面。先进技术是第一生产力，是带动产业发展、延伸产业链的重要动力。随着我国世界经济的一体化，越来越多的外资企业进入我国，这个过程伴随着技术的转移，同时本土企业也加强技术研发和产品的自主创新。在全球生产网络和全球创新网络中发展战略性新兴产业，充分利用产业间的溢出效应，利用全球范围内的创新资源和生产资源，通过利用外部的创新资源快速提高自己的创新能力和开发能力，通过在全球采购实现最优生产力配置。在这方面我国已有一些成功经验，如三峡左岸 14 台 70 万千瓦机组国际公开招标，明确提出投标者必须同意与中国制造企业联合设计、合作制造，并对供货设备的技术和经济负全部责任；投标者必须向中国制造企业全面转让核心技术、培育中方技术人员；中国制造企业分包份额不低于合同总价的25%，14台机组中的最后2台必须由中国制造企业为主来生产制造。通过利用国外的创新资源，我国水电机组企业实现了“引进技术、联合设计、合作制造、消化吸收”，7年实现了一般要30年的技术跨越，完成了从左岸机组分包商向右岸机组独立承包商的重大角色转变。同时，我国企业还可通过信息技术和互联网等手段，吸收国内外各种智慧为企业的创新活动服务。技术水平的提高不仅节约制造成本、提高生产率、改进产品特征、增加企业利润，而且可以促进企业将技术和剩余资金投入到其他相关行业，形成良性循环，最终推动产业结构的优化。

4.4 产业协同带动的产业经济学机理：需求拉动和供给推动

需求是经济活跃的根本力量，供给是刺激经济增长的重要手段。促进需求增长是经济增长的现实意义，供给的增加能够给经济注入新的活力。如图4-4所示，在竞争市场中，E点代表供求均衡状态。

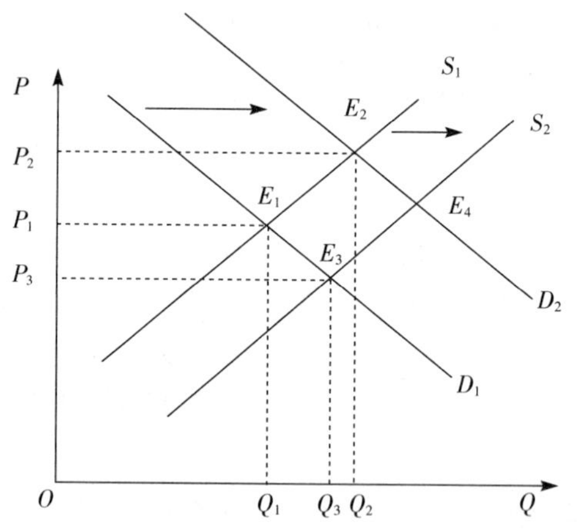

图4-4　供给需求曲线

（1）当需求增加、供给不变，即供不应求时，均衡数量和价格会上升。需求曲线D_1向右平移到D_2。此时均衡点为E_2，均衡数量和价格都上升，分别为Q_2、P_2。

（2）当供给增加、需求不变，即供小于求时，均衡数量上升、价格下降。

供给曲线 S_1 向右平移到 S_2，此时，市场达到新的均衡点 E_3，均衡数量和价格分别为 Q_3、P_3。

(3) 当供给和需求同时变动，例如供给和需求同时增加时，S_1 向右平移到 S_2、D_1 平移到 D_2，也会达到新的均衡点 E_4。均衡价格和均衡数量的动态形成反映了市场始终会达到一个均衡的状态。假定在其他不变的条件下，产品和服务的市场需求增加，使得生产者会通过各种手段和途径增加供应量以满足市场需求，为获得更大利润，各企业加强技术创新、增强管理的科学性、加强企业间相互合作，实现优势互补共同发展，在满足消费者需求的同时获得更大的经济利润，进而刺激经济增长。反之，需求降低时，供给也会随之减少，此时，一部分产品被淘汰，企业也会因竞争激烈或市场萎靡而退出市场，供需趋于平衡。可见，供给和需求的变化是一个动态的博弈过程，供给和需求的相互作用共同促进了经济的增长。

在需求拉动和供给推动的动态变化过程中，需求增加是促进经济增长的动力。内需尤其是消费需求，是经济增长的重要保证。我国是一个人口众多、消费潜力巨大的国家。近年来我国城镇居民消费需求已基本从温饱型消费品向主导型消费品转变，以“住”“行”为代表的消费热点已经形成。同时农村居民的消费结构也发生变化，恩格尔系数从 1978 年的 67.7%降到 2015 年的 30.6%，吃、穿支出在农民总支出中的比例已逐渐下降。从图 4-5 中可以看出，食品、交通通信、教育文化支出已经成为城镇居民年平均消费支出的重要组成部分，城镇居民重视子女文化素质的培养和就业竞争能力的提高，农村的生活水平越来越高，居住成为较食品支出后最主要的消费支出。根据支出法计算，2015 年我国最终居民消费支出 265 980.1 亿元，对 GDP 贡献率为 38.6%，拉动 GDP 2.7 个百分点。如图 4-5 所示为 2015 年我国城市、农村居民平均每人消费支出构成，城乡居民消费需求增加、消费结构升级，促进了产业链的延伸，拉动了整体经济的发展。

从供给的角度来看，供给由如下要素构成：人力资本、物质资本、技术进步、自然资源、社会管理系统等，这些生产要素有公共产品性质，表现为外部性强、回报周期长、风险不确定性等特点。在有效需求不足的情况下，供给推动经济增长，由市场决定的产量远远小于社会的最优产量，产品的市场价值小于其社会价值，此时，政府推动供给的作用尤为重要，需要政府的相关政策加以引导和扶持。在扩大内需和加大研发投入的双重推动力下，经济增长方式逐渐由内需带动，我国经济对全球经济危机的防御能力逐渐增强。技术进步推动

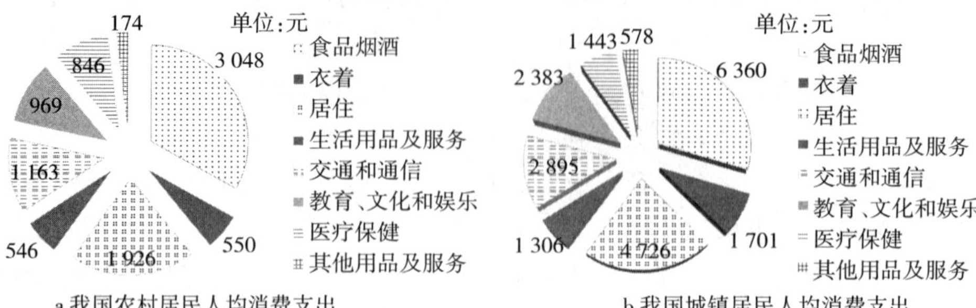

图 4－5　2015 年我国农村、城镇平均每人年消费支出构成

数据来源：中国统计局 2015 年度数据和《2016 中国统计年鉴》。

产业升级与发展，并促进人力资本质量提高、吸纳更多劳动力就业，人民生活水平整体提高，我国经济发展更加持续稳定。

以技术进步为例，先进技术是典型的利益外溢准公共产品，如图 4－6 所示，私人边际收益 MR_1 表示每增加一单位技术研发投资带给自己的预期收益，社会边际收益 MR_2 表示每增加一单位技术研发投资带给社会的预期收益，MC 是私人边际成本。在没有预算约束和政府干预下，技术研发投资量为 Q_1，此时，社会边际收益大于私人边际收益，Q_1 不是最优投资量。

现在考虑具有预算约束的情况。假定某企业无充足的资金，在没有银行贷款情况下，其最大可能的技术研发支出为图 4－6 中的阴影部分，此时企业的技术研发投资量为 Q_2。由此可见，市场决定的技术研发投资量是远远不够的。

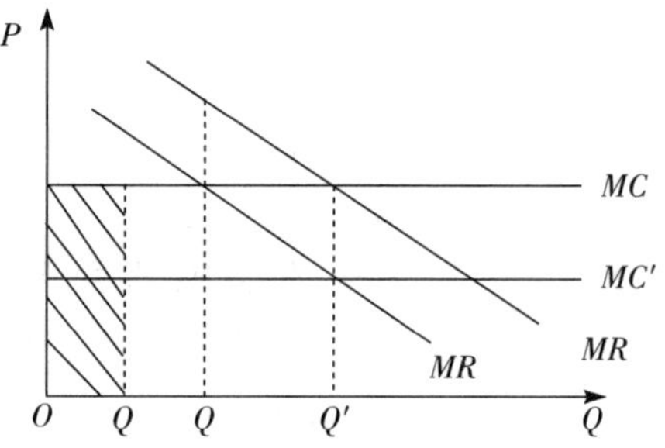

图 4－6　技术研发投资曲线

为了改善上述情况，政府介入。通过采取提供银行贷款、建立政府科研单位、给相关企业划拨技术研发基金等措施，私人技术研发投资的边际成本下降到 MC'，社会边际成本仍为 MC，此时，技术研发投资量为 Q'，私人的边际收益等于私人的边际成本、社会的边际收益等于社会的边际成本，达到最优投资量。技术研发投资的最优化极大地提高了产品的技术含量、企业劳动生产率，从而促进经济增长。

人力资本、物质资本、自然资源、社会管理系统也同样如此，在国家和政府的供给推动下，消除或减少其给私人带来的外部性，达到社会最优状态。高素质的劳动者与优质的物质资本相结合，运用先进的科学技术、完整的社会管理系统，有秩序、合理地开发自然资源，是实现产业协同带动、经济增长的必要组合。

4.5　对产业协同带动机制的协同学解释：融合和自组织机制

我们强调产业之间的竞争，通常认为通过产业之间的竞争可以促进生产要素在产业之间充分流动和有效配置。但是，协同学理论则强调产业协同和产业融合的重要性。

协同学认为在一个复杂系统内部的各个子系统、各要素之间存在非线性相互作用，并产生协同现象和相干现象。协同学的奠基者哈肯认为复杂网络中的非线性相互作用具有协同效应，那种认为整体即为部分之和的线性思维和线性信仰，已变得具有危险性。要使系统保持有序状态运转并达到更高层次的有序状态，必须使系统内各组成要素之间处于和谐状态并形成一种自调适的动态变化关系①。竞争与协同是自组织系统演变的基本动力。子系统之间的竞争使系统处于非平衡，子系统之间的协同使子系统中某些运动趋势得以联合并被放大，使该种趋势占据优势并支配系统的演变。

4.5.1　产业融合

产业融合是不同产业或同一产业内的不同行业相互交叉、相互渗透，逐渐融为一体，是以数字融合为基础，为适应产业增长而发生的产业边界的收缩或消失。产业融合是通过技术革新和放宽限制来降低产业间的进入壁垒，加强产业企业间的竞争合作关系（植草益，2001）。植草益在对信息通信业的产业融合进行研究后指出，不仅信息通信业，实际上金融业、能源业、运输业（特别是物流）的产业融合也在加速进行之中，他预测，不只在这 4 个产业领域，产业融合在制造业也将得到进一步发展，这就大大拓宽了产业融合的研究视野，

① 协同学一词来源于希腊文，意为共同工作。赫尔曼·哈肯是先驱者之一。1969 年哈肯首次提出协同学这一名称。克劳斯·迈因策尔在《协同学与复杂性》一文中对哈肯在协同学中的贡献给予了很高评价。哈肯还主编了斯普林格公司出版的“协同学丛书”。在哈肯研究的基础上，韦德里希（W. Weilich）和哈格（G. Hagg）应用协同学创建了经济发展的定量模型。

为更好地构建产业融合的理论体系打下了坚实的基础。

产业融合的主导要素是信息技术融合，主要表现为信息资源的数字化、信息实现手段的统一、互联网信息传输平台的使用。放松管制是融合的基本条件，对政府管制，主要集中在普遍服务管制、多样化管制、竞争管制、内容管制4个方面，在产业技术支撑发生重大转变的情况下，政府放松管制是促进产业融合的一个基本条件。

产业融合为经济发展带来新机会和潜在的发展空间，主要体现在产品和服务领域、市场竞争格局、相关产业的溢出效应等三方面。产业融合突破原有产业边界，得以寻求交叉产品、交叉平台和跨部门的业务重组，为企业提供了开发新产品、新服务的巨大商机，带来许多融合型产品和服务的产生，从而拓展了产品种类和市场空间，带给消费者更多的选择机会。同时这种新的产业模式，通过赋予传统服务新的内容、提高信息服务质量、整合原有的相分离的产品或服务并充分利用网络的规模扩张，实现服务内容和水平的提高及相应产业领域内的收益递增效应。产业融合的另一个重要影响在于它打破了传统的产业分立的市场结构，增强了产业竞争的强度，形成了新的价值创造模式，极大地激发了产业发展的内在活力。产业融合中形成的新产品和服务与原有产品形成互补关系，从而产生一系列相关部门，产生巨大的溢出影响。这种溢出效应还带动相关部门的就业及对专业人才的需求，在这种产业边界模糊化和经济服务化的趋势下，整个经济体系发生改变，产业间新型的竞争协作关系建立，更大的复合经济效应产生。

4.5.2 自组织

自组织是系统在演化过程中、在没有外部力量强行驱使的情况下，内部各要素协调运作，导致空间的、时间的或功能上的联合行动，出现有序的、活的结构。自组织理论由耗散结构理论、协同学理论和超循环理论组成，揭示了系统要实现从无序到有序的进化，必须要具备4个条件：开放系统、远离平衡、微小涨落以及将微小涨落放大的非线性相互作用机制。该理论虽然产生于自然科学，但在社会科学领域里得到了广泛应用。

系统自组织是指一个远离平衡的开放系统，在外界环境的变化与内部子系统及构成要素的非线性作用下，系统不断地层次化、结构化，自发由无序状态走向有序状态或由有序状态走向更为有序状态。自组织理论认为系统产生自组织现象需要满足一定的条件：①开放性，与外界能量、物质、信息交换；②远离平衡态，系统处于非平衡状态；③非线性，系统各元素之间的相互作用存在一种非线性机制；④突变，过程突变使系统结构、模式趋变；⑤涨落，系统依靠参量涨落发生巨变，从而达到新的稳定态，这种参量可以是外部的也可以是内部的；⑥正反馈，系统靠正反馈机制使涨落得以放大，从而为系统演化到具有新的结构、功能的新系统创造条件。

20世纪80年代美国物理学家巴克（Bak）提出了“自组织临界”理论。所谓“临界态”是指系统处于一种特殊敏感状态，微小的局部变化可以不断放大、扩延至整个系统。也就是说，系统在临界状态时，其所有组分的行为都相互关联。巴蒂（Batty）和谢（Xie）对美国大都市区的自组织临界状态进行了研究。他们以水牛城大都市区为例，将其自组织演化分成了6个阶段：1820年前人口稀疏分布；1820—1850年农业居民出现；1850—1880年建成工业中心城市；1880—1920年转变为成熟的工业城市；1920—1960年萌发出郊区城市化现象；1960—1990年中心城市不断衰落，城郊地区持续快速延伸发展。巴蒂等人的研究阐明了城市系统是如何自动地由无序走向有序，由低级有序走向高级有序的。

产业协同带动作为一种复杂的经济系统，其发展演变符合自组织规律，具有开放性、非线性、突变和涨落等自组织特征。

首先，产业协同带动位于一个开放的经济环境和社会环境中，需要与外界发生物质、能量以及信息的交换。系统中的各次产业主体需要从外界购买原材料、添置设备、获取商业信息等；也需要从外界获取已经开发的科研技术、科研设备以及人力资源。

其次，产业协同带动的子系统内部以及子系统之间存在分工与协作，而分工与协作本质上是非线性的。其结果是系统内各子系统的发展不平衡，即系统处于一种远离平衡的状态。

再次，产业协同带动系统中存在着调节物质循环和能量流动的负反馈与正反馈，系统内复杂的相互作用可能产生协同效应，形成良性循环，推动产业协同向有序化发展；但也可能产生消极效应，互相牵制，形成恶性循环。此外，产业协同带动各子系统之间及其内部存在复杂的非线性相互作用，这种作用既有相互不断促进、放大正反馈的作用，也有维持稳定、制约偏离的负反馈作用。

最后，系统和环境之间的相互作用以及系统内部的相互作用可能引起系统某一变量的涨落，这种涨落在临界点经正反馈放大后，形成巨大涨落，从而导致过程突变，使得系统涌现出新的结构，朝着新的方向演化，如图 4-7 所示。

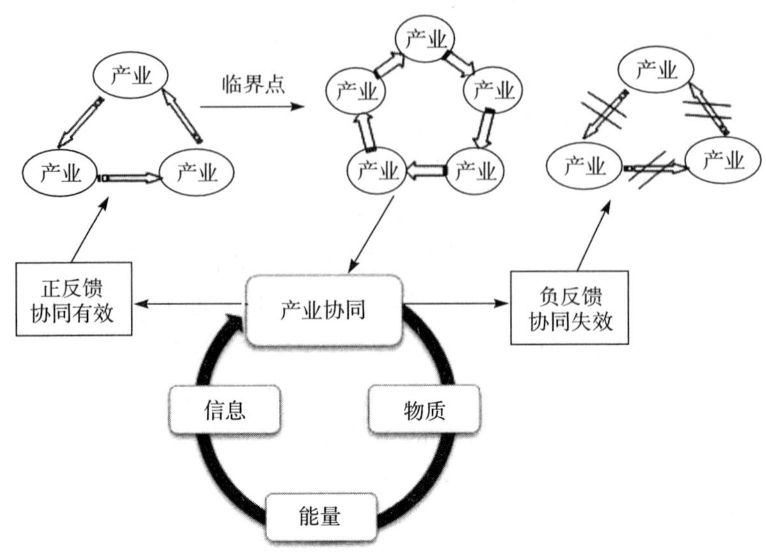

图 4-7　产业协同带动自组织

4.5.3　耗散结构理论对产业带动演进的分析

德国理论物理学家哈肯（Haken）首创了自组织理论中认为耗散系统的发生、发展有其自组织性。耗散结构理论的几个关键概念是开放系统、远离平衡系统、临界点和系统正反馈。首先，开放系统不同于孤立系统在于它与外界有熵的交换，如果外界给系统的负熵足够强，就可以逆转系统的熵增过程，从而将系统向有序推进。其次，远离平衡态，是指系统处于非线性区间，具备了突变的可能性。再次，临界点，是系统无序与有序的临界点，超过无序的临界点，系统就会因较强的正反馈作用而失去稳定性并最终实现有序。最后，系统正反馈作用时时存在，但在平衡态下或临界点之前，其强度要小于耗散因素的强度，只有过了临界点，它的作用才占优势，才是主导性的。

三次产业协同带动使得各地经济在主导产业的带动下形成产业集群，产业在产业集群化演进过程中，开放系统如果受到外部推动，如产业政策或区域发展政策的影响，导致产业集聚不断强化，产业系统逐渐远离平衡态，当集聚强化到一定程度或达到临界点，系统的正反馈作用超过无序的耗散因素作用，此时产业自集聚效应凸现，产业集群正式形成。如图 4-8 所示，其中虚线表示内循环或产业集群化初级阶段，即产业集聚过程，其推动力主要是系统外力；

实线表示外循环或产业集群高级阶段，即产业集群形成后的自集聚过程，其推动力主要是系统内力。各地正是在这种主导产业集聚力的不断延伸和扩展的过程中，形成区域不同的产业特色和支柱产业，并带动相关产业包括新兴产业的产生和发展。

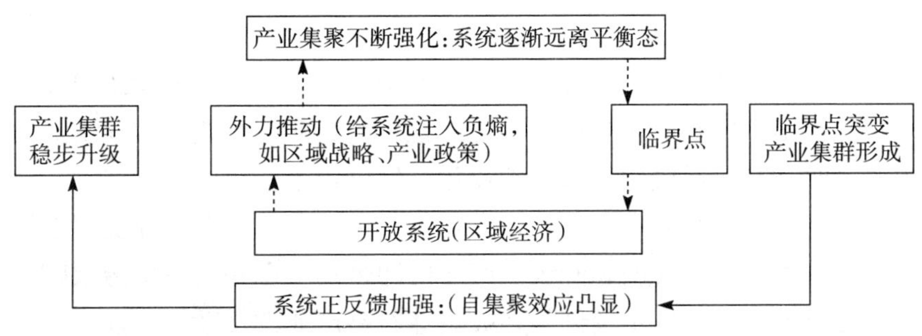

图 4-8 耗散结构理论视角下的产业集群化演进机理示意

城市作为一个典型的耗散结构，具有耗散结构的自组织特征。这种特征作用于空间的规模大小、位置选择、发展时序以及发展方式之中，并作为一种隐性的自发机制作用于城市空间发展的过程中。当一个新的城市中心出现时，一般情况下这个城市通过自我强化不断发展、扩大规模，会形成以这个城市为中心的城市体系，这就是城市的自组织作用机理。在过去的 10 多年里，本奎（Benguigui）以及克鲁格曼等人运用这一理论对城市形态、结构进行了实证分析，解释了城市内部及城市间的自组织性。他们认为空间集聚创造了有利于中心城市发展的要素环境，随着中心城市经济发展扩大并辐射、延伸到周边地区，使得中心腹地共享了经济发展的带动效应。当经济发展的要素集聚达到某一临界水平时，由于竞争机制和规模效应的推动，引发了人口流、信息流、技术流、物资流、资本流等城市流的协同向心作用，使原本在各自地区小范围、低层次的空间优势得以关联放大，并以中心城市为支配地位迅速发展，构筑成一个城市体系。

5　产业协同带动影响因素分析

三次产业协同带动首先表现为工业带动农业，用工业化带动农业产业化，通过农业产业化实现农业和农村工业化。将传统农业的改造与现代工业的发展联系起来，促进农业现代化和农村工业化，促进特色优势产业发展。三次产业协同带动还要求第三产业带动一、二产业，不仅发展传统服务业更要发展生产性服务业，实现产业的转型和升级。产业协同带动要受到自然资源禀赋、生态环境、人力资本、技术进步及创新、战略性新兴产业的带动、产业政策及市场规制等相关因素的影响。

5.1　自然资源禀赋和生态环境的影响

我国自然资源的特点是资源总量丰富但人均少，资源利用率低且浪费严重。从几个主要自然资源看：

（1）土地资源。我国土地资源呈现出以下特点：①绝对数量较大，人均占有量小。我国内陆土地总面积约 960 万平方千米（144 亿亩*），居世界第三位，但人均占有土地面积约 12 亩，不到世界人均水平（约 40 亩）的 1/3，耕地面积列世界第 2 位，人均排在世界第 67 位；②山地多，平地少。我国地形错综复杂，地貌类型多。我国海拔小于 500 米、海拔在 500～4 000 米、海拔大于 4 000 米的土地面积分别占土地总面积的 27.1%、51.7%、20.2%（未包括 1%的水域）；③各类土地资源分布不平衡，土地生产力水平低。以耕地为例，截至 2015 年年末，全国耕地有 20.25 亿亩，分地区看，东部、中部和西部地区供地面积分别占全国供地总量的 37.4%、27.2%和 35.4%。在全部耕地中，中低产耕地大约占耕地总面积的 70.5%；④宜开发为耕地的后备土地资源潜力不大。在大约 5 亿亩的宜农后备土地资源中，可开发为耕地的面积仅约为 1 亿亩，且主要分布在西北和东北地区。

* 亩为非法计量单位，1 亩≈667 米^2。下同。——编者注

（2）森林资源。第八次全国森林资源清查于 2009 年开始，2013 年结束，我国森林面积为 2.08 亿公顷，森林蓄积量为 151.37 亿立方米，森林覆盖率达到 21.63%。我国仍然是一个缺林少绿、生态脆弱的国家，森林覆盖率远低于全球 31%的平均水平，人均森林面积仅为世界人均水平的 1/4，人均森林蓄积只有世界人均水平的 1/7，森林资源总量相对不足、质量不高、分布不均的状况仍未得到根本改变，林业发展还面临着巨大的压力和挑战。

（3）矿产资源。我国矿产资源虽然总量丰富，但人均占有量不足，仅为世界人均水平的 58%，居世界第 53 位。同时存在 3 个突出问题：一是重要矿产（如石油、天然气、富铁矿等）不具优势，后备储量不足，而储量较多的则是部分用量不大的矿产（如钨、锡、钼等）；二是矿产资源多中小矿或贫矿，共生伴生现象普遍，可开采程度低；三是区域分布不均，但部分矿产前景广阔。

（4）能源资源。我国的能源资源中属于不可更新资源的主要有煤、石油和天然气等。总的来看，这些资源还是比较丰富的，但人均占有量不多，尤其是石油资源更显得不足，供求关系紧张，满足迅速发展的国民经济需要有一定的困难。煤炭、石油、天然气这些一次性能源目前是我国最现实的能源。我国能源探明储量中，煤炭占 94%、石油占 5.4%，天然气占 0.6%，这种富煤贫油少气的能源资源特点决定了我国能源生产以煤为主的格局长期不会改变。目前，我国能源利用的现状是一次性能源比例巨大，替代能源较少，煤炭在我国一次能源的消费中占 70%左右。75%的工业燃料和动力、85%的城市民用燃料都由煤炭提供，在可以预见的未来较长时期内，煤炭在国民经济中的地位不可替代。

（5）水资源。以地下水含水系统为单元，潜水为主的浅层地下水和承压水为主的中深层地下水为对象的 6 124 个地下水水质监测点中，水质为优良级、良好级、较好级、较差级和极差级的监测点分别占 10.1%、25.4%、4.4%、45.4%和 14.7%。338 个地级及以上城市 897 个在用集中式生活饮用水水源监测断面（点位）中，有 811 个全年均达标，占 90.4%。春季和夏季，符合第一类海水水质标准的海域面积均占中国管辖海域面积的 95%。近岸海域 417 个点位中，一类、二类、三类、四类和劣四类分别占 32.4%、41.0%、10.3%、3.1%和 13.2%。

（6）旅游资源。随着国民经济的迅猛发展，旅游已成为我国国民的重要消费方式，旅游收入在我国的国民经济收入中已占据主导地位，并且发展势头迅猛。近年来，旅游收入增长幅度远远高于国民经济发展的速度。中国旅游业在

30年的发展中取得了巨大的成绩，为经济发展和改善人民生活发挥了巨大作用。但作为其发展先决条件的旅游资源，在开发和利用上，仍然与整个国民经济发展以及自身的国际化发展不相匹配。

我国生态环境的基本状况是总体在恶化，局部在改善，治理能力远远赶不上破坏速度，生态赤字逐渐扩大。主要表现为：

（1）水污染矛盾突出。根据《2016年环境状况公报》，全国地表水1 940个评价、考核、排名断面中，Ⅰ类、Ⅱ类、Ⅲ类、Ⅳ类、Ⅴ类和劣Ⅴ类水质断面分别占2.4%、37.5%、27.9%、16.8%、6.9%和8.6%。湖泊富营养化问题突出，在监测营养状态的108个湖泊（水库）中，富营养化状态的占23.1%。随着工业化、城镇化的加速推进，我国水体污染矛盾日益凸显。

（2）森林资源锐减。我国许多主要林区，森林面积大幅度减少，全国森林采伐量和消耗量远远超过林木生长量。在第四次和第五次清查间隔期间，我国年均超限额消耗森林资源8 679.4万立方米，超限额采伐问题非常严重，当代人已经过早过多地消耗了后代人应享用的森林资源。

（3）土地利用方面，城市土地利用效率较低。近年来，城市用地增长率远远高于城市非农业人口增长率。开发建设中盲目批地，土地征而未用现象严重，造成土地大量闲置。农村土地使用也存在人均用地远远超过国家规定标准等许多问题。

（4）从能源利用效率来看，我国仍然处于粗放型增长阶段。2016年我国GDP值位于世界第二位，美国GDP总量约为18.03万亿美元，中国11万亿美元，日本4.38万亿美元。然而我国的二氧化碳排量居世界第一位，为72.19亿吨，美国和日本分别为69.63亿吨、13.42亿吨。中国的煤炭使用量已占总能源消耗量的七成。

（5）绿色矿山建设起步。绿色矿山建设开始起步，且任重而道远。截至2015年年底，矿山地质环境治理恢复面积约81万公顷，治理率为26.7%。积极推进绿色矿业发展和绿色矿山建设，优选661家矿山企业作为国家级绿色矿山试点单位，其中191家试点单位通过评估。

（6）2016年全年完成造林面积679万公顷，其中人工造林面积381万公顷，占全部造林面积的56.1%。森林抚育面积837万公顷。截至2016年年底，自然保护区达到2 750个，其中国家级自然保护区446个。新增水土流失治理面积5.4万平方千米，新增实施水土流失地区封育保护面积1.6万平方千米。

（7）初步核算，2016 年全年我国能源消费总量为 43.6 亿吨标准煤，比 2015 年增长 1.4%。煤炭消费量下降 4.7%，原油消费量增长 5.5%，天然气消费量增长 8.0%，电力消费量增长 5.0%。煤炭消费量占能源消费总量的 62.0%，比 2015 年下降 2.0 个百分点；水电、风电、核电、天然气等清洁能源消费量占能源消费总量的 19.7%，上升 1.7 个百分点。全国万元国内生产总值能耗下降 5.0%。工业企业吨粗铜综合能耗下降 9.45%，吨钢综合能耗下降 0.08%，单位烧碱综合能耗下降 2.08%，吨水泥综合能耗下降 1.81%，每千瓦时火力发电标准煤耗下降 0.97%。

可见我国转变经济发展方式迫在眉睫，摆脱传统的高投入、高消耗、高污染、低效益的发展模式是经济可持续发展的根本。保护生态环境、坚持全面可持续发展，根据各地资源禀赋特点优先发展具有地域优势的产业，实现各次产业间协同带动是转变发展模式的重要手段之一。大力发展多用劳动力、少用资源的产业，如交通运输业、餐饮业等传统服务业，教育、信息、培训机构、咨询业等高层次服务业；大力引进先进生产技术、提高能源利用率；通过产业间的协同带动大力推动新产业的形成，吸纳更多的劳动力，促进产业结构升级，推动经济增长。

5.2　对人口结构和人力资本作用的考察

中国是世界上人口最多的国家，据第六次人口普查最新数据计算，2016 年我国人口密度约为每平方千米 144 人，而世界平均水平为每平方千米 50.43 人。我国人口结构呈现出以下 3 个特点：

（1）农村人口数占总人口数比重依然较大。2016 年年底我国人口总数达到 138 271 万人，其中，城镇和农村人口分别占总人口的 57.35%和 42.65%。

（2）男女性别仍失衡。2016 年我国出生人口性别比①为 104.98：100，男女人口相差 3 359 万②。

（3）老年人口较多。2016 年我国 60 周岁及以上人口 23 086 万人，占总人口的 16.7%，超过联合国关于 65 岁以上的老年人口占总人口比例达 7%以上或 60 岁以上老年人口占总人口比例达 10%以上的属老年型国家或地区的规定。

① 以女性为 100，男性对女性的比例。

② 数据来源：据中商产业研究院相关数据整理。

随着改革开放、教育制度改革，我国的人口素质得到大幅度提升，人力资本大大增加。据2016年第六次全国人口普查数据，2010年我国各种受教育程度人口占总人口的比重分别为：大专以上文化占10%、高中（含中专）文化占15%、初中文化占42%、小学文化占29%，文盲人口占4%。受高层次教育的人数大幅度增加，受小学教育人口比重逐步下降。但作为高层次的人力资本培养，2016年我国各类高等教育在学总规模3 699万人，高等教育毛入学率为42.7%。人力资本素质的提高对生产率提高、带动经济增长起着重要作用，同时人口年龄结构随着人口转变阶段的变化而变化，影响人力资本的形成过程，对经济增长产生巨大影响。

我国特殊的人口结构使我国就业问题成为重要的民生问题。我国城乡经济社会二元特征明显，劳动力迁移规模巨大，劳动力供求矛盾突出，就业形势严峻，进而影响到产业结构的优化调整。需要大力发展高层次的教育，提高我国的人力资本质量，提高劳动生产率，缓解人口老龄化的负担，促进经济增长。同时努力提高二、三产业的劳动力吸纳能力，逐渐满足劳动力由农村向城市的迁移。在发展基础农业的同时，大力发展二、三产业，为第一产业提供先进的机械工具、充分的市场信息以及专家技术指导，并带动第一产业的发展，从根本上提高第一产业的技术含量和产量。在提高人力资本素质方面，可采取鼓励兴办技术学校，培养农民子弟学习机械技术、一方面解决农村劳动力过剩问题，另一方面满足工厂和城市对技术工人的人才需求。

5.3 技术进步和科技创新的贡献率

技术进步和技术创新是开放经济下促进产业协同带动、经济增长的动力。生产设备水平的提高对于技术进步和科技创新起着重要作用。生产设备技术水平的提高可以提高产出水平，大幅度提高劳动生产率，降低消耗，生产设备的大型化、生产的自动化等可提高企业生产的规模效益、降低成本，提高投入产出率。技术进步促进产业的形成、分解、再形成，使产业结构不断合理化、高级化。随着技术的进步和科技的创新，密集型产业和高技术产业得以迅速发展，劳动密集型产业和第一产业所占比重越来越小，劳动力越来越多地向第三产业转移，推动了第三产业，尤其是服务业的发展，从而促进产业间协同带动，最终带动了整个经济的协调发展。

根据我国学者张晓婷的研究，1978—1990年、2001—2008年资本投入对经济增长的贡献率分别为30.4%、36.3%，劳动投入的贡献率分别为42.7%、5.6%，2010年我国的投资率上升到48.6%，说明我国经济的增长在较大程度上是由资本投入拉动的；2000—2005年我国科技进步贡献率为37%，2005—2010年为51%，整体上我国科技进步对经济增长的贡献率逐步提高，2015年达到55%。但与发达国家技术贡献率70%以上相比，我国的技术进步贡献率还有很大差距。同时，资本投入与产出效率有待提高，在经济发展历程中应防止盲目投资，重视投资的质量。我国经济发展方式转变中，要积极推动技术进步、鼓励科技创新、走集约型可持续发展的道路。

5.4 战略性新兴产业的带动

三次产业协同带动的动力源泉在于创新。创新首先催生新兴产业的出现，新兴产业特别是战略性新兴产业具有“战略性”地位，同时具有“全局性”“长远性”和“导向性”的特征，对经济社会发展和国家安全具有重大和长远影响，如能源领域的新能源产业、信息领域中的物联网、生物领域中新药创制和转基因农作物等，拥有显著的技术优势，产业间的溢出和波及效应强，通过发挥其技术引领和产业带动作用，增加传统产业附加值，促进传统产业的高端化发展。同时，通过战略性新兴产业先进技术和高端产品的引入，延伸了传统产业链的长度和宽度，使得传统农业转型升级为一产起步“接二连三”的三产联动格局；工业从“生产型制造”向“服务型制造”转变；技术含量高、高附加值的高端服务业对制造业提出了提供各种物质载体和高效率硬件的要求，促进了传统产业的改造与提升，带动了一、二产业的转型与升级。

世界各国高度重视发展战略型新兴产业。发达国家的竞争优势已从原来的低成本制造转变为领先于发展中国家的先进技术。但自2000年互联网泡沫破灭后，技术创新的步伐放缓，由于技术进步相对放缓，发达国家的技术领先优势正在被发展中国家缩小，大量的制造业被转移到发展中国家，房地产、金融业等成为经济增长的重要支柱。技术创新的不足被认为是国际金融危机爆发的深层次原因。为了重塑竞争力，发达国家高度重视新兴技术和战略性新兴产业的发展，并由过去把工业生产大量环节转移海外的“去工业化”向“再工业化”转变。2006年欧盟委员会在《创建创新型欧洲》报告中提出“创建创新型欧洲战略”；此后，欧盟委员会提交了“欧洲广泛创新战略”，强调把对知识的投资转化为创新性的生产和服务。2007 年 5 月 25 日，日本政府发布了长期战略方针《日本创新战略 2025》报告，2009 年又紧急出台了《数字日本创新计划纲要》。2009 年 9 月，奥巴马政府出台了《美国创新战略：驱动可持续增长和高质量就业》，提出要充分发挥创新潜力，促进新就业、新企业和新产业。2017 年 8 月美国国防部向国会提交《重组国防部采办、技术与后勤及首席管理官组织机构》报告，详细阐述了国防部组织机构调整重组方案，全面聚焦创新驱动与管理效益。

发展战略性新兴产业，对调整产业结构起到重要支撑作用。首先，战略性新兴产业的产品具有高附加值的特点，不仅提高资源利用率，还能有效延伸产业链，促进高端产业的形成。其次，战略性新兴产业与传统产业的交流与融合，一方面促使传统产业为满足高端产业的需求而加强自主创新能力，另一方面通过原料、信息、技术等要素的良性循环，战略性新兴产业也直接或间接地促进传统产业的优化和升级。根据各个区域的自然资源禀赋特点、地区优势发展战略性新兴产业，形成具有竞争力的先导产业和支柱产业是转变发展方式，抢占世界经济战略制高点的重大战略部署。改革开放近 40 年来，我国经济得到飞速发展的同时也伴随着严重的环境污染、能源消耗过大、资源利用率低下、产业结构畸形等现象。生产要素成本的上升、资源环境的约束使得转变粗放的经济发展方式刻不容缓。战略性新兴产业是知识、技术密集型产业，能极大优化产业结构，推动低碳经济的发展。

发展战略性新兴产业，对腹地经济具有辐射和带动作用。在开放经济环境下，具有生产要素、资源条件等比较优势的周边地区会在战略性新兴产业兴起的同时充分发挥其优势。发展战略性新兴产业的地区不仅能获得来自腹地的生产要素支持，还能通过产品、技术等的辐射带动腹地经济增长①。在相对融合的经济发展圈中，各地区相互影响、相互促进、共同发展。

5.5 产业政策和市场规制的作用

产业政策和市场规制的功能主要是弥补市场缺陷，有效配置资源；保护幼

① 以高新技术区为例，高新技术区以技术密集和开放环境条件为依托，依靠国内的科技和经济实力，借鉴国外先进科技资源、资金和管理手段，它是战略性新兴产业的密集区，是科技创新的孵化器，同时也是高端人才培养基地。高新技术区的发展为腹地提供了优良的经济环境、先进技术和人才，带动了腹地经济的发展。

小民族产业的成长；减缓经济震荡；发挥后发优势，增强适应能力。目前的战略性新兴产业发展还不够成熟，产业政策和市场规制应具有以下作用：

（1）弥补市场失灵，为战略性新兴产业创造良好的市场环境。由于规模经济、公共产品、外部性等市场失灵等领域的存在，如果仅靠市场机制是无法避免垄断、不正当竞争、基础设施投资不足、环境污染、资源浪费等现象的发生和蔓延。战略性新兴产业尽管以低碳环保等特点著称，但在实际的生产和发展过程中，依然存在上述粗放性问题。因此，产业政策必须充分发挥其弥补市场失灵的作用，引导和规范战略性新兴产业的发展。

（2）有助于提高技术水平，促进产业结构升级。绿色经济、低碳经济已经成为世界经济变革的主流，西方发达国家已纷纷将绿色产业作为未来的经济引擎，大力扶持和鼓励绿色产业发展。相比之下，我国的科技水平与发达国家仍存在较大差距，对于抢占经济发展制高点有很大压力。在此过程中，产业政策必须充分发挥其引导和支持作用，加大技术研发投资，鼓励战略性新兴产业自主创新，加快突破关键性技术，从而促进产业结构升级，增加国际竞争力。

（3）科学引导，防范战略性新兴产业盲目扩大。随着国务院确定七大战略性新兴产业，地方政府积极响应，纷纷加入战略性新兴产业的建设和发展中。然而我国地域广阔，各地经济发展水平、区位优势、资源条件等差别很大，这也就决定了战略性新兴产业发展的不均衡性。各地政府的盲目扩张很可能会导致新的问题出现，如产业链脱节、经济增长脱离现实需要等。此时产业政策要把好第一道关，合理评估当地经济优势与劣势，明确建设战略性新兴产业的条件，充分发挥战略性新兴产业的战略作用，而不是成为某些区域经济发展的累赘。

（4）保护中小型新兴产业，规范竞争环境。战略性新兴产业的高投入、高风险性，容易造成投资目标都集中在大型企业上，从而忽视了具有良好发展态势、差异化的中小型企业或民营企业。产业政策和市场规制应保护和支持发展战略性新兴产业的中小企业，规范市场经济环境，防止垄断竞争。中小型企业和国企的共同发展不仅能促进我国企业结构优化，还能通过公平竞争相互促进和完善企业内部结构。

6　三次产业协同带动的时间序列进程探讨

6.1　三次产业协同带动的动态过程和实质

6.1.1　理论模型

三次产业之间的互动就是产业整体于其内部第一、第二、第三产业之间相互作用，互动是因为它们存在相互获得利益的意愿。对此，借用“柯布—道格拉斯”生产函数进行研究。设一个产业内含有生产制造商和服务商，反映其总产量的生产函数如下：

$$Q_T = AL^{\alpha}K^{\beta}\eta \tag{6-1}$$

我们从产量规模和投入要素比例进行设定和说明。

首先，从产量规模视角看，设 Q_T 中存在两个影子产量规模，即该产业结构中存在制造商产量规模 Q_m 和附加在其上的服务商规模 Q_s（下标 m 表示制造业，s 表示服务业，下同），反映了产业内部的分工。该产业总规模与其制造业规模存在一定的比值关系，如果这个比值是 σ（$0<\sigma<1$），则有 $Q_m=\sigma Q_T$，同样有 $Q_s=(1-\sigma)Q_T$，服务附加的规模与制造商生产规模的比例为：$Q_s/Q_m=(1-\sigma)/\sigma$。因此，两个影子产量规模的关系为：$Q_s=(1-\sigma/\sigma)Q_m$。

其次，从投入要素比例看，分别设综合技术水平（包括经营管理水平、劳动力素质、引进先进技术等）$A=A_mA_s$，残差项 $\eta=\eta_m\eta_s$；设 λ 为一常数，令 $\alpha+\beta=\lambda$。只有在 $\alpha+\beta=\lambda\geqslant1$，即存在产业总体的规模报酬不变或递增时，才有对服务进行投入的必要。根据以上设定，我们对上述生产函数的结构进行分解（分为 4 个要素）并重新组合。式 6－1 可写为：

$$Q_T = A_mA_s(L_m^{\alpha_1}L_s^{\alpha_2})^{\alpha}(K_m^{\beta_1}K_s^{\beta_2})^{\beta}\eta_m\eta_s \tag{6-2}$$

式中，$L_m^{\alpha_1}$、$L_s^{\alpha_2}$ 表示劳动要素的分解；$K_m^{\beta_1}$、$K_s^{\beta_2}$ 表示资本要素的分解。式 6－1 可以理解为某个产业的宏观投入状况，因此，其内部总能找到一种组合，使得下式成立：

$$Q_T = A_mL_m^{\alpha\alpha_1}K_m^{\beta\beta_1}\eta_m \times A_sL_s^{\alpha\alpha_2}K_s^{\beta\beta_2}\eta_s = Q_mQ_s \tag{6-3}$$

进而有：

$$Q_s(L,K) = (1-\sigma)/\sigma A_m L_m^{\alpha\alpha_1} K_m^{\beta\beta_1} \eta_m \quad (6-4)$$

$$Q_m(L,K) = \sigma/(1-\sigma) A_s L_s^{\alpha\alpha_2} K_s^{\beta\beta_2} \eta_s \quad (6-5)$$

式中，$\alpha\alpha_1$ 和 $\beta\beta_1$、$\alpha\alpha_2$ 和 $\beta\beta_2$ 是 Q_T 中两个影子产业要素分配后的产出弹性系数。它反映出在现有技术水平（A_m、A_s）并在制造业和服务业产权分离条件下产业内部的规模结构和发展趋势。该产业的产出弹性系数 $\alpha\alpha_1+\beta\beta_1+\alpha\alpha_2+\beta\beta_2=\alpha+\beta=\lambda\geqslant1$，是其整体规模收益不变或递增的一个基础条件。

据式 6－3 和式 6－4，可以得出联立方程：

$$Q_T = A_m L_m^{\alpha\alpha_1} K_m^{\beta\beta_1} \eta_m \cdot Q_s$$

$$Q_s = A_s L_s^{\alpha\alpha_2} K_s^{\beta\beta_2} \eta_s = (1-\sigma)/\sigma A_m L_m^{\alpha\alpha_1} K_m^{\beta\beta_1} \eta_m \quad (6-6)$$

下面，围绕联立方程中的内在关系，从产业结构规模比例、互动存在条件（即存在性）与要素配置、产业整体各因素之间互动运行过程 3 个方面对其机理进行说明：

第一，这个联立方程反映了以产量为特征的产业规模 Q_T、生产制造业规模 Q_m 和服务业规模 Q_s 的总量与内部分量的关系（在式 6－6 中，具体包括如下结构关系：Q_T 与 Q_m 和 Q_s 的关系、Q_m 与 Q 之间的比例关系、Q_s 与 $L_s^{\alpha\alpha_2}$ 和 $K_s^{\beta\beta_2}$ 的关系等），进而反映出制造业和服务业的互动关系。产业总规模是由制造业和服务业共同支撑的，在一定技术和市场条件下，制造业和服务业一般维持在一个比例，即：$(1-\sigma)/\sigma$。它反映了服务业的一个基本性质：以制造业产量为基础并附于其上的“服务附加”性质。因而，从机理上看，服务业的服务附加“从量于”制造业产量，进而使服务业的资本投入和劳动投入“从量于”制造业的产量。式中这个比值关系表明，只要知道服务业与制造业的投入产出规模之比，就能根据要素的不同投入量，确定该产业内部制造行业和服务业的结构。尽管价格和成本的变动可以导致生产方式改变，并引起这个比值的变动，但在通常技术和市场条件下，这个比值是基本稳定的。

第二，在上述方程中，服务业和制造业存在互动的必要条件是：产业总体至少存在规模收益不变；其充分条件是 $(1-\sigma)/\sigma$ 不变。前者反映出产业总体的扩张趋势，当规模收益不变时，产业总体靠所投入资本和劳动的数量扩张而获得产出数量的同比例增长；而当规模收益递增时，后者反映出内部子产业存在互动的积极意愿，表明产业总体增长是靠子产业产出数量共同增长实现的。那么，在 $(1-\sigma)/\sigma$ 不变条件下，服务业和制造业的互动表现为：设 θ 为制造业规模收益弹性系数，$\lambda-\theta$ 为服务业规模收益的弹性系数，其中，$0<\theta<\lambda$。在 $\alpha+\beta=\lambda\geqslant1$，$\alpha\alpha_1+\beta\beta_1\geqslant\theta$ 和（或）$\alpha\alpha_2+\beta\beta_2\geqslant\lambda-\theta$ 条件下，一个产业中的制

造业和服务业的存在具有意义，也有共生的可能。也就是说，当两个子产业分别至少存在规模收益不变，二者才有互动的动力。在下列三种情况下：$0<\theta<1$ 和 $\lambda=1$；$0<\theta<$和 $0<\lambda-\theta<1$；$\theta>1$ 和 $\lambda-\theta>1$，都可能存在互动。

第一种情形：当 $\alpha\alpha_1+\beta\beta_1=\theta$ 和 $\alpha\alpha_2+\beta\beta_2=1-\theta$ 时，整个产业的规模报酬不变。从产业整体考察，尽管要素分解后的子产业的产出弹性均小于 1，但产业整体的效率靠数量扩张维持。服务业和制造业互动的特征是：前者靠后者产出在数量上的增减而发生被动性互动。

第二种情形：当 $\alpha\alpha_1+\beta\beta_1=\theta$ 和 $\alpha\alpha_2+\beta\beta_2>\lambda-\theta$ 时，制造业规模报酬不变，而服务业规模报酬递增，表明制造业生产效率不随生产规模扩大而提高，而服务业在现有装备下的投入会使产业整体的效率得到提高。因此，这种情形往往属于服务业主导性质的互动，有时服务业起着单独拉动的作用。

第三种情形：当 $\alpha\alpha_1+\beta\beta_1>\theta$ 和 $\alpha\alpha_2+\beta\beta_2>\lambda-\theta$ 时，制造业规模报酬和服务业规模报酬都递增，表明制造业和服务业基于现有技术扩大各自的规模并增加产出都具有较高效率。不仅如此，这种情况还反映出二者积极的互动关系，二者之间既分工又关联，导致一方增长引起另一方增长。它不仅使劳动与资本在不同行业配置中处于有利状态，还能激发可持续的优化配置，从而实现可持续的相互拉动，这种互动是更严格意义上的互动。以上情形中的 θ 值有两种理解：一是 θ 值可以理解为使得制造业与服务业二者共存并且有意义的值。其理论解释是：参与要素分配的 θ 在 0 与 λ 之间寻找一个制造业和服务业的“纳什均衡”。一般情况下，θ 可根据不同产业中的制造行业进行测定，其数值往往不同。本书认为两个子行业的规模收益在小于 1 的情况下，就能达到规模收益递增。二是 λ 值越接近于 θ，服务业在整个产业中的比例越小，那么制造业的“自我服务”就越多，这种情况属于互动不充分或互动不协调；相反，如果 $\lambda-\theta$越大，即二者的差越大，服务业的比例就越大，那么制造业的“自我服务”就越少，逐渐发展为随着专业化分工的加强，第三产业从第二产业中分离出来，特别是类似于生产性服务业和新兴产业等。

第三，方程反映了以制造业和服务业各自内部和它们整体的运行机理与机制。式 6－6 中被分解的 $L_m^{\alpha\alpha_1}$ 和 $K_m^{\beta\beta_1}$、$L_s^{\alpha\alpha_2}$ 和 $K_s^{\beta\beta_2}$、A_m、A_s、η_m 和 η_s 等必须靠一套产品生产流通，系统才能和谐运行，即它需要一套附着在产品之上的技术、产业分工、市场与市场化甚至城市化等更复杂和更深层次的社会经济运行机制。制造业与服务业互动机制的关键是“承载”所投入要素的中间产品，它是制造业和服务业相互循环并周而复始运作的物质基础。应当指出，大规模的中间产品的流动必须靠资本市场和劳动市场的运作，特别是在现代市场经济条件下，更需要金融服务的支持与控制互动的载体——三个基本市场（商品市场、金融市场和劳动市场）的状况影响着不同的要素投入变化，进而又影响到产出的变化，给互动带来复杂性。

6.1.2 我国三次产业协同带动的动态过程

从GDP角度来分析，我国三次产业结构演变大体上经历了5个阶段，如表6-1所示。

表6-1 我国三次产业结构演变

阶段	第一阶段（1952—1961年）	第二阶段（1962—1969年）	第三阶段（1970—1984年）	第四阶段（1985—2011年）	第五阶段（2012—2016年）
结构类型	一三二	一二三	二一三	二三一	三二一

资料来源：1952—2016年《中国统计年鉴》。

中华人民共和国成立后，我国提出要在短时间内实现国家工业化，尽快建立完整的工业化体系。尽管当时我国经济结构处于以农业为主的阶段，第二产业所占比重最小，但第二产业增速最快。自1953年第一个五年计划正式启动到1957年，第一产业占GDP值比重由50.5%下降到40.3%，第二产业由20.9%上升到29.7%，第三产业由28.6%上升到30.1%，增长速度分别为3.8%、19.7%、9.6%。在重工业迅速发展的势头下，1958—1960年我国产业结构类型先后呈现出二一三、二三一结构。但由于“二五”期间，我党在指导思想上出现“左”的倾向，提出了“以钢为纲”“赶英超美”的口号，导致重大比例关系严重失调，工业发展难以持续。1961年工业增加值比1960年下降39%，产业结构又变为“一三二”结构。

针对“大跃进”时期国民经济结构出现的严重失调，1961年我国贯彻执行“调整、巩固、充实、提高”的八字方针，对国民经济发展进行3年的综合治理，从提法上把“重、轻、农”变为“农、轻、重”。农业又成为国民经济中占最大份额的产业。同时，工业增长速度明显加快，1963—1965年工业增加值年均增长21.4%，比“二五”期间提高18.7个百分点。工业的增长和第三产业发展的滞后使得产业结构变为“一二三”形式。

经过大调整后，国民经济呈现为一定的良性局面。至1970年农、轻、重之比由1965年的37.3∶32.3∶30.4变为32.5∶31.1∶36.4，标志着产业结构由“一二三”转变为“二一三”形式，我国开始迈入工业大国的行列。在基础工业方面，建成了一大批机械工业、能源工业、原材料工业重点企业和基地；国防科技工业方面，建立了雄厚的生产基础和一大批尖端科研试验基地；在交通运输方面，先后建成了一批重要的铁路、公路干线和支线；石油、电子工业获得较快的发展。但期间的十年“文化大革命”使产业又步入“重型化”轨道，加剧了各产业间、轻重工业间、重工业内部，以及区域工业发展之间的结构性矛盾。对于第三产业，在80年代以前，由于国家经济发展战略的忽略未能得到正常发展，改革开放以后第三产业得到恢复性增长，1980—1984年第三产业增加值的年平均增长率达到13%。

第四个阶段产业结构类型为“二三一”形式，产业结构向合理化方向发展。一、二、三产业增加值之比由1985年的28.4∶42.9∶28.7变为2011年的10.1∶46.8∶43.1，第一产业从业人员占全部劳动人口的比重由1985年的62.4%降低为2010年的36.7%，第二产业由20.8%上升为28.7%，第三产业由16.8%上升为34.6%。农业在稳定发展的同时，内部结构也发生着合理的变化。在农、林、牧、渔总产值中，农业由1985年的76%下降到2010年的53.29%、林业由4.2%下降到3.74%、牧业由22.1%上升到30.04%、渔业由0.35%上升到9.26%①，农用机械总动力由20 912.5万千瓦增加到92 780.5万千瓦，第一产业结构单一的现状正在逐步改变。第二产业高速发展，其中工业占据主导地位，所占GDP比重在38.0%到43.1%之间。但近几年高能耗行业的增加值以及工业增加值中的比重逐年上升，比重接近了40%。第三产业也得到较快发展，所占比重由1985年的28.7%稳步上升到2011年的43.1%，年平均增长率达到15.9%。进入2000年后新兴产业和高附加值的第三产业发展势头较好，结构有明显改善。

第五个阶段产业结构类型为“三二一”形式。随着经济发展方式的转变和现代服务业的快速发展，产业结构不断深化，最终从“二三一”转变为“三二一”结构，2016年三次产业占国内生产总值的比重达到8.6∶39.8∶51.6。西方发达国家第三产业生产总值占GDP总值已达到70%以上，生产性服务业成为带动经济增长的最主要产业之一，工业结构向高技术、高加工度、高附加值方向发展。我国某些东部沿海城市已达到现代化产业结构，以北京市为例，北京是我国的政治、经济、文化中心，在产业结构上2015年北京市三次产业结构为0.6∶19.6∶79.8，在第三产业内部，现代服务业、生产性服务业是主导

---

① 数据来源：2011年《中国统计年鉴》。

产业，全年文化创意产业实现增加值 3 072.3 亿元，比 2014 年增长 8.7%，占地区生产总值的比重为 13.4%，提高 0.2 个百分点；高技术产业实现增加值 5 180.8亿元，增长 19.3%，占地区生产总值的比重为 22.6%，比 2014 年提高 0.4 个百分点；生产性服务业实现增加值 12 160.3 亿元，增长 8.6%，占地区生产总值的比重为 52.9%，比 2014 年提高 0.4 个百分点。

6.2　经济发展的时序表现为先导产业和特色优势产业更替

经济发展的时序表现为先导产业和特色优势产业的更替。战略性新兴产业由于显著的技术优势，产业渗透性和带动力强，首先表现为先导性产业。其先导性特征决定了战略性新兴产业不仅促进生产力水平的不断提高、劳动力分工的精细化、产业部门的智能化和功能专业化发展，同时引领传统产业向着合理化、高端化和生态化方向转型升级，并注重与区域根植性结合，带动区域特色优势产业发展，形成区域特色经济。

6.2.1　战略性新兴产业的先导性和区域根植性推进特色优势产业发展

战略性新兴产业作为知识经济时代一种新的产业形态，与一般传统意义上的产业相比，更具有知识技术密集、物质资源消耗少、成长潜力大、综合效益好的特征，在经济发展中首先表现为先导产业。作为先导产业的战略性新兴产业，更强调其代表科技创新前沿和产业发展方向，其强大的产业渗透性引领着传统产业升级，引领区域产业结构向着高端化转型升级。同时战略性新兴产业有着鲜明的时空特点，注重时代性、全局性与区域根植性结合，在不同地区以及不同发展阶段，具有动态性和区域性特征。

在时间纬度上，随着科技革命和产业革命，会出现一轮接一轮的新兴产业；在空间纬度上，战略性新兴产业强大的空间集聚性，随着时间的演变，逐步发展为支柱产业，同时通过技术渗透改造传统产业，促进传统产业转型升级。在此进程中，与区域根植性结合，形成各地自己的特色优势产业，推动区域特色经济发展。

主导产业和接替产业的更替是短期与长期权衡的过程。长期来看，主导产业始终是区域经济中起主导作用的产业，具有产业关联度强、带动性强的特点，在国民生产总值中占较大比重，对经济增长具有决定性作用。短期来看，不同的阶段有不同的主导产业，特定时期的主导产业是在具体条件下选择的结果。一旦条件变化成制约因素，原有的主导产业对经济的带动作用就会弱化、消失，进而被新的主导产业所代替。在产业发展中，主导产业及其群体的历史演进过程是一个由低级到高级、由简单到复杂、产业总量由小到大的渐进过程。

6.2.2 主导产业选择及相关制约因素

区域主导产业是决定区域在全国区域分工中所处地位与作用的、对区域整体发展具有决定意义的产业。区域主导产业的选择是建立在对主导产业功能认识基础上的。古典政治经济学家在研究分工的比较利益时提出了输出部门概念，20 世纪 50 年代经济基础理论学界强调经济基础部门对区域经济发展的推动作用，提出区域经济增长的动力来源于区际分工和区际交换的乘数效应和加速效应。实际上，输出部门和经济基础部门就是主导产业，如图 6－1 所示。

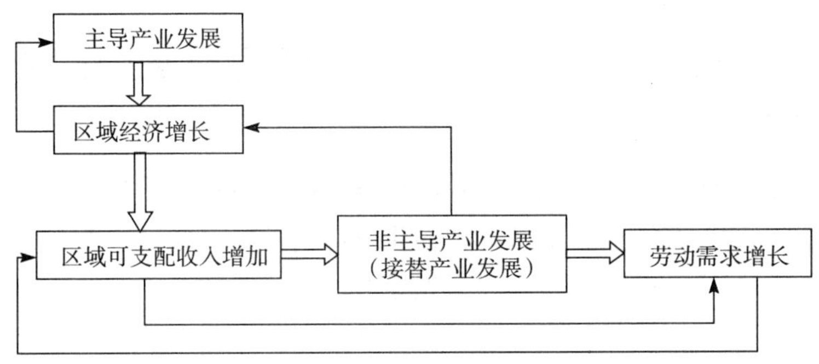

图 6－1　主导产业的乘数效应

最先对主导产业功能进行明确系统分析的学者是罗斯托。他重新评价了推动区域经济增长的产业，发现区域经济增长阶段的演进与经济部门重要性的依次变化存在对应关系。在众多的产业部门中，每一发展阶段都有与之相对应的主导产业，经济增长总是先由某一部门采用先进技术开始。由于采用了先进技术，降低了成本，扩大了市场，增加了利润和积累，扩大了对其他一系列部门产品的需求，从而带动了整个区域经济发展。这种起带动作用的部门，从短期看是主导产业，随着时间的推移，先进的技术及其影响扩散到各个部门之后，由于相关制约因素的改变，主导产业可能会陷入衰败，接替产业有可能取代现有主导产业，成为新的主导产业。主导产业是区域经济增长的源泉，其类型与技术水平代表区域经济增长水平与区域所处发展阶段。

主导产业相关制约因素主要包括自然资源因素、供求因素、产业结构现状、科学技术水平、劳动就业等，通过这些制约条件在不同时期的不同作用力，主导产业呈现出不断被更替的过程。

（1）自然资源因素。处于资源禀赋比较优势地位的国家在进行主导产业选择时应充分考虑这一优势，培育内生型产业。而资源匮乏的国家只能依赖进口自然资源，所以应加大出口产业的培育。同时由于自然资源的不可再生性，资源禀赋比较优势势必会随着经济的发展而逐渐被削弱，自然资源开始成为制约因素，迫使主导产业向出口型产业倾斜。

我国具有丰富的自然资源，因此自中华人民共和国成立以来，我国大力发展钢铁、煤炭、石化等对自然资源有较强依赖性的产业，改革开放后也一直实行粗放型经济增长方式。可以说，我国近 40 年的经济高速增长在很大程度上是以大量消耗自然资源为惨重代价的。我国的经济总量在 2010 年就超越日本，以 5.8 万亿美元位居世界第二；2012 年，中国经济总量首次超过美国的一半；2014 年中国经济总量首次突破 10 万亿美元，是继美国之后第二个跻身超 10 万亿美元的经济体；2016 年我国经济总量达到 74.4 万亿美元，较 2016 年美国经济总量 18.6 亿万元还存在一定差距，同时在经济快速发展的同时却消耗全世界 20％的能源。2010 年中国碳排量居世界首位，达到 72.19 亿吨，占全球比例为 19.12％。由此可见，主导产业的选择要充分考虑自然资源因素。有利于资源节约和环境保护的产业，是我国未来产业的主要选择和发展方向。

（2）供求因素。需求是经济活跃的根本力量，没有需求就谈不上生产和消费，经济增长也就没有现实意义。市场需求大于市场供给时，扩大生产及其规模不仅满足人们的需求，而且能增加企业盈利，并能通过市场调节机制形成行业规模经济。当市场需求小于市场供给时，此时若依然盲目扩大生产会造成生产力和生产要素过剩，形成发展“瓶颈”。因此，在进行主导产业选择时，一方面要充分考虑需求与供给的关系，另一方面要以扩大内需、外需为重要手段，这也是全球化背景下的必然趋势。

供求因素对主导产业选择的影响在 90 年代体现得最为明显。这段时期我国市场已经从卖方市场转向买方市场，生产能力明显过剩。1998 年第一季度的统计资料显示，在 621 种主要商品中，供求平衡的商品有 466 种，占排队总数的 74.2％；供大于求的商品 155 种，占 25.8％；供不应求的商品为 0。如目前积压难售的自行车 2 000 万辆，手表 1 000 万只，电冰箱 1 000 万台，摩托车 2 000 万辆。同时随着人们收入的不断增加，人们的消费质量也在不断提高，但是国内高端消费品的供给却显然不足，只能通过进口弥补这一空缺。一方面中低端消费品过剩，另一方面高端消费品奇缺，此时的主导产业面临重大调整。

（3）产业结构现状。产业结构现状是主导产业选择的决定性因素之一。首先，产业结构现状确立了各个产业之间的数量比例关系，各产业间经济效益的差异，主导产业应该是各次产业中经济效益较高的产业，从而决定了主导产业的主要发展方向。其次，产业结构现状体现了基础产业的发展态势，如果基础产业薄弱，主导产业的选择和发展就会受到“瓶颈”限制。因此，优先发展相关基础产业对于释放其他产业闲置能力，对提高整体经济的综合效益是至关重要的。此外，产业结构现状决定了这段时期的技术结构、经济贸易水平及未来发展方向与进程，主导产业的选择不能违背产业结构现状决定的发展趋势。

进入国民经济发展期的前 5 个五年计划时期，我国以均衡布局的方式大力发展重工业，旨在建立雄厚的工业基础，提高我国整体经济水平。第一个五年计划开始至改革开放前，重工业基本建设投资平均比重为 89.2%，轻工业只占 10.7%，工业发展速度很快。然而，单纯地追求经济增长速度，使得主导产业与基础产业严重脱节，工业发展速度超过了国民经济的承受能力。因此，改革开放后，我国为解决产业结构严重失衡的问题，通过以“加强轻工业”为主导的产业结构调整，来弥补我国消费市场上存在的缺口。主导产业也开始由单一的石油化工、钢铁等重工业逐步扩展到食品加工、电子信息等轻工业。

（4）科学技术水平。科技体系的变迁是经济增长的决定因素，同时也决定着主导产业的演化。落后的科技水平一方面会使主导产业的发育缺乏必要的技术支撑，另一方面也会由于其他产业对主导产业的关联带动信号反应迟钝，使主导产业的关联作用大大降低。但是如果只是一味地照搬发达国家高新技术，提高科技水平，将高新技术产业作为主导产业，也同样会造成主导产业与关联产业、基础产业相互脱节，造成工业体系中新、旧结构断层和技术断层，破坏经济的正常发展。

中华人民共和国成立初期，我国主要模仿苏联的计划经济模式，在纺织业等轻工业发展不足的情况下，大力发展重工业。同时，极端的均衡发展策略使得大量的投资没有发挥作用，经济效益极差，科技水平无法提高，主导产业与其他产业关联性不强、活力不足，导致了严重的资源浪费。为解决这一系列问题，国家于1978年实行改革开放，大力引进外资、先进科学技术及教育投资，旨在提高我国的产业技术含量、整体人力资本素质，实现科技推动发展，而不是以高投入带来GDP数字的增长。这一时期电子信息、汽车等技术含量较高的产业逐渐走向主导地位。

然而随着生产要素、国际环境等条件的不断变化，劳动密集型制造业的弊端日益突显，如耗能高、效率低、导致生态环境恶化等。再一次提出了我国加快转变经济发展方式，提升产业链的现实要求。2007年政府首次提出发展高新技术产业区域战略，加大投资，大力开发高新技术，以提升和改造传统产业。对于未来的发展，我国在科学技术上的投资将会呈不断增长趋势。

（5）劳动就业。劳动就业问题既是经济问题也是社会问题。一方面，较高的失业率不仅是人力资本的损失，还会影响消费需求，影响资本的投资回报率，进而造成GDP增长的抵消；一方面失业给人们的心理造成巨大的创伤，容易带来社会不安定。因此，随着农村劳动力逐渐向非农业产业转移，主导产业的选择必须考虑其劳动力吸纳能力。

失业率一直是我国经济高速增长过程中的重要问题之一。经济增长、资本高投入并不一定必然带来较高的就业增长，也不会自动转为就业机会的扩大。90年代末我国市场供需关系失衡的同时，失业人口也在大幅增加，如图6-2所示，为2008—2016年我国城镇登记的失业率。1998—2009年，我国整体失业率一直呈上升趋势，城镇登记失业率从4.2%上升到4.3%，这是由于：一方面是由于1997年的金融危机导致外商投资大幅减少和出口增长明显放缓，另一方面我国国企改革使下岗分流职工逐年增加，同时农村劳动力逐渐向城市扩张。此时，主导产业的更替以劳动密集型产业为主，以使之为社会创造更多的就业机会，而且主导产业必须满足和促进人们的消费需求。因此纺织业、食品加工业、机械电子、汽车、化工、建筑业等劳动密集型产业逐渐成为我国这段时期的主导产业。同时传统服务业也在第二产业的带动下快速发展。第一、第二、第三产业就业人数比例由1978年的70.5∶17.3∶12.2调整到2000年的50.0∶22.3∶27.7。第三产业作为最具有劳动力吸纳能力和衡量经济发达程度的产业。政府逐渐加大对现代服务业的投入，以尽快使服务业成为国民经济的主导产业，也决定未来主要劳动力的走向。随后几年，从2010—2016年，我国城镇登记失业率下降，从2010年的4.3%逐渐下降到4.02%，如表6-2所示。

表 6-2 2008—2016 年我国城镇登记失业人口和失业率

指　标	2008 年	2009 年	2010 年	2011 年	2012 年	2013 年	2014 年	2015 年	2016 年
城镇登记失业人数（万人）	886	921	908	922	917	926	952	966	—
城镇登记失业率（%）	4.2	4.3	4.1	4.1	4.1	4.1	4.1	4.1	4.02

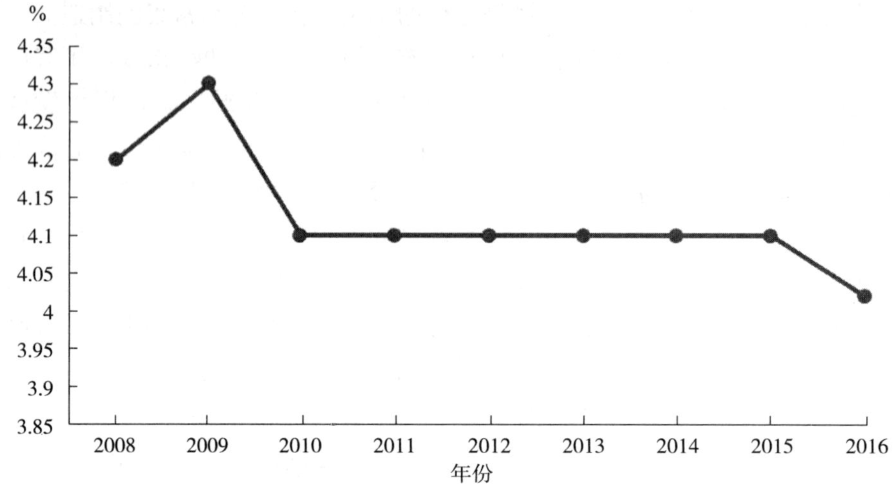

图 6-2　2008—2016 年我国城镇登记失业率

从主导产业历史演进过程来看，主导产业始终是各段时期技术进步的最好体现。如第一次工业革命形成了纺织业、纺织机械制造业、铁路业等主导产业群；第二次工业革命形成了电力、钢铁、化学工业、汽车工业、电话、电报等主导产业群；第三次工业革命形成了石化工业、汽车制造及以计算机制造为主的微电子行业的主导产业群。主导产业代表了先进技术和先进生产力，具有较高生产率，容纳较多劳动力，推动产业结构升级，这是主导产业的长期均衡状态。在不同时期，主导产业的更替受各种制约因素影响。主导产业的制约因素并不一定会在同一时期出现，而是随着经济和产业的发展，各种条件发生不同变化，有利条件不断被削弱，进而形成某段时期内的主导产业选择和发展的制约因素，从而加快和促进主导产业的更替①。

① 李廉水，2006. 科技经济范式演变与我国主导产业发展的实证研究［D］. 南京：东南大学.
李嘉，吴宇辉，马兰青，王有年，2010. 发达国家生物经济发展的三次产业融合模式考察与分析［J］. 商场现代化（2）：104-105.

6.2.3　我国主导产业演进过程

我国主导产业演进过程主要围绕工业化建设，呈现为“重工业，内地为重—轻工业，沿海为重—轻重并举，东西结合”的路径，如图6-3所示。

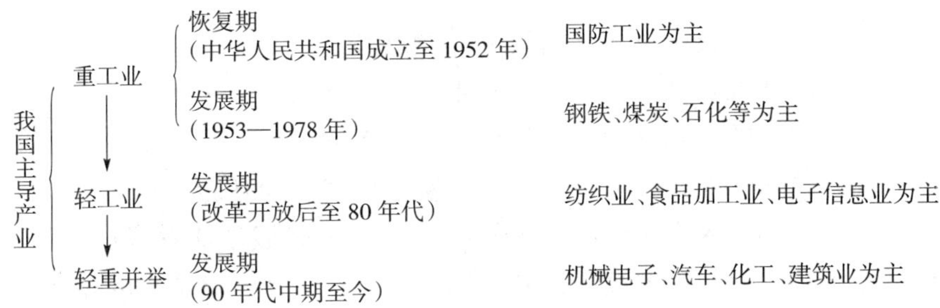

图6-3　我国主导产业演进历程

资料来源：李铁平，2000. 我国工业主导产业演进及产业群分布初探［J］. 长沙铁道学院学报（4）；张乃丽，牟小楠，2010. 战后中日主导产业与非主导产业的政策比较：基于产业政策史的视角［J］. 山东大学学报（5）.

中华人民共和国成立初期，我国呈现出工业畸形发展、分布极不均衡的经济结构，70%以上的工业集中在占全国面积不到12%的东部沿海狭长地带。到50年代后期，中苏关系恶化、美苏争霸开始，国际环境不稳定。在这样的背景下，我国选择了区域经济均衡发展的内向型经济发展战略，力图以本国的资源实现自给自足、自成体系的现代工业。因此，中华人民共和国成立后的前30年我国以钢铁、煤炭等重工业为主导产业，力图在最短的时间内实现工业化，增强经济实力，摆脱贫困，防范战争。这段时期，我国工业得到快速的发展和壮大，但是城乡二元经济结构加深，产业结构矛盾恶化、比例关系失调，滞后的农业等问题也成为这段时期不可调和的矛盾，主导产业亟待调整。

为缓解重工业时期的主要矛盾，1978年我国提出改革开放，以沿海地区为重点大量承接海外以劳动密集型轻工业为主的产业转移，主要有纺织业、食品加工业等，很大程度上缓解了轻工业不足的矛盾。80年代中期，各地重点扶植彩电、家用电冰箱、洗衣机等产品的发展，大规模引进国外生产技术，以满足国内市场对耐用消费品的旺盛需求。这段时期我国产业布局有所改善，人民的总体生活水平有很大提高。但是农业发展依然缓慢，城乡差距进一步扩大。

进入90年代中期，轻工业产品过剩，劳动力过剩，我国开始向重工业化阶段迈进，“住”和“行”的消费是经济增长进入重工业化阶段的主导型消费热点，其主导产业主要有交通设备业、一般制造业、建筑业等，形成轻重并举的模式。同时，这段时期第三产业也得到长足发展，关联性强、技术含量高的生产性服务业也逐渐成为主导产业之一。

国家发展改革委员会发布《高技术产业发展“十一五”规划》，首次明确高新技术产业的八大发展方向[①]。2016年7月国务院关于印发《“十三五”国家科技创新规划》的通知（国发〔2016〕43号）和2017年4月国家科技部印发《国家高新技术产业开发区“十三五”发展规划》，明确到2020年国家自创区建设成为构筑国家先发优势的示范样板，为全国区域创新发展提供可复制、可推广的模式和经验。国家高新区基本形成引领经济发展新常态的体制机制和发展方式，基本建成若干全球创新高地、国家创新中心和区域创新中心。新升级国家高新区通过以升促建，形成各具特色的发展模式，实现科技创新能力和经济创造能力持续较快增长。到“十三五”末，国家高新区数量达到240家左右。创新创业激励和响应机制逐步健全，涌现一批高水平的专业化众创空间，年新增注册企业数占比达到15%，创新效率显著提升，研究与试验发展（R&D）经费支出占国内生产总值（GDP）比重达到6.5%。持续涌现一批新业态和新的经济增长点，知识密集型服务业增加值占国内生产总值25%以上，劳动生产率增幅达到60%以上。率先形成绿色协调发展的科技产业新城区，率先形成开放共享、深度融入全球经济体系的发展平台。辐射带动周边区域发展的机制探索取得较大突破，推动区域经济结构调整和发展方式转变的能力大幅增强。至2016年全国高新区同比增长11.5%，实现营业收入28.3万亿元；工业总产值20.5万亿元，同比增长10.3%，经国务院批准成立的国家高新区共146家，有力地支撑了国民经济健康运行，使我国产业结构得到进一步提升。同时现代服务业发展迅速，在北京、上海等发达城市已成为支柱产业，在中型城市也逐渐成为带动经济增长、吸纳就业的重要产业。

① 八大高新技术产业：电子信息产业、生物产业、航空航天产业、新材料产业、高技术服务业、新能源产业、海洋产业及高新技术改造提升传统产业。

6.3 三次产业协同融合：信息化条件下的产业关联方式扩展

三次产业协同融合是现代产业体系的主要特征，突出表现为高科技含量、高效益、低污染。2009 年中央经济工作会议提出“更加注意推动经济发展方式的转变和经济结构调整”，调整优化经济结构，构建现代产业体系，重要方向是促进三次产业协同融合。2010 年中央经济工作会议再次强调“加快经济结构战略性调整，增强经济发展协调性和竞争力，推动经济发展方式转变”。2016 年中央经济工作会议提出“按照创新、协调、绿色、开放、共享五大发展理念，加大结构性改革力度，矫正要素配置扭曲，扩大有效供给，提高供给结构适应性和灵活性，提高全要素生产率”。

产业融合是市场逐渐成熟、内生性演进机制形成的现代产业体系，是一种新产业形态的动态发展过程，主要包括高新技术产业对传统产业的渗透融合、产业间的延伸融合与产业内部的重组融合 3 种方式。通过三次产业不断演进，各产业间边界逐渐模糊或消失，新产品、新服务乃至新产业不断产生。

6.3.1 工业化初期产业体系结构形态

我国 1978—1995 年处于工业化初期上半期阶段，因工业革命的兴起，三次产业呈现如下特点：以工业为代表的第二产业超高速增长，第一、第三产业的增速落后于经济增长过程的需要，第二产业对经济增长的作用率大幅上升，第三产业对经济增长的作用率明显下降，产业间的增长关系呈现不协调态势。其中，1991—1995 年，GDP 年平均增长 11.8%，第一、第二、第三产业分别增长 4.1%、17.3%、9.5%，对 GDP 增长的作用率分别为 7.7%、64.9%和 26.5%，其中工业的增长率高达 17.7%，对 GDP 增长的作用率达 58.2%。显然，经济的高速增长来自于第二产业尤其工业超高速增长的推动作用。工业化初期上半期产业结构表现为以工业为主的第二产业迅速发展并占据主导地位，如图 6-4 中 *B* 所示，服务业快速发展，如图 6-4 中 *C* 所示，工、商业所占比重迅速扩大，农业所占比重急速缩小而失去主导地位，如图 6-4 中 *A* 所示。此间经济的高速增长是由于某些产业的片面扩张取得的，不是产业结构高度化的内在机制推动的，高速度中已潜伏了波动的危机。

1995 年以后，整个“九五”期间，中国还处于工业化初期，但已经进入

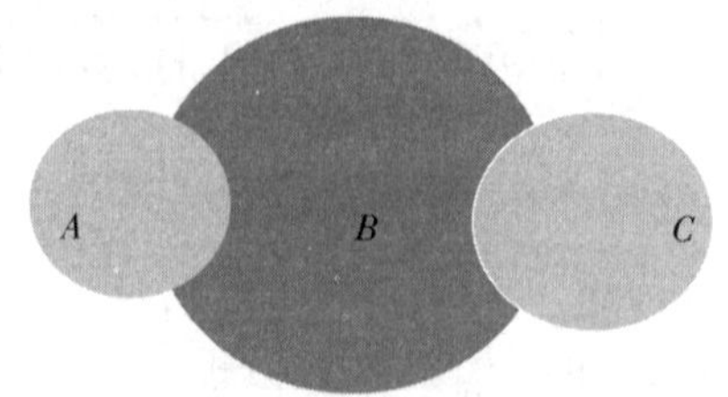

图 6-4　工业化初期上半期产业结构形态

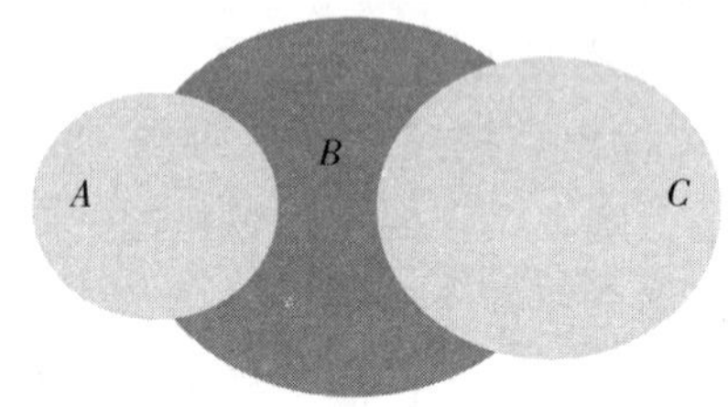

图 6-5　工业化初期下半期产业结构形态

初期的后半阶段。党中央把可持续发展战略确定为我国“现代化建设中必须实施”的战略。经济增长方式从原来的高投入、高增长向资本投入相对下降，低能耗、少污染的高增长转向。这一时期经济增长主要是靠发展高新技术产业、旅游业、金融保险业、科教文卫体等知识密集型产业、服务业等第三产业。1996—2000 年，第一、第二、第三产业增加值占 GDP 比重平均值分别为 17.4%、46.6%、36.0%，且第一、第二产业增加值占 GDP 比重一直呈下降趋势，第三产业则完全相反，从 1996 年的 32.8% 稳步上升到 2000 年的 39.0%。以能耗较低为特征的第三产业迅速发展，并带动经济增长，进一步显现出能源的绝对消耗量和单位能耗下降，前期的重工业发展造成的环境污染恶化问题也在这一阶段受到了遏制。如图 6-5 所示，形成以二、三、一产业排序的平衡状态，三次产业相互之间交织融合程度逐渐加大。

6.3.2　工业化中期现代产业体系结构形态

目前，我国整体上正处于工业化中期的上半阶段，该阶段的产业结构特征表现为：因技术革命和高科技产业的兴起，加快了传统产业体系向现代产业体系转变升级的过程，在工业化中期上半期占据主导地位的工业经济规模持续膨胀，所占 GDP 比重继续增长，现代服务业开始发展。我国此阶段产业体系及其三次产业关系的结构形态如图 6-6 所示，2011 年一、二、三产业结构之比是10.1∶46.8∶43.1。二、三产业所占比重超过GDP的85%以上，一、二、三产业所占比重接近于1∶5∶4，三次产业的关系结构会发生极大变化，三次产业相互交织融合，相互间生成一些边界模糊的中间型新产业，产业体系结构呈现如图6-6所示的立体连环套形态。

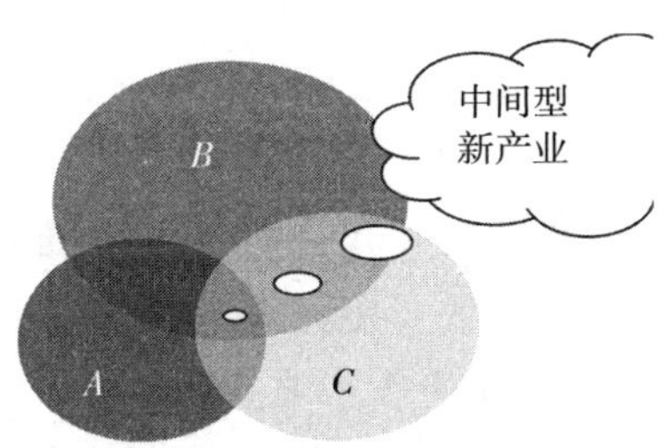

图6-6　立体连环套形态现代产业体系形态

图6-7　“双轮驱动”现代产业体系形态

工业化中下期，现代服务业加快发展，更进一步地推动现代产业体系转变升级。电子信息技术及互联网的快速发展和与传统产业的渗透，加深了三次产业相互交织融合程度，以现代服务业为代表的第三产业规模不断扩大，形成二、三产业并重的结构形态，如图6-7所示，呈现出“双轮驱动”的结构形态，三次产业之间生成的中间型新产业在增加。据现代产业在发展中国家和地区的产业构成，一般工业增加值占GDP的50%左右、第三产业所占比重稳定上升。目前，我国的三次产业比重已经接近发展中国家现代产业构成，东部沿海一些发达省已经达到现代产业构成。比较有代表性的是广东省，2016年广东省三次产业结构之比为4.7∶43.2∶52.1，对GDP增长的贡献率分别为1.9%、36.8%、61.3%。

6.3.3　后工业化时期多维立体创新型结构形态

后工业化时期的现代产业，以知识型新兴产业为核心，三次产业高度交织融合，产业间依存度不断提高，分工更加细密，三次产业交织融合从而衍生出许多新兴产业，例如新能源产业、信息通信产业、新医药产业等，形成了多维立体的创新型结构形态。以新能源产业中的风力发电为例，我国累计风电装机总量已达到 4 182.7 万千瓦，首次超过美国，位居世界首位。其中新增风电装机容量 1 600 万千瓦。兆瓦级风电机组目前已经成为我国风电市场的主流产品。我国在多兆瓦级（>2 万瓦）风电机组研制方面出现新的成果，如金风科技股份有限公司研制的 2.5 兆瓦和 3 兆瓦的风电机组已在风电场投入试运行；华锐风电科技股份有限公司研制的 3 兆瓦海上风电机组已在东海大桥上风电场并网发电；由沈阳工业大学研制的 3 兆瓦风电机组也已经成功下线。如图 6－8 所示，其中 A 代表第一产业，B 代表第二产业，C 代表第三产业，B_1 代表农产品加工业（农业与工业融合），C_1 代表工业生产性服务业，C_2 代表农业生产性服务业，D 代表三次产业高度融合区，以知识型新兴产业为核心。

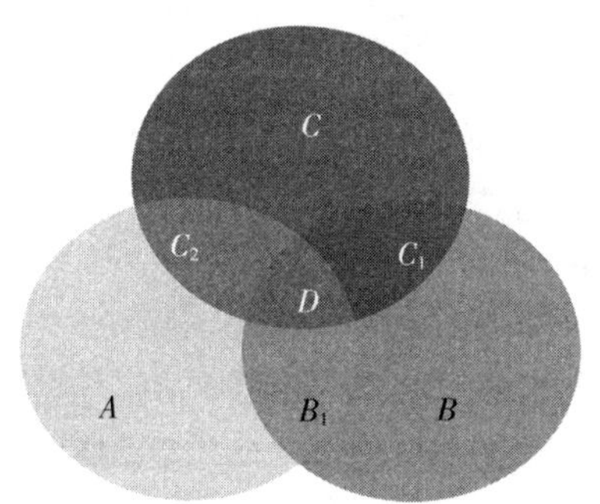

图 6－8　多维立体的创新型结构形态

7 三次产业协同带动的空间展开过程探讨

我国幅员辽阔，各地区资源条件、历史条件、经济发展水平与经济基础等存在很大的差异，如我国东部、中部、西部及沿海地区的经济发展水平差距非常明显，从而使得各地区的产业结构存在很大差异。各区域协调发展，需要按照国家区域发展总体战略和全国主体功能区规划的要求，综合考虑资源、环境容量、市场空间等因素，充分发挥区域比较优势，调整优化重大生产力布局。一方面，中国迫切需要这样的战略选择和分工：我国经济发达的东部地区和内地有条件的地区，应当因地制宜，发挥各自优势，承担发展不同领域的先进制造业，在新能源、新材料、重大装备、电子数字技术、人工智能、纳米技术、生物工程等领域，加快发展高端制造业；另一方面，引导地区间产业合作和有序转移，防止落后产能向中西部地区转移；再一方面，积极推进以产业为纽带、资源要素集聚的产业集群建设，深入推进新型工业化产业示范基地创建共建。在进行产业结构调整和升级时，要充分结合各区域的经济现状和特点。

7.1 我国产业空间展开历程

7.1.1 均衡发展战略

中华人民共和国成立后的前30年，我国的经济发展采用的主要是均衡发展战略。旧中国近代工业70%以上厂家分布在占全国面积不到12%的东部沿海地区，其中仅天津、辽宁、上海三个省市就集中了沿海地区工业总产值的55%以上。中华人民共和国成立后，受当时国际大环境的影响和出于平衡区域生产力的考虑，中央政府加强对中、西部地区的资金投入量，以此实现区域均衡发展。“一五”期间，由苏联援建的156项工程中，内地安排了118项，占全部援建项目的79%，沿海只占21%；由国内安排的684个项目中，内地就有472个，占全部项目的68%，沿海占32%。到“三五”期间，内地的基本建设投资占全国总投资的53.5%，新建的大型项目中，内地占60.2%。为了缩小地区差距，片面强调地方工业的自成体系，忽视了地区优势和地区经济发展状况对合理安排产业布局的重要性，各地争相建立小而全的工业体系，造成了各地产业趋同，重复建设严重，产业间的关联性不强，活力不足，导致了严重的资源浪费。

7.1.2 以效益为中心的非均衡发展战略

1978年在中共十一届三中全会上，邓小平首次提出“让一部分人、一部分地区先富裕起来，逐步达到共同富裕”的东部沿海地区率先发展的非均衡发展战略。1979年，中央首先在广东、福建两省制定特殊政策，随后设立了深圳、珠海、厦门、汕头四个经济特区。1984年，中央又批准了14个沿海开放城市：大连、秦皇岛、天津、烟台、青岛、连云港、南通、上海、宁波、温州、福建、广州、湛江、北海。后又增设长三角、珠三角、闽南三角等59个沿海开放区以及山东半岛、辽宁半岛、海南省、上海浦东开放区。经济特区的设立使沿海地区抓住了时机吸引了大量外资，同时国家赋予特殊政策和灵活措施，如税收优惠政策、建立金融市场、鼓励投资的进出口贸易政策等，沿海地区整体的经济水平迅速提高。“六五”期间，东、中、西部基本建设投资金额，分别占全国投资总额的47.17%、29.13%和17.12%。

以效益为中心的非均衡发展战略加速了沿海地区的发展，使我国综合国力明显增强。1991年国内生产总值和工业增加值分别为26 638.1亿元、10 284.5亿元，分别是1978年的7倍和6倍，其中东部沿海城市的GDP值占全国生产总值的46.8%。至2009年三产比重为6.8∶51.7∶46.9，第一产业比重低于全国平均水平3.2个百分点，二、三产业分别高于全国平均水平4.9个、4.3个百分点。在第二产业内部，机械、冶金、化工等重工业部门及电子、航空、制药等高新技术密集型产业的产值比重高于全国平均水平。第三产业也迅速发展，尤其是生产性服务业。东部沿海地区的产业结构向着高度化方向发展，产业结构不断升级，但同时国家严重忽视了内地经济发展，沿海城市对内地经济的带动作用不强，造成我国东、中、西部经济发展差距进一步拉大，产业结构极不协调。

7.1.3 区域协调发展战略

为缓解不断扩大的区域差距，从20世纪90年代初开始，中央政府提出并实施区域协调发展战略，主要大的战略措施有西部大开发、振兴东北老工业基地、中部崛起等。

我国西部地区地域广阔，自然资源丰富，但由于地理位置的缺陷和政策扶持的偏向，在改革开放的前10年，西部地区未能发挥其独特优势，基础设施薄弱、工业化进程缓慢、产业结构低级化。1999年江泽民同志第一次正式提出“西部大开发”战略，标志着既追求效率又追求公平的区域协调发展战略正式启动。2000年在积极财政政策的支持下，国家对西部地区的基础设施建设投资达到700多亿元，新开工10个重大项目，工程总投资1 000多亿元。2001年新开工12个重大工程，总投资约3 000亿元。2006年新开工12项重大工程，投资总规模达1 654亿元。西部大开发战略使西部地区产业结构得到快速调整和升级，由1999年的西部12省国内生产总值15 354.02亿元，一、二、三产业比重由23.8∶41.0∶32.9转变为2008年的国内生产总值达到58 256.58亿元，一、二、三产业比重为15.6∶48.1∶41.1；培育出大量特色优势产业，2008年西部12省（区、市）生产的原煤、原油、发电量和棉花已分别占全国总产量的43.9%、29%、28%和43.7%，发挥了国家级能源基地、棉花基地的作用。例如内蒙古从煤炭开发入手发展火电以及煤制油、煤基醇、醚燃料等煤化工，拉长产业链，同时发展乳品业、风力发电、太阳能热气流发电和各种沙产业，实现了地区生产总值10年年均增长16%，在西部地区生产总值中的占比由大开发前（1999年）的8.26%提高到2008年的13.32%；基础公共建设取得很大进步，青藏铁路、西气东输、西电东送、公路国道主干线、江河上游水利枢纽、特色农业、科技教育、中心城市基础设施建设等一批事关西部开发全局的重点工程为西部的经济发展奠定了牢固的基础。

7.1.4　振兴东北等老工业基地战略

改革开放前的30年，东北三省已经形成重型机械制造业、汽车工业、石油开采、石油化工、钢铁、飞机、造船、建材等全方位的工业体系。但同时土地、森林、矿产资源等自然资源开发无度，环境恶化，农业发展滞后。在第二产业内部，工业“三废”对环境污染严重；国企管理不足，长期亏损；传统工业品比重高，高新技术产品比重低；设备陈旧，技术老化。继实施西部大开发战略后，中央又紧接着于2003年3月在《政府工作报告》中提出振兴东北地区等老工业基地的战略，加大对东北三省产业结构调整和重点项目的支持力度。7年间东北三省生产总值增幅高于全国平均水平，与沿海地区的发展差距逐渐缩小，逐步赶上全国平均水平。在第一产业中，2008年东北三省第一产业生产总值占全国第一产业总产值的10%，2009年三省粮食产量达到859.3

亿千克，占全国粮食产量的16%。第二产业中，重工业仍然占主要地位并形成支柱和优势产业，如金属冶炼工业、电气机械及器材制造业、化工业、装备制造业等，电子等技术密集型产业也得到较快发展。

7.1.5 中部崛起战略

在中国区域发展总体战略中，中部六省起着“承东启西”的作用，是承接产业转移的重要地区。2004 年 3 月温家宝总理在政府工作报告中明确提出中部地区崛起战略。2001 年至 2003 年中部六省的 GDP 年均增长率分别低于东、西部 1.8 和 0.4 个百分点，2008 年六省 GDP 增幅分别高于全国、东部 4.5 个、4.9 个百分点，以安徽省为例，安徽省吸引省外资金 3 226.5 亿元，半数以上来自长三角地区。2010 年中部六省实现地区生产总值 8.31 万亿元，占全国的比重由 2005 年的 18.8%上升到 2010 年的 35.70%。中部六省大力承接产业转移，促进产业结构升级。其中，安徽省皖江城市带承接产业转移示范区 2010 年该示范区引进省内外资金美元 43.41 亿元，人民币 2 281.34 亿元，实现地区生产总值 8 900.1 亿元，对全省经济增长贡献率达 58.9%①。

7.1.6 城乡统筹发展战略

改革开放区域协调发展的同时，城乡差距越来越大、城乡二元结构亟待打破。在这样的背景下，中共十六大提出统筹城乡经济社会发展。产业协同带动是城乡统筹的经济内容，同时三次产业的发展必须要有地域空间载体，分散在农村的第一产业和相对集中于城镇和城市的二、三产业之间应建立内在的经济联系，以地域空间的演进来繁荣经济发展，以三次产业协同带动推进城乡统筹发展。中央政府于 2007 年提出设立“全国统筹城乡综合配套改革实验区”，成都、重庆均获批设立。以成都为例，近 5 年的“城乡一体化”改革，以“三个集中”为核心、促进中心区产业机构升级、加强农村基础设施建设、完善农民社保机制、提高土地规模化经营程度，正逐步打破城乡二元结构，缩小城乡差距，实现城乡经济、社会发展一体化。2011 年，成都实施民生工程项目 126 个，投入资金占市级公共财政支出的比重达 60.9%，主要用于教育、就业和社会保障、深化医药卫生体制改革、文化体育、计划生育、城乡住房保障等方

① 数据来源：安徽省统计局《2011 年安徽省各市国民经济和社会发展统计公报》。

面。其中，全市财政投入“十大民生工程”的资金达265.1亿元，在教育方面共支出36.02亿元，重点用于新改建农村标准化中心幼儿园223所，对86所农村标准化中心幼儿园实施建园补助和对公益性幼儿园入园学生实施补助，以及对94万中小学生免费提供教科书和作业本，对农村寄宿学生提供生活补助等。城乡统筹发展促进大量农村劳动力的非农转移，为成都市工业和服务业发展奠定良好基础。

7.1.7 创新驱动发展战略

加快转变经济发展方式，推进产业结构优化升级是关系国民经济全局紧迫而重大的战略任务，产业转型升级的主要力量是创新。供给侧结构性改革要去除无效供给，增加有效供给，实质上反映的是经济增长新旧动能转化问题。调整存量，传统动能调整改造提升需要动力。如去产能需要安置人员、处置债务，这些关系到就业、债务、税收等现实利益需要新动能促进。新动能成长壮大需要健全的制度和市场环境；需要提升对新科技革命和产业变革的认识，摆脱跟随发展、模仿创新的路径依赖。同时提升政府服务水平和监管模式，使之适应创新实践。破解新兴经济领域设置不合理的准入障碍，健全创新金融体系，支持创新创业资金需求的获得。改革这些问题的重点是促进制度创新和科技创新融合互动。2015年3月中共中央、国务院印发了《关于深化体制机制改革加快实施创新驱动发展战略的若干意见》，2015年9月，中共中央办公厅、国务院办公厅印发《关于在部分区域系统推进全面创新改革试验的总体方案》，京津冀、上海、广东、安徽、四川、武汉、西安、沈阳等8地被中央确定为全面创新改革试验区。全面创新驱动发展战略为创造高质量产品的新发展动能，形成产品和服务的有效供给，满足不断升级的消费需求，促进供给侧体制机制创新，增强微观主体活力和资源配置的效率，从供给侧推动结构优化和质量提升，解决供给侧结构性矛盾，进而解决供需矛盾失衡矛盾，是实现经济平稳健康发展的根本途径。

7.2 产业集聚：价值链和产业链的深化和拓展

产业集聚是指同一产业的诸多企业在某个特定地理区域内高度集中，产业资本要素在空间范围内不断汇聚的一个过程，是在某一区域范围内专业化市场形成较大规模，具有完整产业链的产业集群。在此汇聚过程中，相关联的上下游产业纵向聚集在一起，最终会形成一个具有完整价值链[①]和产业链[②]的产业集群。如图 7-1 所示，产业集聚是价值链、产业链及产业转移等因素综合因素影响下形成的。

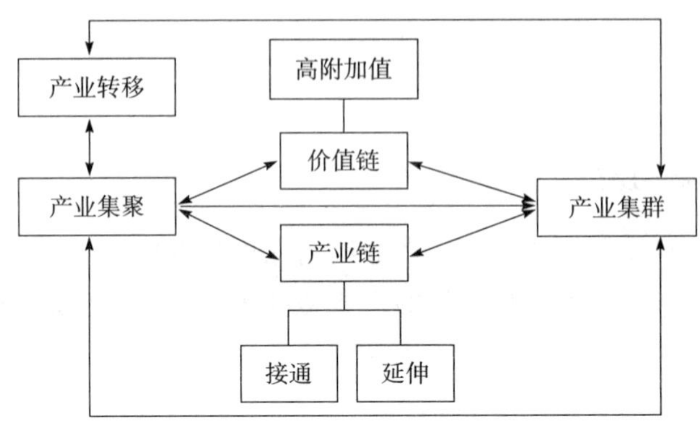

图 7-1 产业集聚形成的互动关系

7.2.1 价值链下的专业化分工是产业集聚的内在动力

迈克尔·波特最早提出价值链概念，他认为企业的价值创造是通过一系列活动构成的，这些互不相同又相互联系的生产经营活动，构成了一个创造价值的动态过程，即价值链。在全球化背景下，随着专业化分工的不断加深，传统产业内部不同类型的价值创造活动逐步由一个企业主导分离为多个企业的活动，实行差异化分工，创造不同的价值。这种基于产品价值链分割条件下的专业化分工于 20 世纪 80 年代开始兴起。

专业化分工会带来分工效应[③]，首先表现在产业集聚进一步促进了分工与专业化的程度。同一产业的众多企业的空间集聚，扩大了中间产品在一定空间区域内的市场规模，加剧了企业之间的竞争，进而要求分工的深化和专业化水平的提高。当然这需要相应的外在环境与条件，而同一产业的企业集聚在一起为分工与专业化的深化提供了外部环境。其次，产业集聚的专业化分工，不仅满足了市场的个性化和多样化的需求，而且企业可以根据生产需要通过建立网络关系进行交易，利用空间接近大大降低每次的交易费用，同时共同的产业文

① 产业集聚价值链代表了产业链的价值属性，是产业集聚的重要纽带。

② 完整的产业链是关联产业链接形式，是形成产业集聚的基本条件。

③ 分工效应，指由于集聚而给区域经济活动主体带来的分工与专业化方面的影响。

化和价值观，有利于企业间建立以合作与信任为基础的社会网络，使双方容易达成交易并履行合约，还节省了企业搜索市场信息的时间和费用，有效地降低了交易成本，这种网络结构形成外部范围，克服了单个大企业等级制组织的弊病。

从我国的经济发展历程来看，改革开放以后，我国东部沿海地区凭借动态比较优势、低成本生产要素及大量政策性优惠措施等特点大力承接西方发达国家的劳动密集型产业，确立了“世界加工厂”的地位。价值链下的专业化分工是我国东部沿海地区成为世界纺织业、加工制造业等集聚区的重要条件。同时，此过程也伴随着西方先进管理经验和技术的引进以及先进技术的自主创新，逐步形成高附加值的价值链。然而，仅仅依靠产业内部各企业间的价值链提升并不能实现关联产业的集聚，同时还需要产业链的接通和延伸。

7.2.2　完整的产业链推动产业集聚，并带来外部性

价值链的深化是产业链接通和延伸的根本途径，产业链也体现了产业价值的分割，价值链和产业链共同为产业集聚创造形成和发展环境，同时，产业集聚也是产业链和价值链的载体。

在纵向关联形成的产业集聚中，产业链成为维系产业集聚生存与发展的动力，每个企业都在该产业链上占据合适的位置，形成一种合理的分工和协作状态。在某一区域内，产业链的形成为各相关企业创造了良好的投资环境，不仅可以降低投资和交易成本，还可以促进信息资源的交流、汇集，促进技术产品的联动创新，提升产业价值链。此外，产业链上的主导产业以产业链为纽带，延伸产业加工生产的深度，加强产业内部、产业之间联动。产业链的不断接通和延伸，关联产业之间的生产经营活动越来越密切，产业链在供给、生产、销售、服务等各环节都达到一种较好的平衡状态，形成产业集聚。

产业集聚给区域内的经济活动主体带来外部规模经济（外部性），处于集聚区域内的企业可获得外部的规模经济，这种外部规模经济可分为技术上的外部经济和货币上的外部经济。技术上的外部经济主要考虑的是技术上的外溢作用，整个行业技术水平的提高改变了集聚区域内单个企业的投入和产出间的技术关系，使其在既定投入下产出提高。货币上的外部经济是由于一个大的行业可以促成市场提供一些专门的中间投入和劳动力，从而形成了像马歇尔提到的劳动力共享市场和专业的中间投入品价格的下降的外部经济效应，由此形成市场通过价格效应传递给单个企业，从而改变其产出决策。

外部规模经济还表现为产业集群区域提供良好的产业发展基础，可从市场培养、人力资本积累以及协作配套条件等多方面，为本区域企业带来便利和低成本，为企业提供规划更配套更完善的发展空间。

7.3 产业转移：动态比较优势和要素流动的结果

产业转移是产业升级和产业结构调整的重要方式，也是经济增长和经济发展方式转变的必要途径。一方面，发达地区向不发达地区进行产业转移，意味着发达地区比较劣势产业收缩和新兴产业崛起，使得生产要素投入到新兴的产业领域，发展有更高附加值的产业部门，从而实现产业结构高度化和技术知识集约化；另一方面，不发达地区通过承接产业转移，吸纳相对先进的产业及生产技术，有助于产业成长与结构调整，有助于传统工业部门升级改造和产品的更新换代。在产品和要素市场一体化的前提下，区域能够实现资源的完全流动和合理配置，同时由于市场对效率的追求势必会产生产业多样化和行业细分。

7.3.1 专业化生产产生区域间的溢出效应

产业转移的前提是产品和要素市场一体化，产品和要素市场一体化范围越广阔，专业化生产的溢出效应越明显。这种溢出可能是技术的溢出、共同产品和劳动力市场的规模溢出，可能是多样化产业结构在部门间的溢出，还可能是共同分担风险的溢出。更广阔的一体化市场可以减少企业进行专业化生产必须要防范的风险，增大产业多样性，增加专业化生产的溢出效应。专业化市场在不同地区间的溢出效应增强，有利于同一产业链上的不同行业在不同区域内进行产业转移，并缩小地区经济差距。正是这种一体化市场中要素的可流动性及风险分担机制带来的好处，即使是从事低附加值产业，落后地区也融入到全国专业化分工体系中去（陆铭、陈钊，2009），落后和发达地区生产率相差越大，发达地区动态比较优势越明显，要素可流动性越经济，专业化生产产生的溢出效应越大，同时也意味着落后地区的经济增长空间越大。

7.3.2 行业溢出和互动促进产业转移

使用内生增长理论，将技术溢出和产业专业化引入生产函数中，分析区域经济一体化状态下，产业专业化在区域上的集中带来的溢出效应。由于后发优势（Gerschenkron，1962），趋于一体化的市场能有效地促进发达地区对落后地区发挥技术外溢效应，在风险共同分担机制下，落后地区通过技术引进，规避经济风险，缩小与发达地区的差距，实现区域间的行业互动发展。同时，一体化程度越强，专业化水平越高，溢出的强度和速度也会在较大的溢出空间上得到提升。

假定存在两类区域 i，$i=1$ 为一体化水平较高地区，产业专业化分工细；$i=2$为产业专业化水平较低地区，产业同构、区域分割严重，不存在干中学和风险利益分享机制。设存在交易成本 m，一体化程度越高的区域，其产业分工越明确，产业越富有多样化，规避风险能力越强，交易成本也越少。设交易成本与地区专业化水平相关，$m_{ij}=g\ (s_{ij})$，s 为企业所处在行业的专业化水平，则 $g'\leqslant 0$，$g''\geqslant 0$。两类区域企业生产函数为 C－D 生产函数形式：

$$Y_1 = (K_i - m_1)^{\alpha}(KL_i)^{1-\alpha}, Y_2 = A(K-M)^{\beta}L_i{}^{1-\beta} \quad (7-1)$$

式中，Y 表示区域 i 在 t 时期的总产出；A 表示影响产出的技术；k 表示区域 i 在 t 时期的总资本；L 表示区域 i 在 t 时期的劳动力；α、β 表示弹性系数。

在未实现一体化的区域，合理避免外部经济扰动和市场需求波动，会给企业带来在信息不完全市场下获取信息的交易成本，这些交易成本包括信息不对称的成本、存货成本、重复建设成本等。但是实现市场一体化的区域能够将这部分资本投入生产。非一体化的市场空间不仅增加交易成本，而且阻碍专业化市场在不同行业间发挥溢出效应，降低企业抗风险能力和经济效益，也不利于区域经济集聚效应的发挥。

区域 i 全要素生产率的稳态增长率表示为：

$$A_{i,t+1} = f(L_{it}, \Phi_{it}, A_{it}) \qquad f'_L \geqslant 0, f'_A \geqslant 0, f'_\delta \geqslant 0 \quad (7-2)$$

式中，A 为全要素生产率；L 表示区域各行业就业人口比重；Φ 表示专业化水平和交易成本的函数：$\Phi=k\ [m\ (s)]$，介于 0 和 1 之间，决定了地区之间的一体化程度，表示区域之间的知识（或技术）溢出密度。地区市场分割时，Φ 表示专业化提升带来的经济增长程度。当区域一体化程度加深，存在共同分担风险的溢出效应，该溢出效应与发达和落后地区的专业化水平成正比，同时与地区一体化程度成正比。

由于稳态增长率是溢出效应的增函数，若落后地区增长率大于发达地区的增长率，则可进行产业承接。相对落后地区能够充分利用一体化市场下的后发优势，承接经济相对发达地区的产业；从另一个角度来说，在技术引进强度相同的情况下，实现一体化市场的欠发达地区可以获得更多的技术外溢，专业化水平将逐渐向发达地区收敛，最终可实现与发达地区间的产业梯度承接。

7.3.3 我国产业转移实践

我国产业转移随着改革开放非均衡发展战略的实施而逐步呈现出梯度推进态势。我国东部沿海地区具有优越的地理优势，例如上海市地处长江三角洲前缘，东临东海，南临杭州湾，北接长江入海口；山东省位于黄河下游，北濒渤海，东临黄海；广东南临南海，毗邻港澳，西南端隔琼州海峡与海南相望，沿海岛屿759个，地理位置十分优越。同时，东部沿海地区的经济发展水平普遍高于内地，中华人民共和国成立前，在东部沿海不足12%的国土上，集中了77%以上的工业总产值。尽管中华人民共和国成立后的30年国家致力于缩小东部与内地差距，沿海地区依然形成较完整的工业体系，具有先进的生产技术。因此，改革开放初期东部沿海地区凭借优越的地理条件、较好的工业基础、区位优势及政策扶持，抓住国外产业转移的机遇，承接大量以轻纺产品为代表的劳动密集型产业。我国加入WTO后，新一轮的以信息产业为代表的高科技产业生产制造业大规模向我国东部沿海地区转移，长江三角洲、环渤海湾、福建沿海地区初步形成了各具特色的信息产业基础，逐步实现经济的快速发展和产业结构的优化升级。

我国中部地区有相当的工农业基础，矿产资源丰富，是中国能源、原材料主要供应地，也是中国的主要粮食、棉花生产基地。东部地区处于中国内陆腹地，水陆交通便利，既方便向东部供应能源、原材料，又方便向西部转移技术和管理经验，充分发挥其纽带作用。我国西部地区地广人稀、风景优美、各种矿产资源丰富齐全，但由于自然环境恶劣、交通不便等原因，西部地区的经济、文化教育、科学技术等都比较落后。改革开放以来，东部地区也抓住机遇，承接大量国外产业转移，推动了当地经济发展，但力度仍然不够。1996年东部地区新签外商投资协议644.7亿美元，占全国的89%，实际使用外资365.4亿美元，占全国的88%。中西部地区吸引外商投资显然不足。随着东部沿海地区越过初级工业化（轻纺工业化）阶段，开始迈入高级工业化（重化工业化）阶段，人工成本、土地资源等生产要素方面的比较优势正在不断消失，需要完成从规模扩张向结构提升的转变，高新技术产业、现代服务产业等产业成为战略性主导产业，加工工业和低端的劳动密集型产业开始向中西部地区转移。如2006年以来我国纺织业由东部向中西部转移的速度正在加快、长三角等发达经济区的棉纺业西进新疆。

然而沿海地区的外向型经济特点使我国经济在2008年金融危机中受到较大影响，并且波及中西部地区相关产业。为此政府将“保增长、扩内需、调结构，推动经济又好又快发展”作为2009年工作重点。同时加快落实2006年提出的《国家中长期科技发展规划纲要（2006—2020）若干配套政策》，加快科技投入鼓励企业自主创新。如表7-1所示，2011年R&D经费支出占GDP比重显著增加，从2006年的1.39%增长到2015年的2.07%。高新技术产业和战略性新兴产业已纳入国家产业发展战略，政府将加大对有条件的地区、城市及企业发展高新技术产业和战略性新兴产业的政策支持和引导，以推动产业结构升级，转变经济发展方式，促进国民经济整体发展。

表7-1 2004—2015年R&D支出占GDP比重

	2006年	2007年	2008年	2009年	2010年	2011年	2012年	2013年	2014年	2015年
R&D经费支出（亿元）	3 003.1	3 710.2	4 616.0	5 802.1	6 980.0	8 610.0	10 298.4	11 846.6	13 015.6	14 169.9
R&D经费支出占GDP的比重（%）	1.39	1.40	1.47	1.70	1.75	1.83	1.98	2.0	2.02	2.07

数据来源：国家统计局。

7.4 三次产业协同带动在不同地理空间形态不同

三次产业协同带动在不同的地理空间内涵、形态是不同的，各地需根据自己的资源禀赋和环境基础，因地制宜确定不同的区域发展空间形态。如果把区域划分为城市区域、工矿区域和农村地区，则中心城市着重发展总部、研发、设计、营销等现代服务业，此时的主导产业主要是第三产业；大都市郊区和大中城市着重发展高技术、先进制造业，包括核心产业到它们的支持产业、配套产业、衍生产业；工矿区域主要发展工业生产，特别对于资源类地区主要结合丰富的资源开展生产，表现为以工业经济带动其他产业的发展；广大农村和小城镇地区主要发展与当地丰富的农产品资源相配套的农产品深加工，以工业反哺农业，大力发展特色优势产业，推进农业现代化发展，此时的产业形态主要表现为在大力发展农业生产的基础上，以工业带动产业升级，实现现代农业，同时吸纳更多的农民就业，进一步发展服务业。

8　三次产业协同带动的制度保障研究

8.1　产业协同带动对现行政策的挑战

8.1.1　现行政策对产业发展监管不足，城乡一体化方向和路径指导性有待强化

2008 年全球金融危机爆发以后，我国政府制定出台了十大措施以及两年 4 万亿元的扩张性财政和货币政策，刺激经济增长。但与此同时过多的资金开始向房地产流动，导致房地产投资兴旺，价格飙升，老百姓无力购买。如图 8－1 所示，2005—2014 年我国房地产投资一直呈增长趋势，其后 2015—2016 年呈下降态势。除房地产业外，高消耗、高污染的行业，如钢铁、水泥、重化工业等的投资过热问题也比较严峻，快速拉动 GDP 增长的同时，也给生态环境带来严重威胁。

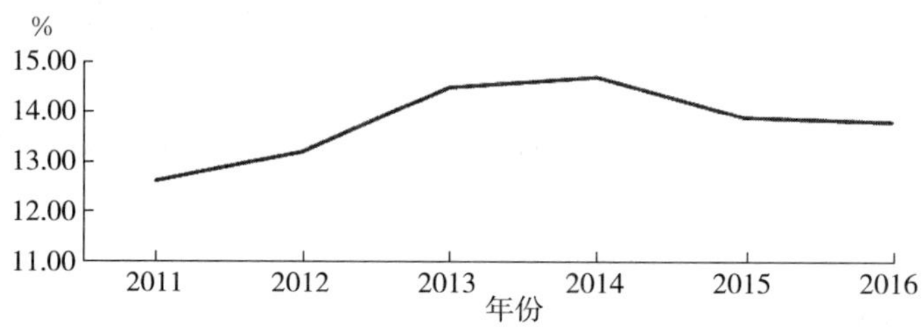

图 8－1　2011—2016 年房地产投资占 GDP 的比重

数据来源：2011—2016 年中国统计公报。

宽松的货币政策只是应对危机的权宜之计，调整产业结构和贸易结构、扩大内需才是解决矛盾的主要手段。未来国家政策应该更加完善住房体系、提高国内消费水平，采取增加成本措施限制重化工业的投资，走集约化发展道路。

现行政策和地方政府对部分产业监管不足的同时，对第一产业的重视仍然不够。如表 8－1 所示，尽管 2006—2015 年，农、林、牧、渔业的投资额总体上呈较快上升趋势，但在 2010 年、2016 年有较明显的下降，投资额增长率分别为 18.2%和 19.5%，2011 年有所回升达 35%；投资额占 GDP 比重也非常小，平均

值不超过8%。我国农业的落后不仅阻滞二、三产业的发展，也在不断加剧城乡二元矛盾，迫切需要尽快完善促进城乡一体化发展的相关政策，确定一体化的基本方向和主要路径，培育统一的要素市场，对接产业分工与协作，打造都市圈快速交通干线网和通用信息平台，创新政府协调机制，交流与共享人才资源。

表8-1　2006—2016年农、林、牧、渔业城镇固定资产投资额占GDP的比重及增长速度

年份	投资额（万元）	占GDP比重（%）	比上年增长（%）
2006	1 102	0.53	30.7
2007	1 466	0.59	31.1
2008	2 256	0.75	54.5
2009	3 373	1.01	49.9
2010	3 966	1.00	18.2
2011	6 792	1.44	35.0
2012	9 004	1.7	32.2
2013	11 611	2.0	32.4
2014	14 697	2.3	31.3
2015	19 061	2.8	30.8
2016	22 774	3.1	19.5

数据来源：2006—2017年中国统计公报。

8.1.2　产业联动力不强，小城镇在城乡协调中的纽带作用较薄弱

我国城乡区域发展的差距，除政策和体制因素外，还由于我国大、中、小城市（包括县级市和县城）与广大农村之间缺少一个重要环节，即小城镇，或者说，这个重要环节（小城镇）比较薄弱，突出表现为小城镇的产业联动力不强。以小城镇的物流发展为例，物流产业的发展是适应现代农业发展提出的现实要求，为农产品进城和工业品下乡提供便捷通道，同时关系民生的食品、药品等也将通过物流这一渠道得以输送。但是物流产业在小城镇仅仅处于简单的运输这一低端位置，没有形成物流信息网络与平台，产业带动力弱，就业吸纳力弱，这就不可避免地阻碍了农村城市化、城乡一体化的进程。

要改变这种城乡二元结构，必须加快小城镇建设的步伐，这既是解决农村剩余劳动力的出路和农民增收问题的必由之路，又是统筹城乡发展、提高我国农业和农村现代化水平、实现两个根本性转变的根本措施，也是我国不少地区的实践探索和统筹城乡发展的现实选择。

8.1.3 现行政策与各地政府执行矛盾

2009年我国政府先后制定了十大产业振兴规划和七大战略性新兴产业规划。两项规划是我国应对金融危机、保持经济增长所采取措施的一部分，有效地刺激了经济增长、提振了证券市场。然而国内各地区在现实操作层面上一哄而上、出现产业雷同，地区产业结构的趋同以及由此导致的地方保护主义盛行、地方利益抬头、产品过剩与短缺并存、产业过度竞争等使得我国各种经济资源的配置远未达到“帕累托最优”，间接影响各地区产业发展。

我国区域发展不平衡，东西部差距很大，产业布局要因地制宜，发挥各地区比较优势，避免一哄而上，形成新的过剩产能。依靠产业联动弱化城乡二元结构，以项目为动力，以产业联动和产业升级为根本保障建立协调的城乡关系。中央政府在对产业进行扶持的同时也要监管各地政府调研规划和规划实施。

8.2 对促进三次产业协同带动的政策调整的构想

8.2.1 中央与地方政府政策相辅相成，加大农村各项制度改革

目前，我国占主要地位的产业政策是产业振兴规划和战略性新兴产业规划，以此寻求新的增长点，扩大内需，刺激经济增长。但同时，我国政府也不能忽视相关产业的发展，尤其是对农业的扶持。尽管中央政府执行了一揽子惠农政策，诸如农业生产补贴、控制价格等，然而对于农业扶持政府的具体实施还有待继续加强。一方面，农业生产差异大、政府财政收入差距大，因此农业生产补贴存在着地域划定特征，损害了部分地区农民的生产积极性。另一方面，农业对GDP的贡献率相对于二、三产业较低，这直接导致了当地政府对农业扶持不积极，更多的是一窝蜂响应中央政府号召，发展振兴产业，而忽视当地比较优势。因此，我国中央政府和地方政府应建立起良好的桥梁，在经济发展中达到相辅相成的效果，真正做到根据各地区的动态比较优势、产业定位来发展和承接产业，达到三次产业在区域间的协同发展，而不是仅仅用GDP数字说话。农业改革的根本途径是改善体质机制、创新机制，通过突破体制机制瓶颈，激活农业农村内部的资源要素活力，同时开辟与拓宽人才、技术、资金流入农业的渠道。通过农业体制机制创新，吸引优秀人才、吸引企业家、吸引民营资本，加快现代生物科技成果向农业转化。

8.2.2 监管与放松管制相结合，完善经济体制

市场经济条件下，政府的宏观调控是必要的，但现实中存在着政府过度替代、管制过多的现象，不利于我国经济体制改革和产业结构升级。在三次产业协同推动经济发展过程中，政府应该处理好自己在转变经济发展中的位置。一方面，政府应加快完善法律、法规建设，完善市场管理体制，另一方面，对于符合要求具有良好发展潜力的国有企业应放宽条件，给予相应扶持，同时鼓励非国有企业的发展。这样不仅逐步完善我国经济体制，而且在公平、优质的市场环境下，企业间的良性竞争能够促进企业价值链的提升、产业链的整合及延伸，促进产业间协同带动发展。

8.2.3 完善三次产业分类法及相应的政策法规

三次产业分类法对宏观经济管理、调整产业结构起到了重要作用。科学技术进步、专业化分工，大量的新兴行业不断涌现，单靠目前三次产业分类法反映我国产业结构情况已明显不足。产业协同带动需要对三次产业纵向结构进行更为细化的分类，明确行业标准和类型，以促进产业链的延伸及企业价值的提升，适应新的经济发展需要。政府应根据现时需要完善三次产业分类法，制定相应的政策法规。

8.2.4 不断完善与产业发展阶段相配套的政策

随着我国经济发展方式的逐步转变，低碳、绿色经济将成为经济发展方式的必然趋势，三次产业协同带动让这一趋势的实现更加适合本地实际情况，更具有科学性。现行政策法规应鼓励和支持具有集约型、低碳型、技术型等特点的产业建设和壮大，通过此类产业逐步代替现行高消耗、高污染的粗放型产业，促进产业结构调整和升级，进而推动产业间的良性互动发展。目前，我国已提出针对战略性新兴产业建设配套的一系列相关法律法规，以确保战略性新兴产业朝低碳经济方向发展。产业发展阶段的转变，主导产业也会随之改变。产业政策法规要密切关注我国产业发展动态，与时俱进，不断完善相关产业政策，为经济发展创造良好的政策环境。

8.2.5 推进信息化建设

推进信息化建设，实现以企业信息化为基础的行业信息化，以城市信息化

为中心的社会服务信息化，以制造业和农业信息化为重点的产业领域信息化，以电子政务为内容的政府办公快捷化、透明化，以电子商务为内容的业务活动网络化，建立健全推进全方位信息化的法律法规体系。未来一个国家乃至世界的经济中心，很可能既不是制造业中心，也不是金融中心，而是可以配置资金流、物流、人才流和技术流的信息中心。透明充分对称的信息服务是好的体制高效运转的重要因素。信息文明是当代文化和文明的最高层次，没有信息化就没有新型工业化和现代化。

8.3 政府在推动三次产业协同带动中的角色和作用

政府在产业协同过程中处于什么样的角色，归根到底是关于政府作用在经济发展和资源配置中的地位问题。从我国国情出发，我国政府在经济和社会发展中应担当“积极政府”角色。

三次产业协同带动是指根据各地区自身资源优势、不同的产业地位和作用有选择性地优先发展带动力强、潜力大的产业，改造传统产业、发展新兴产业，连接产业间断点、提升产业链，最后达到三次产业协同互动发展，培育出新的增长点以促进经济发展。市场经济条件下，政府的主要作用是运用宏观调控手段进行必要的宏观调控。

第一，把握国家经济发展方向，制定和实施产业政策。30 年的市场经济使我国取得了辉煌的成就，验证了改革方向的正确选择，但同时我国仍然是一个后起的国家，特殊的国情决定了我国不能照搬西方发达国家的历史经验，因此，在选择国家经济发展方向过程中，政府的作用显得尤为重要，需要通过明确经济发展方向，制定对应的产业政策，以达到目标。经济发展方式的选择是通过对政府、市场、企业等多方面市场角色的研究以及对国际大环境的认知等一系列因素考核得出的。

第二，营造产业协同发展的环境。产业协同发展需要一个健康、良性的环境。政府角色的转变，更需要肩负起“服务”的角色。首先，科学技术是第一生产力，产业协同发展离不开先进生产力和创新，而技术创新的过高成本决定了政府有责任积极引进国外先进技术、建立创新体系鼓励企业自主研发、设立专项技术开发机构，为产业协同提供更先进的技术支持，深化产业链，提升产业价值。此外，劳动力整体素质的提高、生产要素的有效流动等各方面也需要政府的合理指导和支持。

9 统筹城乡综合配套改革试验区三次产业协同带动实践

统筹城乡发展是在我国二元结构矛盾日益突出，城乡差距持续扩大背景下提出的重要战略。我国二元结构的主要表现是城乡经济社会发展失衡，而深层次的原因则在于三次产业发展脱节和缺乏有效协同带动。我国三次产业发展存在第一产业薄弱，难以对二、三产业形成有效支撑；第二产业大而不强，对一、三产业发展带动性不足；服务业发展整体滞后，制约了一、二产业的发展的不协调状况。打破传统的单一产业发展模式，加快三次产业协同带动发展既是解决我国当前三次产业自身发展问题的突破口，也是化解城乡二元经济结构矛盾，实现统筹城乡经济社会协调发展的根本途径。

2007 年 6 月 7 日，国家发展改革委下发了《国家发展改革委关于批准重庆市和成都市设立全国统筹城乡综合配套改革试验区的通知》（发改经体〔2007〕1248 号），明确指出：国务院同意批准设立重庆市、成都市全国统筹城乡综合配套改革试验区。重庆和成都的城乡统筹改革分别在九龙坡区与温江区试点，两地的发展取得了一定的成绩，积累了一定的经验。

9.1 试验区行政区划下三次产业分析

9.1.1 成都、重庆地区三次产业现状

1. 成都三次产业现状

改革开放以来，成都地区的经济发展水平一直保持着较快的增长速度，地区生产总值由 2000 年的 1 310 亿元增至 2016 年的 12 170.2 亿元。同时，随着成都经济的快速发展，三次产业结构表现出了明显的变化。从图 9-1 可以看出，第一产业占 GDP 中的比重不断下降，第二产业占 GDP 的比重较为稳定，且稳中有升，第三产业占 GDP 的比重自 1994 年以来一直处于上升趋势，并且从 2005 年开始明显超过第二产业。2008 年在遭受特大地震灾害和国际金融危机的影响下，继续保持了 12.1%的增长速度。2009 年抓住扩大内需、灾后重

建和试验区建设三大机遇，国民经济形势总体实现较快回升。从2012—2016年，一、二产业占地区生产总值比重逐年下降，第三产业占地区生产总值比重逐年递增（图9-1）。可见，成都地区三次产业结构不断优化，初步实现了经济发展方式的转变。

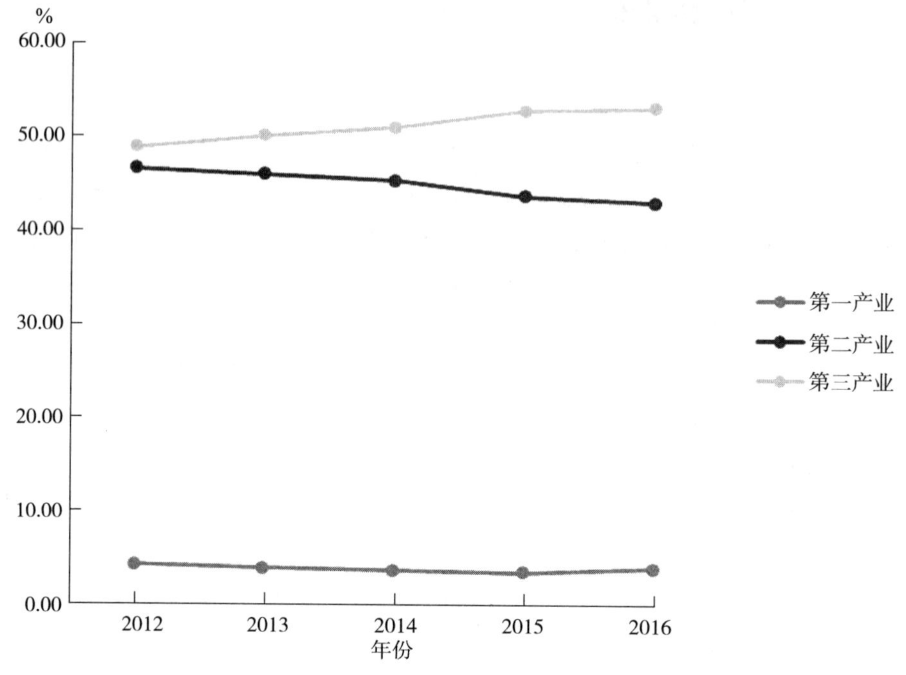

图9-1　2012—2016年成都市三次产业占GDP的比重

2. 重庆三次产业现状

随着改革开放的不断深入，重庆作为我国西部重要的中心城市之一，其国民经济进入一个快速发展的新时期，地区生产总值从1990年的327.75亿元增至2016年的17 558.76亿元，同时三次产业的变化也非常明显。

（1）第一产业比重大幅下降。虽然在改革开放初期，重庆的农业在国民经济中比重连续走高，但从1984年开始就呈连续下降趋势，到1990年第一产业占GDP比重为33.5%，直至2007年已下降至11.3%。尽管比重下降幅度较大，但第一产业总产值仍较快增长，从1978年的24.8亿元上升到2016年的1 324.66亿元。在第一产业内部，农、林、牧、渔业产值比重呈总体上升趋势，如表9-1所示；农产品供给状况有了明显的改善，种类增多、农业生产条件不断改善、农业技术含量不断提高、乡镇企业迅速崛起，进一步改善了第一产业内部结构。

表 9-1　重庆第一产业农林牧渔业增加值

单位：亿元

年份	第一产业	农业	林业	牧业	渔业
2000	412.6	244.7	10.8	142.0	15.1
2001	431.2	250.4	11.2	154.4	15.2
2002	461.0	264.1	13.5	166.2	17.2
2003	488.6	270.1	14.6	177.6	18.3
2004	612.8	333.0	18.5	230.9	21.3
2005	662.2	358.3	20.0	249.5	23.8
2006	575.2	323.0	22.3	204.2	15.9
2007	720.7	401.5	25.9	264.5	18.4
2008	871.4	465.5	29.3	344.2	21.2
2009	606.8	390.5	24.6	319.4	24.3
2010	685.39	465.30	30.4	326.6	27.2
2011	844.52	560.77	27.82	217.56	27.26
2012	940.01	628.39	31.76	232.18	35.09
2013	1 002.68	678.67	35.07	246.96	41.98
2014	1 061.03	722.49	39.12	248.78	50.64
2015	1 168.67	771.49	44.33	275.87	58.46
2016	1 324.66	862.3	53.61	320.69	66.64

资料来源：经重庆统计信息网资料整理。

（2）第二产业比重相对稳定，同时有所上升。重庆第二产业 GDP 由 1990 年的 115.71 亿元增至 2016 年的 7 755.16 亿元，在 GDP 中的比重从 1990 年的 38.6%上升为 2016 年的 44.2%，其中工业增加值由 2000 年的 287.5 亿元上升为 2016 年的 6 040.53 亿元，建筑业由 94.5 亿元上升为 1 714.63亿元。从以上数据可以看出，重庆地区的第二产业占 GDP 比重的变动幅度不大，但是总体规模迅速扩大，总产值从 1990 年的 135.62 亿元，增至 2016 年的7 755.16亿元。工业经济的迅速发展是促进重庆整体经济发展的重要支柱。

（3）第三产业比重大幅上升。重庆市第三产业从 1990 年的 91.73 亿元迅速增长到 2016 年的 8 500.36 亿元，所占 GDP 比重也从 1990 年的 28.0%增长到 2016 年的 48.4%，金融、旅游、贸易等产业迅速发展。由于经济发展方式的转变，增长由数量型逐渐转为质量型，增速减缓。重庆市的第三产业各行业结构呈现出日益丰富的局面（表 9－2）。

表 9－2　重庆三次产业增加值占 GDP 的比重

单位：%

年份	第一产业	第二产业	第三产业
1990	30.6	41.4	28.0
1991	29.3	41.2	29.6
1992	25.4	42.1	32.4
1993	23.3	44.7	31.9
1994	23.5	45.2	31.3
1995	23.5	43.9	32.6
1996	21.9	43.3	34.9
1997	20.3	43.1	36.6
1998	18.8	42.2	39.1
1999	17.2	42.0	40.8
2000	15.9	42.4	41.7
2001	14.9	42.6	42.5
2002	14.2	42.9	42.8
2003	13.3	44.4	42.3
2004	14.1	45.4	40.5
2005	13.4	45.1	41.5
2006	9.9	47.9	42.2
2007	10.3	46.7	43.0
2008	9.9	44.6	45.4
2009	9.3	45.0	45.7
2010	8.6	44.6	46.8
2011	8.4	44.6	47.0
2012	8.2	45.4	46.4
2013	7.8	45.5	46.7
2014	7.4	45.8	46.8
2015	7.3	45.0	47.7
2016	4.6	11.3	11.0

资料来源：经重庆统计信息网资料和《2016 年重庆市国民经济和统计公报》整理。

9.1.2　成都、重庆地区各子区域三次产业现状

9.1.2.1　成都地区

成都市已形成了 12 区（锦江、青羊、金牛、武侯、成华、龙泉驿、青白江、新都、温江、高新、郫都、双流），4 县（金堂、大邑、蒲江、新津），5 市（都江堰、彭州、邛崃、崇州、简阳）的新格局。全市共有 84 个乡、251 个镇、88 个街道办事处、560 个社区居委会、267 个居民委员会、4 566 个村民委员会。本书仅列出部分地区三次产业发展现状。

成都五大城区包括锦江区、青羊区、金牛区、武侯区和成华区。现在以成华区为例，分析 2016 年产业结构情况。

2016 年成华区全区累计实现地区生产总值 756.2 亿元，同比增长 7.5%，第一产业实现增加值 0.1 亿元，同比下降 30.5%；第二产业实现增加值 138.2 亿元，增长 2.3%；第三产业实现增加值 617.9 亿元，增长 8.7%。

从 2016 年五城区的产业结构现状看，除金牛区外，其他城区第三产业增加值比重均达 GDP 的八成以上，具有绝对优势地位。金牛区第三产业比重较以前年度也有很大提高，超过了 GDP 的七成，接近八成，但与其他城区稍有差距（表 9-3）。

表 9-3　成都五大城区 2016 年产业结构

单位：%

增加值占 GDP 比重	锦江区	青羊区	金牛区	武侯区	成华区
第一产业	0.02	0.0	0.01	0.0	0.01
第二产业	11.1	16.5	20.6	19.8	18.3
第三产业	87.7	83.5	79.4	80.2	81.2

资料来源：根据 2016 年成都各区经济运行情况整理。

（1）新都区。2016 年全区国民经济保持较快的发展势头，全区实现地区生产总值 632.2 亿元，同比增长（以下简称增长）8.0%。其中第一产业增加值为 26.4 亿元，增长 3.9%；第二产业增加值为 375.5 亿元，增长 7.7%；第三产业增加值为 230.3 亿元，增长 9.2%。三次产业对经济增长的贡献率分别为 2.1%、57.6%和 40.3%。

（2）温江区。2016 年温江区实现地区生产总值（GDP）为 426.46 亿元，按可比价格计算，比 2015 年增长 8.1%。其中，第一产业增加值为 17.83 亿元，增长 3.1%；第二产业增加值为 212.72 亿元，增长 7.7%；第三产业增加

值为195.91亿元，增长9.2%。三次产业对经济增长的贡献率分别为1.6%、48.0%和50.4%。人均地区生产总值为85 772元，增长5.6%。三次产业结构调整为4.2∶49.9∶45.9。

（3）金堂县。2016年金堂全县实现地区生产总值323.7亿元，按可比价格计算，比2015年增长12.3%。其中：第一产业增加值为43.5亿元，增长5.1%；第二产业增加值为148.2亿元，增长12.4%；第三产业增加值为131.9亿元，增长14.8%。一、二、三产业的比例关系为13.4∶45.8∶40.8。按常住人口计算，全县人均GDP达44 896元，增长13%。

（4）双流区。2016年，全区实现地区生产总值652.17亿元，增长9.3%，其中一产业增加值为14.69亿元，增长3.7%；二产业增加值为374.00亿元，增长8.3%；三产业增加值为263.48亿元，增长11.3%。三次产业比为2.3∶57.3∶40.4，非农产业比重为97.7%。按常住人口计算，人均地区生产总值为84 996元，增长8.0%。

（5）郫都区。2016年郫都区实现地区生产总值462.7亿元，按可比价计算，比2015年增长8.1%，比成都市高0.4个百分点。其中：第一产业增加值为22.3亿元，增长3.4%；第二产业增加值为264.4亿元，增长7.8%；第三产业增加值为176.0亿元，增长9.2%。三次产业对经济增长的贡献率分别为2.1%、56.0%和41.9%。三次产业结构由2015年的4.9∶58.2∶36.9调整为4.8∶57.1∶38.1。

（6）新津县。2016年新津全县实现地区生产总值为259.20亿元，按可比价格计算，比2015年增长12.1%。其中：一产业增加值为16.86亿元，增长4.7%；二产业增加值为151.08亿元，增长13.2%；三产业增加值为91.26亿元，增长11.7%。三次产业比重为6.5∶58.3∶35.2，三次产业对GDP的贡献率分别为2.6%、63.9%、33.5%。

（7）都江堰市。经国家统计局审定，2015年都江堰实现地区生产总值（GDP）30 103.1亿元，按可比价格计算，比2014年增长7.9%。其中：第一产业增加值为3 677.3亿元，增长3.7%；第二产业增加值为14 293.2亿元，增长7.8%；第三产业增加值为12 132.6亿元，增长9.4%。三次产业对经济增长的贡献率分别为5.0%、53.9%和41.1%。人均地区生产总值为36 836元，增长7.2%。三次产业结构由2014年的12.4∶48.9∶38.7调整为12.2∶47.5∶40.3。

9.1.2.2　重庆地区

重庆市辖区面积为8.24万平方千米，下辖40个行政区县（自治县），有19个区（万州区、涪陵区、渝中区等）；21个县（自治县）（綦江县、潼南县、铜梁县、大足县、荣昌县、璧山县、梁平县、城口县、丰都县等），重庆以主城区为依托，各区、县（自治县）形如众星拱月，构成了大、中、小城市有机结合的组团式、网络化的现代城市群，是中国目前行政辖区最大、人口最多、管理行政单元最多的特大型城市。但重庆存在大城市和大农村并存，区域发展不平衡，三峡移民、少数民族、生态环境等交织性的问题。2000年重庆市提出"三大经济区"发展战略，即都市发达经济圈、渝西经济走廊、三峡库区生态经济区，根据发展的需要，又将渝东南少数民族地区作为单独板块进行具体指导。"十一五"以来三大经济区、四大板块的区域发展战略取得明显成效。"十二五"又提出依托两江新区，打造万亿级战略性新兴产业基地，重点发展新能源汽车、轨道交通和风电装备等，构建"1＋2＋4＋N"开发区格局，优化制造业布局。"十三五"各区域产业生产总值详见表9-4。

表9-4　重庆市2015年分区域生产总值

单位：亿元

指标	GDP	第一产业	第二产业	第三产业
本市生产总值	15 717.27	1 150.15	7 069.37	7 497.75
一小时经济圈	12 124.03	662.33	5 464.29	5 997.41
渝东北翼	2 720.78	363.53	1 218.95	1 138.30
渝东南翼	872.46	124.29	386.13	362.04
都市发达经济圈	6 861.01	107.91	2 631.52	4 121.58
渝西经济走廊	3 974.22	464.43	2 128.43	1 381.36
三峡库区生态经济区	4 882.04	577.81	2 309.42	1 994.81

资料来源：由《2015年重庆统计年鉴》整理。

9.1.3　成都、重庆地区三次产业发展存在的问题

9.1.3.1　成都三次产业发展存在的问题

成都的产业结构从整体上讲，正朝着优化的方向发展，但三次产业在发展过程中仍出现很多问题，工业化、城镇化发展依然滞后，城乡、区域发展差距扩大的趋势尚未扭转，长期形成的结构性矛盾和粗放型增长方式尚未根本改变。把握好农村、农业和农民的发展态势，是稳步推进成都城乡统筹战略的关

键之一。

第一产业——以温江区为例，长期以来由于受自然资源、地理位置、国家政策和原有基础等多方面的影响，成都市温江区形成了传统农业相对发达的经济特征。随着统筹城乡综合配套改革试验区的进一步实施，成都经济活力全面释放，推进农业集体化发展，加快发展现代农业，促进农民向城镇和二、三产业转移，实现农民收入与农业经营方式转变。温江成为了中国西南地区唯一的“国际花园城市和健康欢乐金温江”，是成都近郊亲水型、生态型、健身型、养生型休闲旅游以及商务会展旅游的聚集地，形成了以现代花卉观光旅游、游乐休闲旅游、古蜀文化寻踪旅游和时尚健康运动旅游为特色的产业新格局。此外，温江地区规划并已经开始建设的八大片区，包括六大功能区（成都国际乡村度假区、成都国际科教艺术城片区、光华现代服务业片区、成都国际体育城片区、科技园片区、成都国际医学城片区）、两个重点项目区（现代农业重大项目区、四川文化产业园重大项目区）。八大片区不同于以往的行政区划，其围绕满足温江区产业链发展需要，每一片区规划了核心的主导产业，并且各个片区相对独立、错位发展，避免了同质化竞争。

表 9-5　2010—2016 年成都、温江区第一产业对比

单位：亿元，%

	2010 年	2011 年	2012 年	2013 年	2014 年	2015 年	2016 年
温江区	13.5	14.46	15.08	15.89	16.37	16.83	—
成都	285.09	327.34	348.1	353.17	357.07	373.15	474.9
温江区产值占成都的比重	4.7	4.4	4.3	4.5	4.6	4.5	—

资料来源：成都统计信息网。

第二产业中，高新技术含量偏低，制约了产业结构优化，不利于形成低碳产业链。2016 年成都电子信息产品制造业、机械产业、汽车产业、石化产业、食品饮料及烟草产业、冶金产业、建材产业、轻工行业八大特色优势产业完成增加值比 2015 年增长 5.9%，占全市规模以上工业的比重为 79.7%。尽管成都市工业经济实力不断壮大，企业规模水平逐步提升，但是大企业偏少、企业平均规模不大，传统产业企业居多、高技术企业偏少；高碳产业较多、低碳产业不多。长期来看，这对成都市第二产业优化产业结构是不利的。迫切需要成都高新区作为成都市高新技术产业集聚的基地和自主创新的平台，积极推进经济产业结构调整，加快构筑以绿色和低碳经济为方向，高端服务业和高端制造业“双轮驱动”的现代产业体系。

成都市第三产业的发展速度较慢。2016 年第三产业实现增加值 6 463.3 亿元，增长 9.0%。按常住人口计算，人均地区生产总值为 76 960 元，增长 6.2%。虽然从 2000 年后成都市第一产业比重逐年下降，但第三产业发展较不稳定，增速不明显，从 2007 年占 GDP 比重的 47.7%缓慢上升到 2016 年的 53.1%。与国内较发达地区三次产业比重来看，成都市的第一、第二、第三产业增加值比重为 3.9∶43.0∶53.1，远远低于我国发达地区各次产业之间的比例。成都市第三产业发展速度过慢的原因：一是第二产业的发展不足在一定程度上制约了第三产业的发展，使其发展后劲不足，即产业的互动性不强；二是受经济增长方式的制约。因此，成都市还需在继续推进农业现代化发展、壮大第二产业的基础上，加大力度发展第三产业。

9.1.3.2 重庆地区三次产业发展存在的问题

重庆市第一产业在发展过程中的主要问题有：①第一产业增长速度严重落后于经济增长速度，主要原因是农业结构不合理，产品竞争力较弱。重庆农业结构表现为以种植业为主，农业发展的支撑产业单一。种植业长期处于微利状态，2016 年实现农林牧渔业增加值为 1 324.66 亿元，比 2015 年增长 4.7%。其中，种植业为 862.30 亿元，增长 4.4%；畜牧业为 320.69 亿元，增长 2.9%；林业为 53.61 亿元，增长 11.3%；渔业为 66.64 亿元，增长 10.2%；农林牧渔服务业为 21.42 亿元，增长 9.8%。2016 年农林牧渔业总产值中农业的产值比重高达 58.5%，畜牧业和林牧业发展相对落后很多。农产品中优质产品、名牌产品和特色产品有待进一步提高，市场竞争力有待进一步提升。②农业劳动生产率较低且提高缓慢。

重庆市第二产业的经济整体发展态势非常好，但也存在产业结构比重不合理的问题，主要表现为重工业比重较大，轻工业发展相对滞后。2016 年重庆规模以上工业轻重比例为 30.1∶69.9。全年规模以上工业中，分行业看，农副食品加工业增加值比 2015 年增长 12.2%，化学原料和化学制品制造业增长 3.9%，非金属矿物制品业增长 10.4%，黑色金属冶炼和压延加工业下降 12.3%，有色金属冶炼和压延加工业增长 8.8%，通用设备制造业增长 11.7%，汽车制造业增长 11.2%，铁路、船舶、航空航天和其他运输设备制造业增长 7.2%，电气机械和器材制造业增长 10.3%，计算机、通信和其他电子设备制造业增长 32.7%，电力、热力生产和供应业增长 4.7%。工业战略性新兴产业增加值增长 27.2%。高技术产业增加值增长 24.2%。传统产业与高新技术产业相较，高新技术产业总体规模，特别是信息产业还需要进一步提升。

重庆市第三产业增加值占 GDP 的比重在波动中增长，发展态势良好，但发展的总体水平仍落后。虽然 2016 年重庆市的这一比重达到 48.4%，但与国内其他几个直辖市相比还有很大的差距。根据《2016 年天津市国民经济和社会发展统计公报》数据显示，天津第三产业占 GDP 的比重为 54.0%。由此可见，重庆市第三产业仍有很大的发展和提升的空间。同时，重庆市第三产业增加值比重涨落波动较大，且增长的速度慢于第三产业从业人员比重增长的速度。重庆市 2016 年城镇新增就业人员 72.09 万人，比 2015 年增长 0.3%；新增农业富余劳动力非农就业 7.7 万人，增长 1.0%；29.30 万城镇登记失业人员实现就业，比 2015 年增长 1.06 倍。2015 年全市就业人员 1 707.37 万人，第三产业就业 707.21 万人①，即第三产业从业人员所占比重为 41.42%，略低于全国 2015 年总体第三产业从业人数的比重 42.34%，与天津的 54.0%相比，落后了 12.6 个百分点。这说明了重庆第三产业在增加就业、吸纳富余劳动力特别是农村剩余劳动力方面发挥重要作用的同时，存在着效益低下的问题。

9.1.4　成都、重庆地区各次产业组织分析

成渝地区以三次产业发展为切入点，建立产业合理布局与有序发展的导向机制，统筹推进“三个集中”，促进三次产业协同带动发展，提高自主创新能力，夯实成渝统筹城乡发展的经济基础。

9.1.4.1　第一产业

在第一产业方面，以加快现代农业发展为重点。围绕成渝两地粮油、畜禽、花卉苗木、茶叶等优势农林产品，大力提升农业设施装备水平，加快建设跨区域集中连片的优势农产品产业化基地。引导科技资源和要素向农业农村转移，加快农业科技创新。优化农业产业布局，近郊区大力发展以都市农业为重点的现代农业，发展休闲农业和乡村旅游，促进一、三产业互动发展，拓宽农民就业渠道；中远郊区以优势农产品规模生产、加工和物流业为重点，拓展现代农业多领域的就业空间，促进农民转移就业。

同时，现代农业的发展瞄准高端产业和产业高端，推动龙头企业与当地农

---

① 《2016 年重庆国民经济与社会发展统计公告》中对 2016 年就业这一项无最新数据，故在此仍采用 2015 年数据，特此说明。

业发展结合，龙头企业通过技术、品种引领农户，与农户建立稳定的可持续发展的利益联结机制。龙头企业发挥加工、销售的功能，农民利用农村产权制度改革成果，实现家庭适度规模经营，从而形成在龙头企业的带动下，基础农业生产、农产品加工业及其生产销售的配套服务业相互带动、协调发展。

例如高金食品借助在四川地区的优势产业资源，充分利用养殖、种猪、屠宰、技术、管理方面的优势，贯通了养殖、猪种、屠宰、加工和销售环节，成功地打造了高金绿色肉制品产业链。成都市蒲江县对自己的特色优势产品苹果和茶叶的生产采取了典型的拉长价值链、形成产业化的做法①，有力促进了当地农民生产方式的转变和收入的增加（图 9 - 2）。

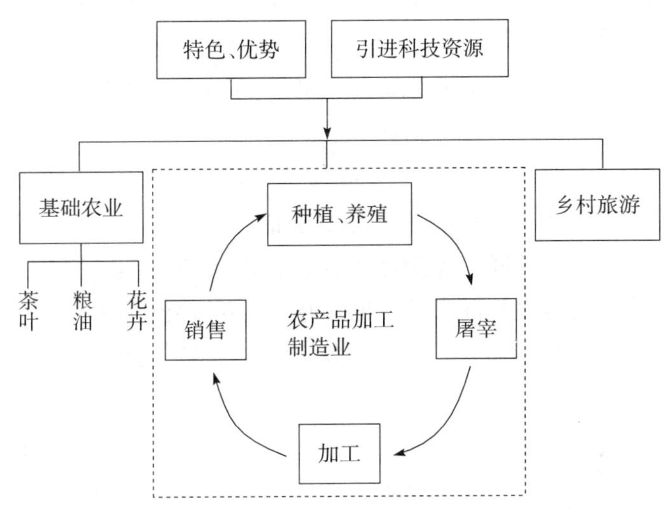

图 9 - 2　以第一产业为基础三次产业互动发展

武隆县作为重庆唯一的高山蔬菜基地，2016 年该县蔬菜收获产量为 55.88 万吨，实现产值 9.8 亿元，蔬菜除供应重庆主城、周边区县、广州、上海等沿海城市外还远销韩国、日本等海外市场。为强力推动蔬菜产业发展，该县着力打造仙女山、白马山等 5 个高山蔬菜生产片区，充分利用地理条件、自然气候、土地资源等优势，以反季节、无公害、保新鲜为着力点，全面推进无公害反季节蔬菜基地建设。当地无公害蔬菜已实现鲜果、加工和销售为一体的趋于完整的特色产业链。

① 从茶叶和苹果种植的土壤改良开始，到良种提纯、植保、市场营销乃至于副产物综合利用，如茶多酚提取。

9.1.4.2 第二产业

坚持工业发展与城镇体系建设和吸纳农村劳动力就业相协调，进一步整合工业集中发展区的产业集聚功能，不断发展成渝两地的优势产业，延长相关产业链条，促进工业集约集群发展。积极拓展高新技术产业开发区、经济技术开发区发展空间，完善园区建设、招商引资，建设统筹城乡产业发展内陆开放型经济示范区。

（1）汽车制造。汽车制造业是成都建设世界现代田园城市的产业支撑之一，位于龙泉驿的成都经济开发区已形成一条完整的汽车产业链条。通过细化汽车产业功能分区，形成了“南造、北贸、东娱、西创、中服”① 的规划布局，龙泉驿的成都经济开发区将被建成“西部第一、中国一流、世界知名”的现代汽车产业高地。

零部件产业是汽车产业的基础，是重庆市打造“汽车名城”的保障，是重庆市最有力的经济增长点。重庆市产业布局有三大产业群，依次为北部、西部和南部产业群。①以北部新区汽车工业城为中心，以长安集团、重型汽车集团、力帆汽车、安凯客车、重庆客车等整车企业为带动，包括超力电器、渝江压铸、秦川机电、江森延锋、延锋伟世通、长安李尔、利时德拉索、泰利福汽车零部件、中意减振器、綦江齿轮、联合电子、卡福汽车配件等汽车零部件企业；主要覆盖了江北区一部分、空港工业园区、北部新区的经济开发区一部分等，北部产业群是重庆市最大的一块产业集群，集汽车生产、研发、贸易、博览、文化、教育、旅游等综合功能于一体的“十里汽车城”，是重庆未来汽车工业的中心。②以庆铃、铁马等整车企业为带动，包括隆鑫、嘉陵、建设、环松、金冠科技、康明斯、渝安、重庆油泵油嘴、马勒活塞等知名企业。主要覆盖了以九龙工业园区为主，包括沙坪坝区的一部分，重点发展轻型车、重型载货车、沙滩车及汽车零部件产业为主，具有相当强的集群竞争力。③以长安铃木等整车企业为带动，包括大江集团、长安铃木、迪马、宗申、国际空调、台湾东洋、长江电工等知名企业。主要覆盖了巴南区一部分、南岸经济开发区一部分和茶园新区的一部分等，重点发展专用车、沙滩车及汽车零部件等，是重庆市主要的汽车及零部件产业群，并进一步强化重庆地区摩托车产业集群，完

① 所谓“南造”，就是龙泉驿南部以汽车制造为主；“北贸”，在龙泉驿北部片区，重点发展整车交易、汽车博览会展、4S店等；“东娱”，就是充分利用龙泉山脉发展汽车赛事运动、汽车休闲旅游、汽车主题文化等文化娱乐产业；“西创”即西部重点发展汽车研发创意及总部经济，“中服”重点为汽车产业综合功能区提供配套服务。

善摩托车价值增值相关配套产业链[①]，打造全国最大的摩托车生产基地、出口基地和产品集散地。

（2）机械电子。2009 年 10 月，富士康投资 10 亿美元在蓉建基地。围绕成都地区打造光电显示及电子信息产业的富士康成都产业基地，建设 LED—TV、LCD 模组、LED 背光模组及 LED 封装和照明光源生产线，同时还涉足软件开发、精密模具生产、现代物流以及 3C 数码产品卖场等多个项目。富士康成都产业基地的建设带来众多上下游配套企业落户成都，不仅为当地新增至少 10 万人的就业机会，还形成年产值超千亿元人民币的 IT 产品产业链。至此，成都一直致力于打造从研发设计、光电原材料及零部件、光电显示器件（面板）、光电显示整机、物流运输、营销服务的光电显示产业链，有了整体跃升的核心动力。2016 年富士康净利润 1 487 亿台币（约合 49 亿美元），与 2015 年相比增长 1.2%。营业收入为 4.35 万亿台币，与 2015 年相比下滑 2.8%。富士康大约半数收入来自苹果，2016 年第四季度的 iPhone 出货量达到 7 830 万部。受 iPhone 订单量增长的影响，第四季度，富士康净利润为 687.7 亿台币（约合 22.6 亿美元），而 2015 年同期为 529.3 亿台币，富士康净利润同比增长 30%。

重庆“集结”30 家供应商，产业链垂直整合。2010 年 5 月在富士康（重庆）产品外销基地正式投产后，作为全球第一大电子制造商的富士康带来了其在华东地区产业链中的 50 多家供应商，其中 30 多家现场签约，落户重庆，其中包括全球最大笔记本电池企业——新普公司。同时，重庆市还专门打造了“一区十园”产业布局，形成了 11 个专业的配套工业园区，并且引进 50 家计算机电子配套企业，使重庆 4 000 万台笔记本电脑中的 80%零部件本地化。重庆市一方面零部件生产企业延伸生产整机；另一方面发展本地物流产业，形成协同效应，强化地区竞争优势，最终打造完整的笔记本产业链。首个“智能工厂”项目云智汇公司，选择重庆富士康产业园的打印机产品生产线进行升级，核心打造云端化、云网络、智能化、移动化的智能环保工厂，推进生产过程的智能化，打造重庆工业云服务创新平台，实现由产品制造向“制造＋服务”升级。

（3）化工。天然气资源大省四川在 2009—2011 三年内打造 8 条化工产业

① 即完善研发、采购、制造、营销、售后服务等过程和包括整车企业、配件厂、原料厂、摩托车研究机构、摩托车行业协会等一条龙的产业链条。

链，化工产业项目投资近 1 000 亿元，重点发展 8 条化工产业链①。同时坐拥全国近两成气源的四川，借助资源地优势，积极围绕天然气开发配套服务及天然气化工上下游产业链、石油化工下游产品及新技术的开发转化配套等，努力在化工方面打造成为全国首屈一指的基地。2017 年四川省燃气有限公司在广元市注册成立。2017 年 9 月 15 日，广元市签约了 74 个项目，签约资金 327.77 亿元。本次签约四川省天然气投资公司将投资 50 亿元打造川东北天然气清洁能源基地项目。

重庆市第二大城市经济支柱是万州，其工业经济发展是以盐气化工、新材料、新能源等五大产业为基础。其中，该地区依托丰富的岩盐和天然气资源，以重庆宜化、索特盐化、华歌生物、三阳化工等骨干企业为龙头，通过招商引资，延伸做大盐化工、天然气化工、煤化工、石化下游加工等产业链，着力打造西部盐气化工产业高地。“十二五”规划提出重点推进 10 个重大产业②，在此基础上新材料新能源产业将以多晶硅基础材料生产为支撑，一方面以多晶硅太阳能电池片生产为基础，做大太阳能光伏产业；一方面以电子级 IC 单晶硅项目和单晶硅抛光片为基础，发展半导体材料生产，逐步建立以硅产业为基础的电子材料工业体系。

9.1.4.3 第三产业

第三产业主要大力发展现代服务业，推动产业结构高度化。现代服务业包括改造后的传统服务业和信息、物流、金融、旅游等新兴服务业。农村服务业的不发达已成为影响农村市场扩大和消费需求增长的瓶颈，打破这种制约，城乡统筹联动推进服务业发展，农民向城镇转移、集中居住，逐渐形成态势良好的现代服务业发展格局。中心城区着力鼓励和引导现代服务业集聚，提升传统服务业档次，大力发展总部经济、创意产业、文化产业、体育产业等，统筹规划，配套建设，发展绿色休闲产业。近郊区以县城和区域中心镇为载体，大力发展与工业配套的房地产、商贸、会展、物流、休闲观光、公共交通等服务业。远郊区以农民集中居住区为依托，积极发展人文生态旅游、特色餐饮、休闲度假等服务业，如图 9-3 所示，以此形成城乡统筹服务业各具特色的发展模式。

---

① 即天然气制合成氨产业链、天然气制氢酸产业链、天然气制乙炔产业链、天然气与盐卤结合产业链、天然气与磷硫钛结合产业链、天然气与石油结合产业链、石油化工和芒硝资源互补产业链。

② 其中包括多晶硅光伏产业、新兴生物农药及三药中间体产业、优质浮法玻璃产业、氯碱及精细化工产业、能源产业等化工产业。

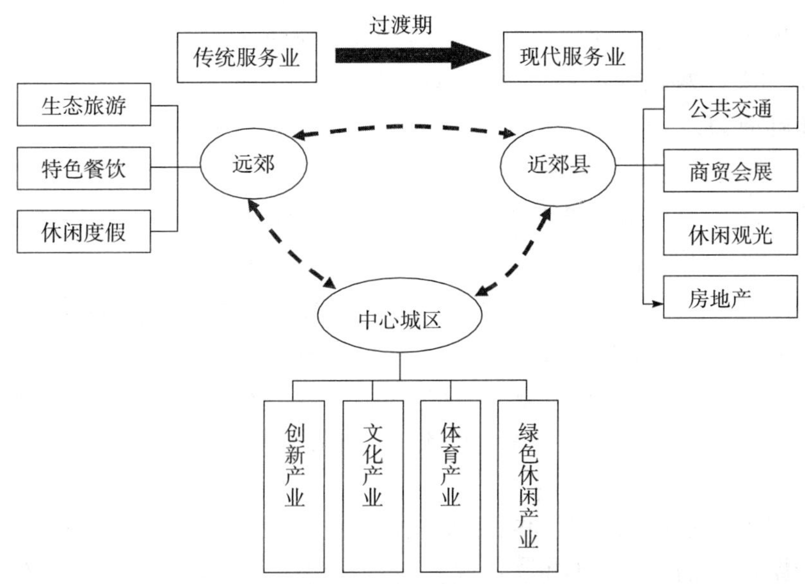

图 9-3 城乡统筹服务业差异化联动发展

9.2 试验区经济区划下三次产业分析

9.2.1 试验区各子区域三次产业发展现状

9.2.1.1 成都都市圈

20 世纪 90 年代末以来，成都都市圈经济发展取得了巨大的成绩。随着经济水平的不断提高和发展，成都都市圈确定了“一、二、三产业互动，城乡经济相融”的指导思想，不断优化产业布局，力求三次产业协同发展，促进产业结构优化升级。据《2016 年成都市国民经济和社会发展统计公报》，2016 年成都都市圈各产业产值比例分别是 3.9%、43.0%、53.1%，GDP 达到了 12 170.2亿元，比 2015 年增长 7.7%；工业总产值达到 4 508.6 亿元，比 2015 年增长 6.9%；第一产业实现增加值 474.9 亿元，增长 4.0%；全社会固定资产投资总额达 8 370.5 亿元，比 2015 年增长 14.3%，总体经济实力显著增强。

2016 年第一产业实现增加值 474.9 亿元，增长 4.0%，其中种植业 443.1 亿元，增长 5.8%；牧业实现产值 332.4 亿元，增长 0.6%。粮食总产量为 290.4 万吨，下降 2%；油料总产量为 33.5 万吨，增长 0.2%；肉类总产量为 78.4 万吨，下降 2.4%。由此可见，1998 年来根据消费者需求结构变化对农业产业结构进行的调整已取得了初步成效。但是目前农业产业结构不合理的状况并未彻底改观。2016 年种植业产值占农业总产值的比重仍高达 52.7%，种植业的商品率仍然较低，粮食播种面积仍然超过各类经济作物播种面积。

第二产业以工业为主要对象，工业经济稳定增长，已形成较为完备的工业体系。2016 年工业实现增加值 4 508.6 亿元，比 2015 年增长 6.9%。规模以上轻工业增加值增长 1.7%，重工业增加值增长 10.5%。2016 年电子信息产品制造业、机械产业、汽车产业、石化产业、食品饮料及烟草产业、冶金产业、建材产业、轻工行业八大特色优势产业完成增加值比 2015 年增长 5.9%。但还存在一些问题，主要表现为：产业结构不合理；工业企业规模小，缺乏成规模的大企业和大集团；产业创新能力不强，技术改造资金投入还需加强。

第三产业实现增加值 6 463.3 亿元，增长 9.0%。从第三产业内部结构看，商贸餐饮业、金融保险业和交通通信业一直居于主导地位。2016 年年末，全部金融机构人民币存款余额为 31 434 亿元，比 2015 年末增长 6.7%。全部金融机构人民币贷款余额为 25 009 亿元，增长 13.8%。个人消费贷款余额为 5 379亿元，增长 22.0%，其中个人住房贷款余额为 4 653 亿元，增长 24.6%。全年实现社会消费品零售总额为 5 647.4 亿元，比 2015 年增长 10.4%。从行业看，零售业实现零售额为 4 949.3 亿元，增长 10.1%,；餐饮业零售额为 698.1 亿元，增长 12.4%，增速仅次于批发零售业，名列各行业第二；批发业零售额为 166.8 亿元，增长 19.1%。交通运输和邮电通信业保持稳定增长。第三产业已经成为成都都市圈经济发展新的增长点，在四川地区乃至成渝经济圈都有较强的优势，具有较大的带动作用。但第三产业在工业化和城市化过程中吸纳农村劳动力的功能没有充分发挥，如表 9 - 6 所示。2004—2015 年成都市二、三次产业就业人员比重均在 50%以上，2007 年城镇就业人员首次超过乡村从业人员，但几乎各占一半，之后 2015 年城乡就业人数比例为 67.51：32.49，乡村劳动力的被吸纳能力仍不高。主要原因是二、三产业发展水平相对较低，城市化发展进程需要加快，产业结构有待调整和升级。

产业集聚是推动区域经济发展的重要力量，合理的城市产业圈集聚布局，有利于获取更大的市场和节省成本，带来规模经济和范围经济的扩大，从而形成该地区的比较优势。成都围绕建设世界现代化田园城市这一目标，编制新的产业功能区布局规划，按照战略性重点产业功能，共划定了 13 个市管辖产业功能区①，这一规划即体现了全域成都的理念，也体现了城市产业圈布局的思想。

表 9-6 2004—2015 年成都市就业人员比例

年 份	三次产业就业人员比例	城乡就业人员比例
2004	34.9∶29.9∶35.2	39.5∶60.5
2005	32.3∶30.8∶36.9	44.7∶55.3
2006	29.5∶30.7∶39.8	48.4∶51.6
2007	26.1∶30.6∶43.3	52.4∶47.6
2008	24.6∶30.5∶44.9	54.3∶45.7
2009	22.3∶31.9∶45.8	56.1∶43.9
2010	20.3∶33.2∶46.5	56.6∶43.4
2011	18.7∶34.6∶46.7	60.7∶39.3
2012	17.9∶34.7∶47.4	61.1∶38.9
2013	16.8∶35.2∶48.1	61.34∶38.66
2014	16.5∶33.8∶49.7	62.42∶37.58
2015	16.4∶34.3∶49.4	67.51∶32.49

9.2.1.2 重庆“一圈两翼”

重庆市一小时经济圈（简称“一圈”）是以主城为核心，以大约 1 小时通勤距离为半径范围的城市经济区，包括 23 个区县，辖区面积 2 187 万平方千米，占全市总面积的 34.8%。其经济高度集中，资本、产业密集度高，基础设施较完善，科研力量雄厚，聚集全市近六成的人口和近八成的生产总值，城市化率达到 60%，是重庆条件最好、发展潜力最大、对重庆全局和长远发展作用最为关键的地区。

据《2016 年重庆市国民经济和社会发展统计公报》，2016 年重庆一小时经济圈完成地区生产总值 13 552.76 亿元，比 2015 年增长 11.8%，占全市生产总值的 77.2%；渝东北翼完成 3 034.69 亿元，增长 11.5%，占全市的 17.3%；渝东南翼完成 971.31 亿元，增长 11.3%，占全市的 5.5%。

① 包括天府新城高新技术产业区、金融总部商务区、东部新城文化创意产业综合功能区、北部新城现代商贸综合功能区、西部新城现代服务业综合功能区、“198”生态及现代服务业综合功能区、龙门山、龙泉生态旅游综合功能区、汽车产业综合功能区、新能源产业功能区、新材料产业功能区、石化产业功能区、国际航空枢纽综合功能区、国际铁路物流枢纽功能区。

重庆市一小时经济圈区域经济近年来由于产业结构的调整得到了快速发展。表现为优先发展“一圈”，增强对“两翼”的反哺能力，积极发挥对“两翼”经济社会发展的带动作用，并加强对“两翼”优势产业发展的扶持，增强自我发展能力。但仍存在城乡二元经济结构突出、区域内部发展不平衡和第三产业质量不高的问题。几乎所有的支柱产业和重要的生产科研基地都分布在“一小时经济圈”内，2016 年“一小时经济圈”的地区生产总值占全市地区生产总值的 77.2%，而地域辽阔、农业人口众多的“两翼”一共仅占全市 GDP 的 22.4%。“一圈”的发展还没能很好地实现带动“两翼”共同进步的构想，工业反哺农业、城市支持农村的能力和水平并没从实质上得以提升，暂时还未有效缓解“两翼”的就业压力和资源环境的压力。

9.2.1.3 成渝经济区

成渝经济区北接陕甘、南连云贵、西通青藏、东邻湘鄂，是国家西部大开发的核心区域，引领西部加快发展、促进区域协调发展战略实施的重要区域，是增强国家发展动力最具潜力的地区之一。其辖区以重庆、成都两个特大城市为“双核”，以四川省成都、绵阳等 14 个沿高速公路、快速铁路、黄金水道的城市和重庆“1 小时经济圈”内 24 个区县为载体，总面积达 20.28 万平方千米，人口 11 044 万。

成渝经济区地势相对平坦、土地肥沃、物产丰富，特色农业和农副产品加工业发达，是我国西部地区发展现代农业最理想、最重要的区域。但由于地形、土质、气候和种植养殖习惯的差异，成渝经济区农业发展水平和农产品产业还存在很大差异及问题。成渝经济区内资源丰富，除天然气蕴藏量占全国的 60%以上，还有部分金属和非金属矿储量较丰富，如铝土矿与硫铁矿储量分别占全国的 1/4 以上，铜矿储量占全国的 1/3，中药材产量占全国药材总产量的 1/3 以上。此外，成渝经济区周边地区（主要是云贵高原和攀西地区）也是我国重要的资源富集区，适合资源加工和后续产业链及产业集群发展。

由于成渝地区开发历史悠久、中华人民共和国成立初期的产业布局、“一五和三线建设”、改革开放后的各项政策，成渝经济区已成为我国十分重要的制造业基地，具有较齐全的现代工业体系，电子信息产业、医药工业、机械装备制造业、材料工业占主要地位，是成渝经济区的优势产业和主导产业。

成渝经济区内的重庆“一小时经济圈”已形成长江上游和西南地区最大的邮政电信枢纽、西部地区最大的河港口和集装箱码头、各种交通工具可交互使用的快捷灵活的物流基地和交通运输枢纽，该区域核心区和成都市共同形成西部地区最大的金融中心、商贸流通中心、产业服务中心、文化娱乐中心、会展中心和餐饮休闲中心，该区域也是重庆和西南地区重要的旅游目的地和旅游过境地，第三产业发展具有很大的优势。

虽然近些年来成渝经济区的第一、第二、第三产业比例结构有所优化，但依然存在以下问题：①工业总量小、比重低、工业化进程慢；②企业规模普遍偏小，具有较强牵引、带动作用的龙头企业少；③工业与一、三产业结合度低，对一、三产业的带动力差；④产业结构层次低，产品结构档次低、更新换代慢，市场竞争力有待提升。

9.2.2 试验区三次产业间的比例关系

成渝经济区下的两个地区代表——成都和重庆以发展"一城两带四基地六走廊"和"一圈两翼"[①] 为定位。

从 GDP 看成渝经济区总量较大，2015 年 GDP 为 39 611.57 亿元，占川渝总量的 86.54%，全国总量的 5.32%；经济密度大，2015 年为 19 53.23 万元/千米^2；从产业结构看，第一产业为 3 829.96 亿元，第二产业为 17 109.91 亿元，第三产业为 18 671.69 亿元，成渝经济区三次产业结构之比为 9.67∶43.19∶47.14，产业结构趋势更为合理化详见表 9-7。

表 9-7 2015 年成渝经济区三次产业发展现状

地区	面积（万平方千米）	GDP（亿元）	经济密度（万元/平方千米）	第一产业（亿元）	第二产业（亿元）	第三产业（亿元）	三次产业结构之比
成渝经济区	20.28	39 611.57	1 953.23	3 829.96	17 109.91	18 671.69	9.67∶43.19∶47.14
成渝占川渝的比重（%）	35.73	86.54		79.34	84.21	90.53	
成渝占全国的比重（%）	2.11	5.32		6.02	5.78	4.86	

资料来源：根据 2016 年中国统计公报、成渝经济区各城市统计公报整理。

① 即成都依托中心城区和近郊区（县）"一区"范围内城市发展的良好基础，统筹实施龙门山和龙泉山脉"两带"区域的整体开发，统筹规划、集约发展"六走廊"区域，接受中心城区产业和城市功能辐射，建设产业和城镇集聚发展的"走廊"。重庆着力打造以主城区为核心、一小时通勤距离为半径的经济圈（"一圈"），加快建设以万州为中心、三峡库区为主体的渝东北地区和以黔江为中心、少数民族聚居的渝东南贫困山区（"两翼"），形成优势互补的区域协调发展新格局。

9.2.3 试验区各子区域的产业关联

1996—2011年，成渝经济区第一产业稳步发展且略下降，第二产业稳定增长，第三产业平稳增长，三次产业协调发展，比重从1996年的26.2∶39.7∶34.1逐步调整为9.67∶43.19∶47.14，整体结构正逐步向优化方向发展（图9-4）。其中，工业对第二产业的贡献率最大。

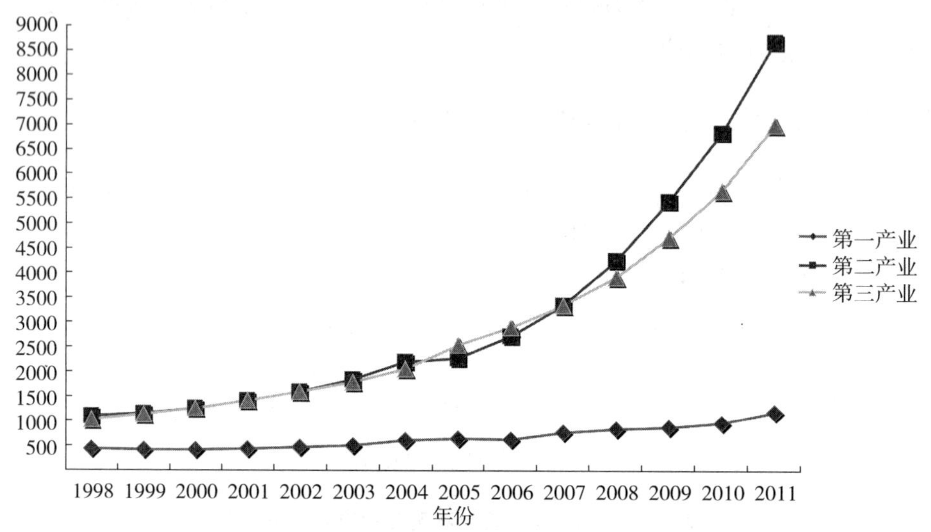

图9-4 1996—2011年成渝经济区产业结构趋势

在产业结构优化过程中，结合成渝经济区划下各子区域的产业现状，其产业关联大致可划分为发达型和发展型两种类型。

（1）发达型。“发达型”是指第一产业比重极小，第二产业比重或第三产业比重较大，这种类型多为成渝经济区的成都、重庆市区，这两个地区农业基础薄弱，大都发展的是工业、商业、服务业等。

以成都成华区为例，成华区2015年三次产业比例为0.02∶19.62∶80.37，三次产业对GDP的贡献率分别为0%、19.6%、80.4%。从行业结构看，工业经济仍处于重要地位，全区累计完成工业增加值110.3亿元，比2014年增长6.1%，规模以上工业中，轻工业增加值增长13.3%，重工业增加值增长5.6%。全年实现社会消费品零售总额325.7亿元，比2014年增长10.9%。

（2）发展型。“发展型”是指第一、第二、第三产业比重相近，没有很大的突出结构，形成这种类型的原因主要在于拥有农业发展基础，二、三产业的发展与第一产业互动发展。

以大邑县为例，大邑县2015年经济发展运行呈现良好态势，农业生产形势稳定，工业生产较快增长、第三产业稳步增长。全年实现农业增加值543 347元，增长4.6%；实现粮食总产量191 875吨，全年肉类总产量75 700吨，下降1.4%。

全县实现工业增加值64.31亿元，比2014年增长14.7%，对经济增长的贡献率为59.9%。其中，实现规模以上工业增加值24.85亿元，同比增长14.9%，产销率达96.0%。主导产业发展良好。全年规模以上企业实现主营业务收入198.8亿元，增长6.8%。工业集中区生产效益良好。全年全县工业集中发展区规模以上工业企业达89家，实现规模以上工业增加值达16.12亿元，增长17.0%，实现主营业务收入166.3亿元，增长8.4%。工业集中度达64.9%。

全年第三产业实现增加值75.17亿元，增长12.0%，对全县经济增长的贡献率达41.1%。金融业和批发零售业对全县经济增长的贡献较大。批发零售业实现增加值40.73亿元，增长23.3%。旅游业快速发展，全年接待国内旅游总人数1 564.12万人，同比增长10.0%，国内旅游收入33.39亿元，同比增长21.0%，接待海外旅游者7.36万人次，同比增长11.0%，旅游综合创汇1 395.20万美元，同比增长8.0%。

9.3 实验区三次产业协同带动实现路径——以成都市为例

9.3.1 加强成都市周边地区基础设施建设，改善经济发展环境

三次产业互动发展的最终目的是为了实现经济发展。没有良好的基础设施，资源开发动力不足，招商吸引力不够，产业无法升级。因此，政府应抓住扩大内需、灾后重建和试验区建设三大机遇，引导多种投资主体参与基础设施建设，重点加强综合交通网络、信息基础设施和水利基础设施建设，为经济发展提供保障。

9.3.2 进一步调整成都市农业产业结构，加快发展现代农业

随着统筹城乡综合配套改革试验区的进一步实施，成都经济活力全面释

放，政府应该进一步把握农村、农业和农民的发展态势，推进农业集体化发展，调整农业产业结构，努力转变农业生产方式，集高效、生态、产业化为一体，发展休闲农业和乡村观光旅游，促进农民向城镇和二、三产业转移，拓宽农民就业渠道，实现农民收入与农业经营方式转变。进一步完善现代农业招商引资政策，健全农业招商引资协调机制，引导和聚集更多社会资金投入到农业。同时，注重农业产业培育，发展农产品精深加工，构建现代农业物流体系，促进现代农业发展。

9.3.3 优化产业布局，提高支柱产业的投资力度

抓住新一轮西部大开发和新一轮产业转移两大机遇，以成都高新技术产业开发区和成都经济技术开发区为主，把握产业的链接点，积极引导产业合理布局，形成产业定位明确、区位优势突出、产业链上协调发展的互动结构体系。同时，加强处于产业链高端部分的六大支柱产业的投资力度，增强技术创新能力，形成具有自身特色的产业优势和核心竞争力，促进成都市经济的跨越性发展。目前，成都市正在按照其定制的产业发展定位，积极加快各个区（县）的产业定位及发展，如双流县把加快发展新能源产业作为大力发展低碳经济、转变发展方式的战略选择，大力培育光伏、光电、光热、核能、风能“三光两能”产业，着力打造千亿元级新能源产业集群。

9.3.4 大力发展第三产业，推动成都市产业结构合理化

大力发展第三产业，尤其是现代服务业（改造后的传统服务业和信息、物流、金融、会计、旅游等新兴服务业）的发展对一个地区产业结构优化具有极其重要的意义，不仅对扩大税源、增加就业具有重要作用，也是实现高端产业链的重要支撑。成都市中心以现代服务业为主体，在已有的服务业基础上，大力发展物流、金融、科技、信息、旅游等具有区域竞争力的现代服务业，强化和提升其对周边地区的服务能力。在成都的周边地区，自然景观众多，少数民族风情较浓，旅游资源优势突出，应当完善旅游设施建设，进行有效的招商引资，坚持保护与开发并重，推动整个成都市旅游业的进一步发展，从而带动第三产业的发展，吸纳更多的劳动力。

9.4 我国三次产业协同带动经济发展模式实践总结

9.4.1 中心城市优先发展现代服务业模式

首都北京作为我国的政治、经济和文化中心，2016 年全市实现地区生产总值 24 899.3 亿元，按常住人口计算，全市人均地区生产总值达到 11.5 万元。三次产业结构由 2010 年的 0.9∶24∶75.1 变化为 2016 年的 0.5∶19.2∶80.3，地方财政收入（公共一般财政预算）为 5 081.3 亿元。首都作为我国的中心城市，立足于建设中国特色的世界城市，注重优化经济结构、注重发展质量、效益。着力建设创新驱动的发展格局，充分发挥首都的科技智力优势，加快推进中关村国家自主创新示范区建设。利用首都作为全国文化中心，拥有丰富文化资源的优势，大力发展文化创意产业。截至 2016 年文化创意产业增加值占地区生产总值的比重达到 14.3%，文化创意企业总量和门类居全国之首，文化原创性较强，早在 2012 年北京全市著作权登记数就占到全国的 54.12%，排位第一，文化产业聚集效应明显，文化市场活跃，新闻出版产业规模较大，全国重点网站 90%在京，文化基础设施相对完善。

北京市三次产业发展中，由于未来北京经济的发展不以第一产业为主要载体，农业的增长幅度明显小于地区生产总值。因此，北京市在产业结构调整中进一步降低第一产业在地区生产总值中的比重。将从其他省份输入第一产业的产品作为更适宜的选择。树立新的农业发展规划，培养地区农业的主导产业，重点发展都市农业，提高农产品质量和市场竞争力。以多样化、无公害的农产品市场需求为导向，提高生产技术，降低成本，优化品种结构，大力发展绿色农业。

在第二产业的发展中升级第二产业生产模式。充分重视高新技术产业、现代制造业对传统产业的升级改造。引导第二产业劳动力向第三产业转移，注重发展循环经济，走低能耗、高产出的可持续发展道路。在生产和消费环节尽量使用清洁能源，增强生产者与消费者的节能减排意识，促进北京绿色经济的建设。

未来北京的服务型功能将得到进一步增强与发展，与之相适应的第三产业也必将成为北京市经济发展的核心力量。加快生产性服务业和流通性服务业的发展，以此来带动金融、保险、广告、旅游、咨询、会计及软件开发等现代服务业的发展。建立健全服务业的管理体制，打破行业垄断，保持第三产业的健康发展，确保北京作为全国现代服务业中心的地位。

上海作为国际化大都市，是我国的经济中心城市，重要的现代产业集聚区，在其产业选择上，以优先发展现代服务业为代表，并对我国服务业的整体发展起到举足轻重的作用。自改革开放以来，上海便以浦东开发为契机，大力发展第三产业，推进产业结构调整，逐步形成“三二一”产业格局。2016 年上海实现生产总值 27 466.15 亿元，第三产业生产总值占全市 GDP 比重达到 70.5%，第三产业成为上海的主导产业。在第三产业内部，现代服务业占绝对比重，呈集聚发展态势。如表 9－8 所示，批发和零售业，金融业，交通运输、仓储和邮政业，租赁和商务服务业，房地产业渐成为上海服务业的主要支撑力量。现代服务业也成为吸纳就业能力的主要渠道，2015 年上海市第三产业主要行业就业吸纳能力已超过 62.9%，对当地经济的贡献日益明显。2016 年上海市第三产业主要行业占 GDP 的比重见表 9－9。

表 9－8　2016 年上海市第三产业主要行业占 GDP 的比重

单位：%

指　　标	占 GDP 的比重
第三产业	70.5
批发和零售业	14.7
租赁和商务服务业	—
交通运输、仓储和邮政业	4.2
房地产业	13.5
金融业	17.3
战略性新兴产业（其中服务业部分收入）	15.2

数据来源：据 2016 年《上海统计年鉴》数据整理，2016 年上海市国民经济与统计公报。

表 9－9　2015 年上海市第三产业主要行业占 GDP 的比重及就业吸纳能力

单位：%

指　　标	占 GDP 的比重	就业比重
第三产业	67.8	62.9
批发和零售业	15.2	17.5
租赁和商务服务业	4.5	9.6
交通运输、仓储和邮政业	6.8	6.5
房地产业	6.8	3.7
金融业	16.6	2.6
战略性新兴产业（其中服务业部分收入）	14.9	—

数据来源：据 2015 年《上海统计年鉴》数据整理，2015 年上海市国民经济与统计公报。

上海市城乡统筹模式是以城乡整体为主导，运用城乡统筹规划来实现。现代服务业作为上海市的主导产业，在逐步实现城乡统筹过程中起到重要作用。上海各类服务区建设全面推进且功能各异，如以新国际博览中心为依托发展浦东世博花木国际会展集聚区、依托虹桥国际机场发展虹桥涉外商务区等。在空间布局上，上海市中心地区逐步向周边重点地区分散化、多极化发展，如图 9-5所示。

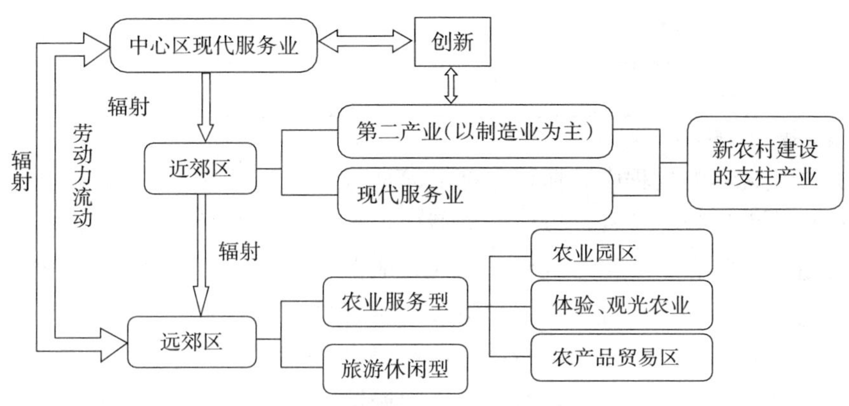

图 9-5　上海市城乡统筹整体模式

9.4.2　区域性中心大城市发展总部——加工制造业

成都市地少人多、农村人口多、城市化率低，作为国家城乡统筹发展综合改革实验区，具有很强的代表性。与上海、深圳等大工商业城市不同，成都市仅是西南地区的商贸、金融和科技中心，加工制造业仍是带动经济增长的主要动力。2016 年，八大特色优势产业增加值增长 5.9%，增速较全市平均水平低 1.5 个百分点。2016 年 1—12 月成都市工业主要指标见表 9-10。部分重点工业企业发展放缓，占全市工业比重最大的电子信息产业增加值增速放缓至 6.1%，低于全市规模以上工业平均增速 1.3 个百分点，其中鸿富锦、仁宝电脑、戴尔电脑产值合计减少 471.3 亿元。食品饮料及烟草业、石化产业、冶金产业增加值分别下降 6.7%、0.4%、0.3%，其中行业代表企业四川中烟、四川石化、攀成钢钒因去库存、指标限产和去产能关停等影响，产值合计减少 125.8 亿元。

由于特殊的地理位置以及作为西部经济中心城市，成都中心城市大力发展总部经济，大量吸纳以营销、研发、总部管理等职能为核心的总部公司入驻成

表 9-10　2016 年 1—12 月成都市工业主要指标

单位：%

行　业	同比增长
电子信息产品制造业	6.1
机械产业	7.8
汽车产业	19
石化产业	−0.4
食品饮料及烟草产业	−6.7
冶金产业	−0.3
建材产业	18.4
轻工业	6.3

数据来源：成都统计公众信息网。

都。在产业转移的进程中，抓住东部沿海地区生产要素成本上升、产业结构升级的机遇，大量吸引外资，以园区为载体，合理建设工厂，发展工业，尤其是加工制造业。随着城乡统筹政策的深入，成都市在经济发展过程中推进工业升级，大力吸纳劳动力，进一步缓解城乡二元结构矛盾。如图 9-6 所示，成都市城乡统筹布局，第一，成都市第二产业仍以劳动密集型为主要特点，从劳动力要素流动的角度来看促进农村劳动力向城镇转移。此外，根据成都市特有的旅游休闲文化，以农家乐为主的服务业也成为近郊农民向非农化转移的途径之一。第二，成都市在城乡统筹试验中，认真落实“三个集中”①，推动经济发

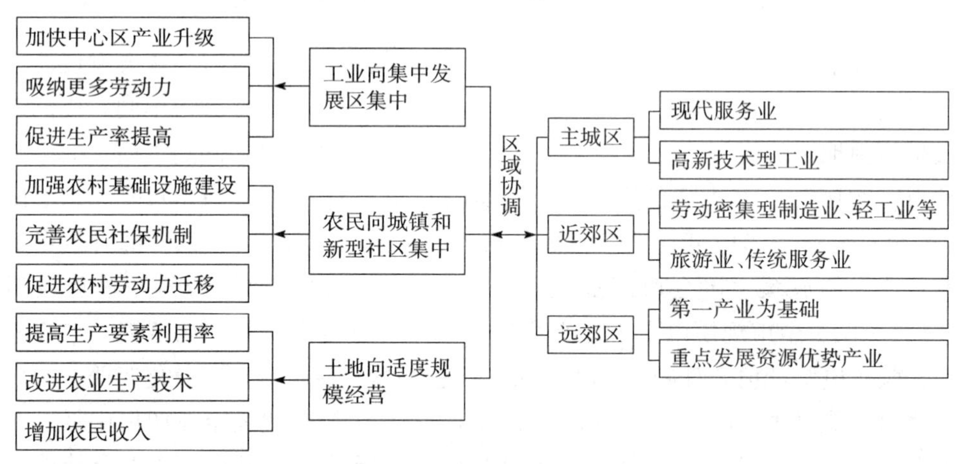

图 9-6　成都市城乡统筹布局

① “三个集中”是指工业向集中发展区集中、农民向城镇和新型社区集中、土地向适度规模经营集中。

展方式转变。产业集聚和人口向城镇有序转移，促进了城市化水平的提高，在此过程中，成都市进一步规范农村产权制度及农民保障机制、加大农村发展环境建设，推进城乡一体化。

9.4.3 专业镇发展模式

专业镇发展模式是探索乡镇经济发展新模式的产物。20 世纪 90 年代以来，广东一些市场经济发育较好，现代化的交通、通信、信息条件较优越的地区，在国内外市场的牵动、国际国内产业转移的推动下，出现了大批经济规模超过十亿、几十亿甚至百亿元的产业相对集中、产供销一体化、以镇级经济为单元的新型经济形态，我们称之为专业镇经济。这些专业镇最显著的特征是小企业、大产业、小产品、大市场。广东省科学技术厅通过调研、准备，于 2000 年正式启动专业镇技术创新试点工作，以技术创新作为科技工作支持专业镇经济发展的切入点，通过建立创新平台，给传统产业注入现代科技。到现在已有 71 个专业镇被省科技厅批准为技术创新试点单位。这 71 个专业镇中，传统产业占绝大多数，但这并不影响这些专业镇技术创新的蓬勃发展。从最早成为专业镇技术创新试点的几个镇来看，无论是产业还是产品都取得了跨越式的发展。

广东省专业镇经济规模在汕头、佛山、中山、江门、潮州、揭阳、云浮等地市，专业镇经济总量的贡献率超过 50%。该模式为以镇（区）为基本地理单元、主导产业相对集中、经济规模较大、专业化配套协作程度较高的一种集群经济发展模式，是一种“一镇一品”的发展模式。以广东省为例，目前，经广东省科技厅认定的省级专业镇共有 324 个，涵盖以机械、五金、纺织服装、家电、家具、汽配、建材、陶瓷为代表的第二产业，农业等传统产业及以电子信息、创意设计、电子商务、生态旅游等新兴产业，形成了以各乡镇特色优势产业为带动力，三次产业协同发展的专业镇经济格局。同时，各专业镇支撑产业结构优化升级的能力日益增强。

随着土地资源、环境资源、低劳动成本等资源稀缺程度的加大，专业镇经济发展也不断实现产业转型升级。广东省采用 3 个步骤推动产业升级，分别为：①推进技术创新，采用“一镇一策”的办法，加快组织实施产业技术路线图计划，通过大力实施省部省院合作，吸引国内外创新资源，突破大批特色产业关键共性技术。②加快发展现代服务，推动专业镇转型升级，通过科技部门引入现代服务业专业团队，与高校共建现代服务研究院，并成立现代服务产品交易中心，根据专业镇所需要的服务内容，有针对性地推介国内外优质服务机构，提供精细化对接，交易服务产品。③充分发挥政策的引导和倒逼作用，加快专业镇的转型升级，如图 9－7 所示。

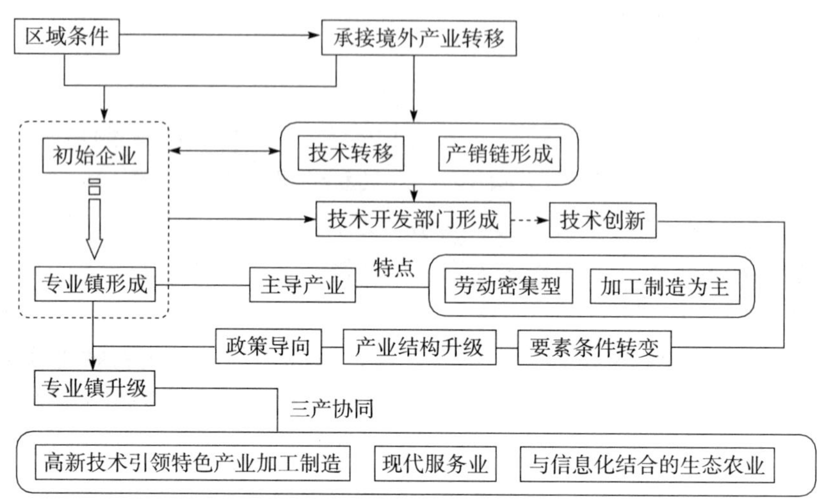

图 9－7　专业镇模式

9.4.4　现代农业引领县域经济发展模式

党中央、国务院始终把解决好“三农”问题作为各项工作的重中之重，出台一系列强农惠农富农政策，着力构建现代农业产业体系、生产体系和经营体系，加快农业发展方式转变，使农业基础性地位进一步巩固，达到粮食主产区稳产增产。2016 年，粮食主产区产量 4 677.5 亿千克，比 2012 年增长 2.4%；2012—2016 年粮食主产区累计增产 216.5 亿千克，占同期全国粮食增产比重为 81.3%。农产品结构调整加速，2016 年，全国油料、蔬菜、水果和茶叶产量分别比 2012 年增长 5.6%、12.6%、17.9%和 34.1%；棉花、糖料产量分别下降 22.5%、8.5%。新型农业生产经营主体和服务主体快速涌现。2016 年，全国各类新型农业经营主体达到 280 万个，新型职业农民总数超过 1 270 万人。其中，家庭农场达到 87.7 万家，农民合作社达到 179.4 万家，入社农户占全国农户总数的 44.4%。

区域经济发展主要立足于资源禀赋和产业发展实际，在经济欠发达地区大力发展与提升农业，走现代农业发展道路成为主要模式。如四川省蒲江县从丘陵山地欠发达的县情出发，以农业作为县域经济发展的支柱产业，大力发展现代农业、农产品加工业和休闲观光农业，突出表现为“三化联动”[①]发展之路（图9-8）。蒲江县在确保农产品优质、高效、安全供给的同时，积极拓展农业的多功能性，让农业与二、三产业紧密相融、互利互促、实现共赢，以“接二连三”的方式实现农业一体化和立体式发展。

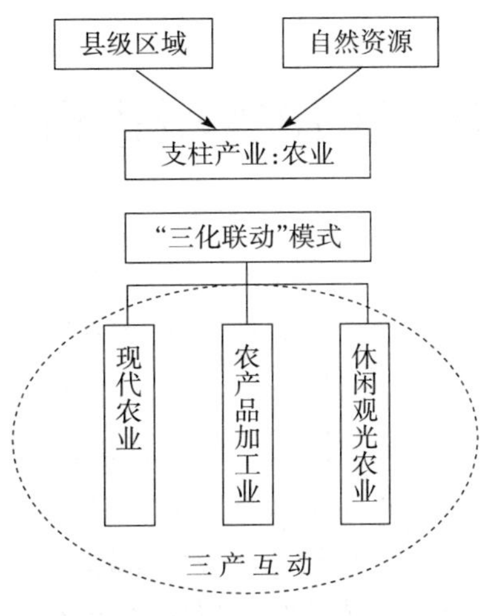

图9-8　“三化联动”模式

以四川省推进农业现代化发展为例，我省立足于自身实际情况找突破口和着力点，加快转变农业发展方式，积极探索地区农业现代化新路子，推进传统农业向现代农业转变。我省是“农家乐”的发源地，也是全国发展休闲农业与乡村旅游最具特色的省份。产业类型日益多样，服务方式不断创新，有现代农业科技园、休闲农庄、农业观光体验园、农家乐、农业主题公园等多种类型。服务方式由单一的餐饮服务，发展为观光、娱乐、休闲、度假、体验、教育为一体的多功能服务。依托农业优势资源，推进休闲农业从一家一户分散经营模式向连片化、板块化、集群化发展。例如，成都的“五朵金花”、郫县农科村、雅安的上里古镇、西昌的“乡村八景”等。同时注重提升产业功能，延伸产业链，催生创意产业，如双流县成功打造占地1.3万亩的创意农业园——“玫瑰天堂”，园区内用玫瑰组成川剧脸谱、国宝熊猫等图案，形成四季花海、彩田艺术的创意农业景观。

① “三化联动”，即以农业现代化促进新型工业化、新型城镇化。

10 四川省城市群经济实力实践分析

城市群是新型城镇化进程中宏观区域布局的主体形态，《国家新型城镇化规划（2014—2020）》中指出，各地要依据自身资源禀赋和环境综合承载力，优化以城市群为主体的宏观空间布局和微观空间形态，全局谋划、错位发展，培育和发展功能互补、集聚带动大、辐射范围广的城市群，协调推进区域经济发展，并与区域内外形成竞合架构。由此可见，城市群是区域宏观布局的目标形态，更是经济主要功能在运转过程中的网络核心。城镇是城市群的组成部分之一，城镇的发展首先要融入地区宏观区域布局，即城市群的布局中，从中寻找各自在城市群中的功能与定位，并积极融入城市群的宏观区域布局中，使之成为各城市群中一个必不可少的关键要素，推进区域格局多中心布局，三次产业协同互动的协调发展，在城市群的地区发展中发挥各自的“点”与“极”的支撑点与增长极的作用。

10.1 城镇的宏观区域布局要求中小城市融入城市群中

戈涅第一次系统地在《工业城市》（1910）专著中描述了城市功能分区。他把工业区、港口、铁路、居住区严格区分开来，认为在城市空间的组织中应更注重各类设施本身的要求和与外界的相互关系。M. Snatos 在其 1979 年出版的 *The Shared Space* 一书中提出了分享空间理论。认为国家现代化过程就是创新随着时间推移和地理位置改变的扩散过程。在这种情况下，欠发达国家经济自然有可能获得整体的增长，但由于投资趋向于资本密集型企业，当地市场需求为垄断价格所抑制，国家资本缺乏，从而迫使这些国家的人口不能在大企业充分就业，而只有从事小商品经营。这样，就造成了发展中国家城市经济的“分享空间”布局，即这些国家由高级循环（Upper Circuit）和低级循环（Lower Circuit）两种经济活动所构成。在空间组织上，处于较低位次的循环多在城市及其近郊寻求伙伴，开展生产和贸易，而位次较高的循环则多在城市之外合作发展，这就形成了城市群的雏形。从该理论中可以看到，中小城镇处于低级循环圈层内，两端分别与大城市和乡村连接，因此中小城镇在城市圈层布局中连接着中心城市和乡村，是大城市资源要素向外扩散的通道，起着重要的经济枢纽作用，是城市群形成的重要组成部分。

城镇内部各要素在空间位置的安排不能局限在城镇本身，要跳出城镇站在其宏观布局角度，即区域城市群的角度来进行要素的规划与安排，各生产要素和生活要素间的流动要有序、协同推进，形成各组力量此起彼伏、协同带动的生动局面。

10.2 城市群经济实力评价体系构建

遵循科学合理、具有可操作、可比较的指导思想，拟从体现经济发展状况、产业构成状况、推动当地经济发展力量、城镇化状况等几个角度构建城市群综合经济实力，并对各一级指标细分，共包含 16 个指标细项，以此构成城市群经济实力指标体系。

10.2.1 指标的选取

分别从经济发展状况、三大产业状况、购买力状况、城镇化状况等方面评估城市群经济实力。其中经济发展水平从 GDP、GDP 增速、人均 GDP 来评价；经济增长质量分别考察全员劳动生产率、地方公共财政收入、地方公共财政收入占 GDP 比重；三大产业状况分为工业化率，二、三产业从业人员比重，第三产业增加值占 GDP 比重等指标评价；购买力状况分别从消费、投资、进出口来评价；城镇化状况包含城镇化水平和城乡居民收入等指标。各级指标数据参考《四川统计年鉴　2014》①，在评价体系中，各级指标的权重根据专家赋值进行设计，如表 10－1 所示。

① 四川省统计局，国家统计局四川调查总队，2014. 四川统计年鉴：2014 [M]. 北京：中国统计出版社.

表 10-1　城市群经济综合实力评价指标

	一级指标		二级指标	
	名称	权重	名称	权重
综合经济实力（100）	经济发展水平	18	GDP（亿元）	6
			GDP 增速（%）	3
			人均 GDP（元）	9
	经济发展质量	20	全员劳动生产率（元/人）	4
			地方公共财政收入（亿元）	8
			地方公共财政收入占 GDP 的比重（%）	8
	三大产业状况	20	工业化率（%）	5
			二、三产业从业人员比重	6
			第三产业增加值占 GDP 的比重（%）	9
	购买力状况	14	全社会固定资产投资额（亿元）	5
			社会消费品零售总额（亿元）	5
			进出口总额（万美元）	4
	城镇化水平	13	城镇人口（万人）	5
			城镇化率（%）	8
	城乡居民收入	15	城镇居民人均可支配收入（元）	7
			农民人均纯收入（元）	8

注：指标权重参考 2014 年 1 月 2 日四川省统计局发布《四川省四大城市群经济实力研究》一文中对权重的选取，http：//www.sc.stats.gov.cn/tjxx/zxfb/201401/t20140107_15110.html。

10.2.2　评价方法的确定

由于各个指标的单位不同，无法进行直接比较，因此需对各个指标进行无量纲化处理。实践中常用的处理方法主要有功效系数法、指数方法、规格化变换方法、标准化变换方法和分段打分法。本书采用功效系数法，如式 10-1 所示。

$$Z_i = \frac{X_i - X^i_{\min}}{X^i_{\max} - X^i_{\min}} \tag{10-1}$$

对于评价指标的合成，本书选取总和合成法来弥补不同评价指标的数值之间的高低，如式 10-2 所示。

$$\int(x) = \sum_i w_i \times z_i \tag{10-2}$$

式中，z_i 为指标 x_i 的标准化值；w_i 为指标 x_i 的权数。

10.2.3　指标选取的过程

按照2015年中央城市工作会议精神，结合《全国主体功能区规划》（国发〔2010〕46号），根据《四川省“十二五”城镇化发展规划》（川办发〔2011〕94号），四川省城市群包括成都平原城市群、川南城市群、川东北城市群、攀西城市群，四大城市群的经济实力可以说从一定程度上体现了四川省在城镇化进程中的经济发展格局。因此，选取城镇群作为宏观区域布局的空间形态进行经济实力研究。四川省四大城市群包括的主要城市和县、区，如表10-2所示。

表10-2　四川省四大城市群所辖主要城市

<table>
<tr><th>城市群</th><th colspan="7">主要城市</th></tr>
<tr><td>成都平原城市群</td><td>成都市</td><td>绵阳市</td><td>德阳市</td><td>资阳市</td><td>眉山市</td><td colspan="2">乐山市（主城区）、夹江县、峨眉山市和雅安市主城区、名山县等</td></tr>
<tr><td>川南城市群</td><td>自贡市</td><td>泸州市</td><td>内江市</td><td>宜宾市</td><td colspan="3">乐山市除主城区、夹江县、峨眉山市外的其余城镇</td></tr>
<tr><td>川东北城市群</td><td>南充市</td><td>达州市</td><td>广元市</td><td>遂宁市</td><td>广安市</td><td>巴中市</td><td>—</td></tr>
<tr><td>攀西城市群</td><td>凉山州</td><td>攀枝花市</td><td colspan="5">雅安市除主城区、名山县外的其余城镇</td></tr>
</table>

资料来源：《四川省“十二五”城镇化发展规划》（川办发〔2011〕94号）。

10.3　四川省四大城市群经济实力分析

根据四川省统计局2014年统计年鉴，通过数据的收集、整理和综合处理，测算出图10-1、图10-2所示2013年四川省四大城市群综合经济实力情况。

如图10-1、图10-2所示，成都平原城市群经济实力最强，综合得分为93.08分，其经济发展水平、质量、三大产业状况、城镇化水平四个指标排名第一，居全省各大城市群之首。川南城市群进步很大，综合得分为82.329分，比2012年有提高。攀西和川东北城市群经济实力较为接近，分别为57.14分和44.99分，但是攀西城市群整体优势比川东北城市群稍明显。

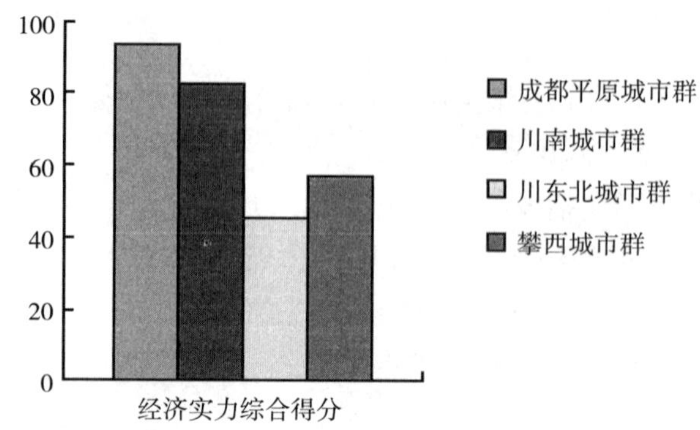

图 10-1　2013 年四川省四大城市群经济综合实力比较

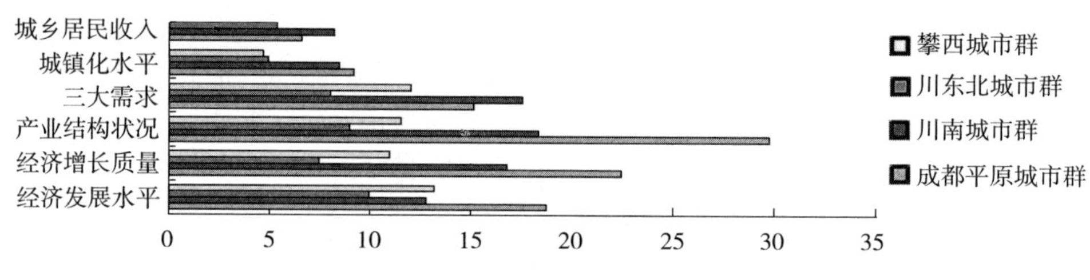

图 10-2　2013 年四川省四大城市群经济实力分项指标

10.3.1　经济发展水平

“经济发展水平”综合评价为川南城市群为 23.8 分，位居第一；成都平原城市群为 18.76 分，位居第二；攀西城市群为 13.2 分，位居第三；川东北城市群为 9.998 分，位居第四，如图 10-3 所示。

从地区生产总值上看，成都平原城市群因成都“中心城市”经济带动性强，加之涵盖了德阳、绵阳两个重装城和科技城，GDP 总量达到 15 047.14 亿元，在四大城市群中位居第一。川东北城市群在南充和达州（南充 GDP 为 1 328.55 亿元、达州为 1 245.41 亿元）带动下，GDP 达到 5 080.4 亿元，位居第二。攀西城市群因城市数量少，经济总量相对弱，只有 2 142.08 亿元，如图 10-4 所示。

2013 年四大城市群中，成都平原城市群人均 GDP 位于四川省平均水平（32 600 元）之上，达 38 183 元。除川东北城市群外，其余 3 个城市群均达到中等偏上收入国家水平，仅川东北城市群以人均 GDP 3 316.1 美元处于中等偏下收入水平。

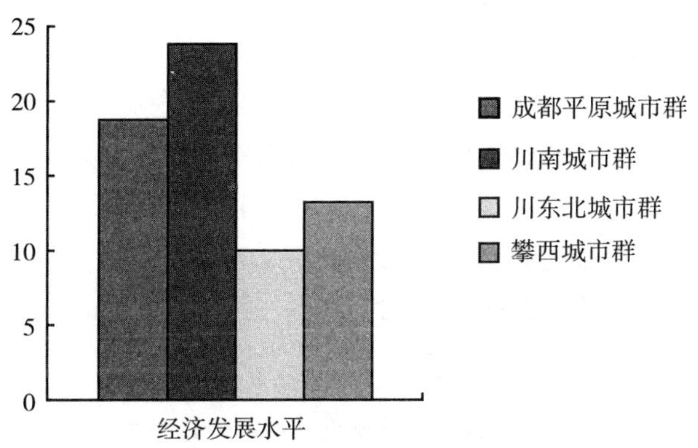

图 10-3　2013 年四川省四大城市群经济发展水平

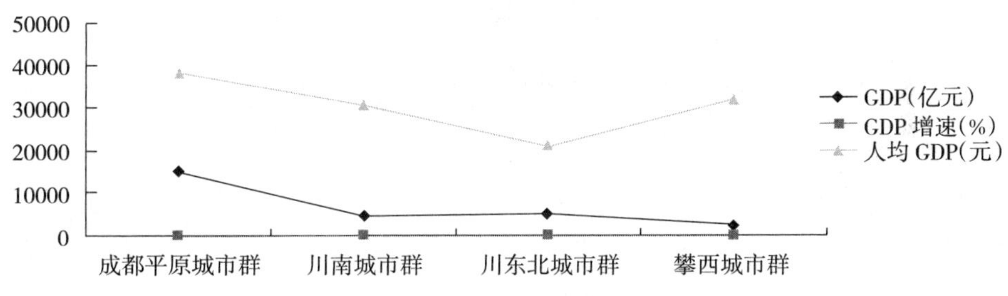

图 10-4　2013 年四大城市群经济发展水平比较

10.3.2　经济发展质量

如图 10-5 所示为四大城市群经济发展质量，全员劳动生产率主要体现技术进步程度，从表 10-3 可见，2013 年成都平原城市群全员劳动生产率水平最高，达 1 521.39 元/人，川东北城市群次之，为 915.49 元/人，川南城市群位

图 10-5　2013 年四大城市“经济发展质量”比较

居第三，达 855.25 元/人，攀西城市群最低，为 674.68 元/人。

从地方公共财政收入上看，成都平原城市群达到 1 256.64 亿元，居首位。由于宜宾和泸州两大工业城市位于川南城市群内，使得其对公共财政收入贡献较大。川东北城市群的财政收入还有待加强结构调整，促进地方经济加快发展。攀西城市群里，虽然有财政收入较高的凉山州（100.01 亿元），但由于所辖城市数量少，故总财政实力不及其他 3 个城市群。由于攀西城市群和成都城市群财政收入与 GDP 的比值都高于其他两个城市群，说明这两个城市群政府财政职能和政府经济调控能力较强。

表 10－3　2013 年四大城市群"经济发展质量"评价

	经济发展质量							
			全员劳动生产率（元/人）		地方公共财政收入（亿元）		地方公共财政收入占 GDP 的比重（%）	
	得分	位次	绝对数	位次	绝对数	位次	实绩	位次
成都平原城市群	22.45	1	1 521.39	1	1 256.64	1	6.71	2
川南城市群	18.80	2	855.25	3	287.28	2	6.64	3
川东北城市群	7.52	4	915.49	2	255.87	3	5.23	4
攀西城市群	11.00	3	674.68	4	253.56	4	7.75	1

10.3.3　三大产业状况

"三大产业状况"综合排名依次为成都平原城市群（17.31 分）、川南城市群（13.18 分）、攀西城市群（10.47 分）、川东北城市群（10.33 分），如图 10－6所示。

由图 10－7 可见，成都平原群和川东北城市群工业化率较为接近，分别为 23.71%和 24.07%，比川南城市群和攀西城市群稍高。成都平原城市群第二和第三产业从业人员比重达到 60.2%，表明在城镇化进程中，成都城市群产业转型升级步伐加快。川东北、攀西城市群产业从业人员比重较接近，分别为 52.8%和 53.8%，说明经过产业结构调整，这两大城市群的结构更加趋于合理。

成都平原城市群三产增加值与 GDP 比值达到 21.5%，说明成都平原产业转型逐步趋向成熟。川南城市群第三产业增加值占 GDP 比重达 46.37%，表明川南城市群正在从以工业为主导产业逐步向第三产业服务业转型升级。其他

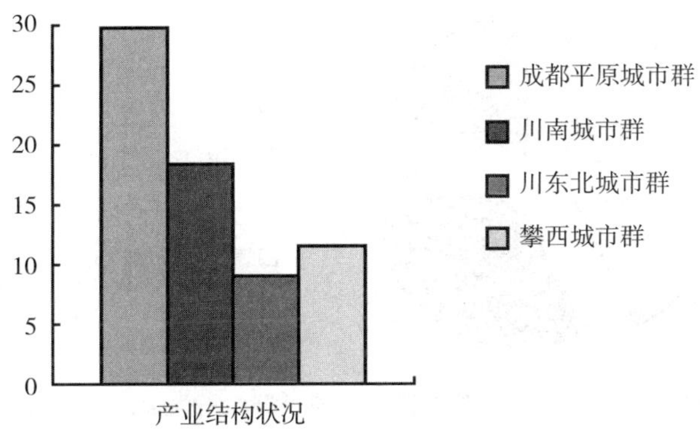

图 10－6　2013 年四川省四大城市群产业结构状况比较

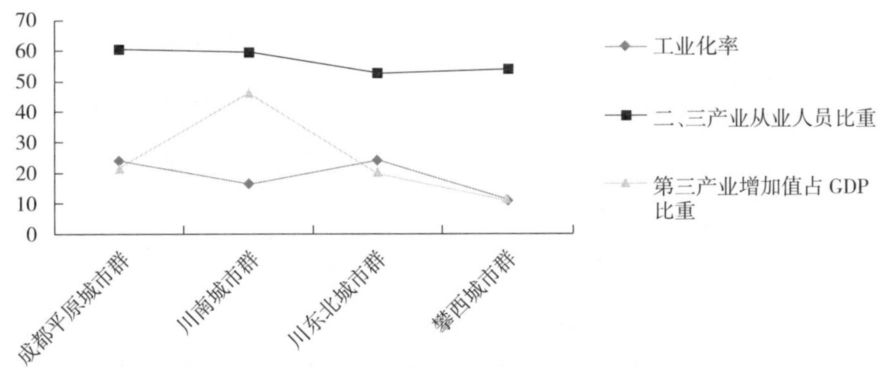

图 10－7　2013 年四大城市群产业结构状况

两个城市群三产增加值占 GDP 比重偏低，说明两大城市群的发展对于资源依赖度较大，经济转型应该是这两个城市群的工作重点。

10.3.4　三大需求

按经济学上推动经济增长的“三驾马车”——消费、投资、进出口的分类来进行数据归总，四川省四大城市群“三大需求”状况，如图 10－8 所示。全社会固定投资 2013 年成都平原城市群为 10 613.25 亿元，遥遥领先其他城市群；川东北城市群 4 775.08 亿元，逾成都平原城市群的 1/2，位列第二；川南城市群 2 909.32 亿元，攀西城市群 1 571.2 亿元，分别排名第三和第四，如图 10－9 所示。

成都平原城市群消费者购买力最强，达到 12 752.72 亿元，占全省的

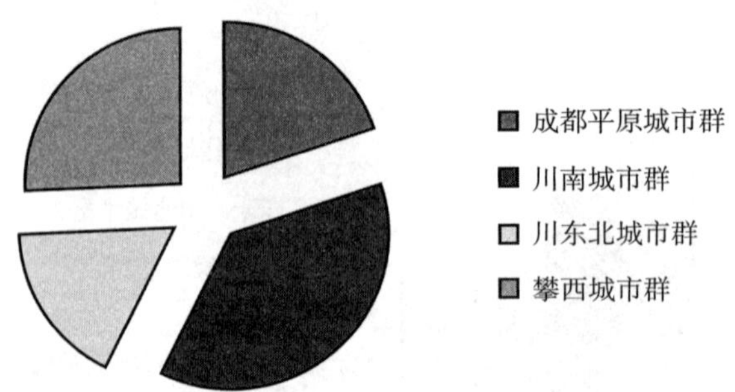

图 10-8 2013 年四川省四大城市群“三大需求”评价

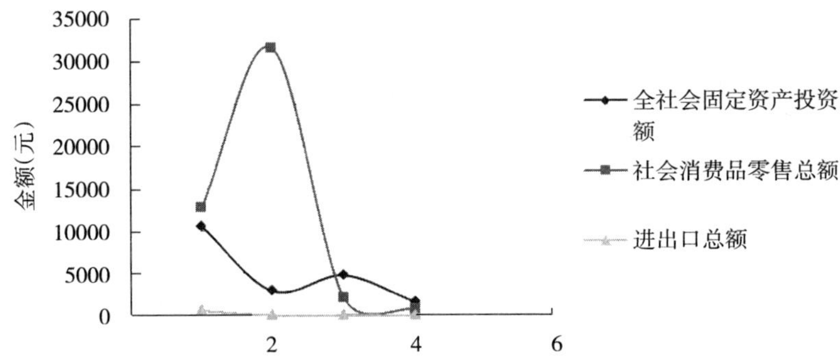

图 10-9 2013 年四川省四大城市群“三大需求”

73.9%；川东北城市群达 2 091.6 亿元；攀西城市群居民消费购买力较弱，为 773.5 亿元，远低于成都平原城市群。

成都平原城市群 2013 年进出口实现 587.6 亿美元，占四川省总额的 91.1%；可见，四川省外贸进出口主要来自经济发展水平较高的成都平原城市群，特别是省会城市成都（成都市进出口总额占成都平原城市群的 86.1%）。

10.3.5 城镇化水平和城乡居民收入

“城镇化水平”如图 10-10 所示。四川省近一半的城镇人口生活在成都平原城市群，详见表 10-4。

成都平原城市群城镇化率最高，达到 46.8%，排名第一，结合根据城镇人口的数量分析，成都平原城市群已向城市型社会转型，而其他城市群还有待加速推进人口的城镇化。

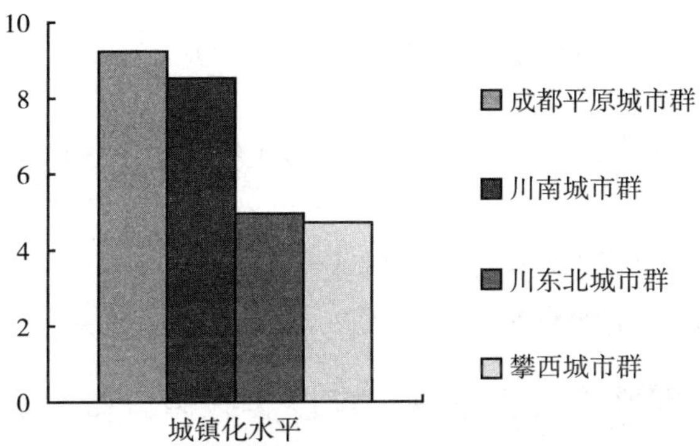

图 10-10　2013 年四川省四大城市群城镇化水平

表 10-4　2013 年四大城市群“城镇化水平”指标

	城镇化水平			
	城镇人口（万人）		城镇化率（%）	
	数量	位次	比例	位次
成都平原城市群	3 230	1	46.79	1
川南城市群	1 517	3	43.48	2
川东北城市群	2 419	2	38.11	4
攀西城市群	642	4	42.5	3

成都平原城市群人均城镇居民可支配收入达到 24 200 元，高于四川省平均水平 832 元；攀西城市群 23 302 元，与四川省平均水平接近。而其他两个城市群则不及四川省水平，人均分别为 1 332 元和 3 582 元（表 10-5），而除川东北城市群外农村居民人均纯收入均高于四川省人均水平。

表 10-5　2013 年四大城市群城乡居民收入指标

	城镇居民人均可支配收入（元）	农村居民人均纯收入（元）	城乡居民收入比
四川省	23 368	7 895	2.96
成都平原城市群	24 200	9 860	2.45
川南城市群	22 036	8 702	2.53
川东北城市群	19 786	7 537	2.63
攀西城市群	23 302	8 599	2.71

10.4　四大城市群存在的问题

根据《国家新型城镇化规划（2014—2020 年）》《四川省“十二五”城镇化发展规划》（川办发〔2011〕94 号），四川省于 2012 年出台四川省“十二五”重点小城镇发展规划，结合《全国主体功能区规划》（国发〔2010〕46 号），四川省各大城市群经济得到较快发展，同时也存在一些问题。

10.4.1　城市群间经济实力悬殊，难以实施多点多极支撑发展战略

从各城市群的实力得分来看，存在一定差距。成都平原城市群因成都首位城市的产业集聚力和对周边城市的辐射带动性，大部分指标处理优势，尤其是在 GDP、地方公共财政收入、全社会固定资产投资额、社会消费品零售总额、进出口额等几个经济指标上差距较为突出，个别指标甚至相差约有 180 倍。

2013 年成都平原城市群和川南城市群综合经济实力较强，但其他两个城市群经济实力差距较大，从宏观层面上反映了全省经济发展不平衡的突出矛盾，难以与省委根据经济发展的客观规律和四川具体省情做出的实施多点多极支撑发展战略相协调，更难以带动四川省城镇化的整体协调发展。

10.4.2　城市群内规模等级不完善

一般情况下，一个完善合理的城市群体系应有各级大中小城市和小城镇，且各梯次之间有着空间递进和产业承接。但是目前这种结构性的梯次排列还存在缺失，比如，缺乏与成都平原城市群首位城市呈梯度递进的特大城市，导致城市群空间梯度结构缺失。川南城市群 2013 年经济实力增强较快，但需着力提升一个或两个特大核心城市，以增加城市经济增长极，凸显多点多极支撑的城市规模体系。川东北城市群内层次之间的空间递进和产业承接不明显，核心增长极不够突出。攀西城市群所辖城市数量少，区内梯度结构更加不明显。

10.4.3　产业结构还需调整

从体现产业结构的 3 项指标来看，四大城市群产业结构处于“二三一”阶段，工业是四川省经济发展的支柱性产业。充分体现了四川省“十二五”期间加大转变经济发展方式取得了一定成效。同时在“三大战略”的指导下，城镇质量和可持续发展，取得了一定的进步。但同时，四川省四大城市群在第三产

业的发展上还很不足，2013 年全省 21 个市州，除成都之外，没有 1 个市州三产增加值达到 500 亿元。除成都三产比重达到 50.2%之外，没有 1 个市州三产增加值比重超过 40%，尚有 15 个市州三产增加值比重低于 30%。与全国相比差距较大。可见，四川省第三产业发展滞后，服务业比重不大、产业层次不高，以餐饮娱乐等低端服务业为主，物流、制造研发等生产性高端服务业的发展水平相对滞后，城镇吸纳就业人员的功能不足。即便四川省的省会成都市，其现代服务业对经济的引领也有待加强，突出反映了当前四川省的服务业还多停留在传统行业，现代服务业、生产性服务业比重较低的实际情况。

10.5　提升城市群综合经济实力

10.5.1　进一步明确总的发展思路，全域谋划、顶层设计

由于空间梯度布局存在缺失，导致城市之间产业分工不够明确，同质化现象严重，造成了一定程度上对稀缺资源的不合理配置，也制约了区域整体经济实力的增强。要打破这种局面，整合区域经济，必须依靠政府发挥宏观指挥和协调作用，在省域层面，全域谋划、顶层设计。各城市、县等所处的经济区不同、自身拥有的资源、所处生态环境状况也不同，没有一成不变的发展模式，必须立足各地区的具体情况，科学规划，实施差异化的区域政策，有序推进。促使各城市群对自身的功能布局进行全面谋划，根据功能定位明确城市空间布局和产业培育，构建合作共赢的城市空间体系，提升城市群及区域竞争力，改善人们的生活。

优化产业结构，使城市群间产业发展形成纵向和横向相互交织的网状结构，行业间向结构性合作发展，生产向集约化柔性生产转变，形成产业承接和优势互补的递进关系。如四川省的四大城市群，成都平原城市群着重发展现代服务业，川南、川东北城市群突出制造业，突出攀西城市群的资源禀赋优势并合理开发，增强四大城市群在成渝经济区，乃至全国城市群的竞争优势。

10.5.2　培育以中小城市为空间载体的经济增长点

四川省应紧紧把握西部地区在全球产业重组和我国经济由东向西推进的重大战略机遇，依托便利的交通条件，优化调整城市群空间布局，充分利用自身的丰富资源、比较优势和已有的成果，找准自身在四川省多点多极支撑发展战略中的功能定位，培育一批以中小城市为空间载体的经济增长点。整体推进，

走出一条有西部特色的快速协调发展之路。

总体布局、分类指导，整体推进，完善城市基础设施等公共服务，增强县域经济与承接中心城市的承接与带动作用，有效促进群内产业转移、提升产业分工协作、扩大就业。加快培育小城镇特色化，实现“一县一业、一镇一品”，合理配置主导产业，培育优势产业，以项目方式加大市政设施配套建设，以产业集聚促进人口集聚。

“以点带面”，推进产业配置与空间规制结合，各城市要结合资源禀赋和区位优势，明确主导产业和特色产业，强化大中小城市和小城镇产业协作协同，充分高效利用土地、形成紧凑集约的发展格局。产城融合，在工业化进程中推进新型城镇化发展，在城镇化进程中加快产业转型升级，在城市群的空间布局中同步配套城市服务，实现高效绿色发展，提高人们的生活品质。

10.5.3　强化产业支撑，引导差别竞争，加强创新合作机制建设

“点”和“极”，支撑在产业。四川省的省会成都，由于其特色的区位优势，该城市的功能定位为国际化大都市，应大力发展现代服务业和高技术产业，引领带动全省产业结构向高端化转型升级，以建设“三中心”为重点，发展高端服务业和高技术产业，提升成都服务业在西部地区的能级。在绵阳、泸州、德阳、攀枝花等有条件的市州，以园区集聚为重点，培育和壮大特色产业集群，如德阳重大装备产业集群、绵阳电子信息产业集群、攀枝花钒钛产业集群，形成强有力的次级城市经济。对于小城市和小城镇，应根据当地已有的产业基础和资源禀赋，着重培育特色产业根植化发展，并对已有的农产品生产与加工，依托科技投入，开展农产品深加工，实现当地优势资源特色化、产业化，并推进产业转型升级，发展地区特色经济。在特色经济的培育与发展中推进与生产和生活配套的服务业，实现地区之间、城市之间产业的有序承接和转移。加强创新合作机制建设，协同创新，构建创新资源共享网络，推进信息资源共享。综合考虑城市功能定位、文化特色、建设管理等多种因素。

城市群是推进城市化的宏观区域布局主体形态，各地要依据自身资源禀赋、已有的产业基础和生态环境承载能力，优化城市宏观区域布局和微观空间形态，全局谋划、错位发展。从区域宏观的角度来看，大中小城市和小城镇在城市群中扮演着各自不同的角色，他们之间应该形成纵向和横向相互交织的网状结构。各城市寻找自身在城市群中的功能与定位，使之成为城市宏观区域布局中必不可少的功能节点，推进区域格局从单中心带动到多中心拓展，实现经

济非均衡协调发展。本书针对四川省城市群的综合经济实力进行探讨。城市经济的发展，不仅要在宏观区域布局这个层面上做出战略部署，还有各城市的微观空间形态和产业支撑、生态文明建设等都是城市建设工作中的重要环节。如何运用“新城市主义”的观点推进中国城市化建设，如何在稀缺的土地资源上走出一条城市集约发展的道路，如何促进社会和谐化发展，如何通过基础设施的建设、物质和社会环境的综合改善来提高人们的生活品质是下一步研究的方向。

11 产业协同发展创新——宜居社区关键要素的培育和发展

中国的城市迎来了发展转型的节点，长期以来城镇化进程的快速增长带来一系列城市病，导致社会与经济矛盾凸显。新型城镇化是扩大内需的有效路径，也是提高人们生活品质、转变经济发展方式的必由之路。如何探索出健康、良好的城镇发展模式，用恰当的指标引导城镇的建设与发展从建筑、产业本位走向居民、社区本位，服务好现代城市发展的转型，是目前中国急需解决的突出问题。2016 年 2 月 2 日国务院印发执行《国家新型城镇化规划(2014—2020 年》若干意见（国发〔2016〕8 号），强调加快建设绿色城市、人文城市等新型城市，全面提升城市的内在品质。提出以人的城镇化为核心，以提高质量为关键，加快培育具有特色优势的宜居魅力小镇，提升县城和重点城镇基础设施水平，加快建设带动农业现代化和农民就近城镇化。在中国城镇化建设进程中，城市集约开发、社会和谐化、生活品质提高应该是作为我国宜居社区发展和建设的目标，也是我国政府在政策制定和指标构建上的指导思想。

11.1 宜居社区的提出及内涵

宜居社区是随着生产力发展逐步提出的。社区的概念最早出自德国社会学家滕尼斯（F. Tonnes）1857 年出版的《共同体与社会》（*Community and Society*）一书，社区是基于亲族血缘关系而结成的社会联合。宜居城市思想源于 19 世纪末霍华德的《明日的田园城市》（*Garden Cities of Tomorrow*）一书，随后，泰莫斯（Timothy D. Berg）从普通市民的视角分析了构成宜居城市的主要因素，认为构成宜居城市的要素包括居住的舒适、出行的方便、环境的宁静与幽雅等。杰利特·哈慈（Janette Hartz Karp）提出“协商民主”的思想，卡塞勒提（A. Casellati，1997）提出宜居城市主要体现人们的生活舒适与城市生态的可持续性，人们生活在这个空间要有真实感。列纳德（H. L. Lennard）也提出宜居社区建设八原则，即宜居社区是居民能自由交流的场所，社区应有完善、平等的对话机制，社区管理者应常举办公共活动让居民交流，社区没有种族歧视和等级观念，基础设施方便且高质量，社区有认同的文化价值观和审美情趣，社区居民积极参与社区管理和建设。

宜居社区应体现经济持续、人与自然和谐、环境友好、资源节约、生活便利、舒适、出行方便、安全健康、社区和谐等的特征。我们认为宜居社区有以下内涵：①地理景观方面，要体现人与自然的和谐，既要有自然景观也要体现当地的历史文化传承，其中，在自然景观中，要将农业景观融入居民的生活中去展现。②人口及经济构成方面，经济结构相对大城市而言较为单一，但经济性质从自给性到商业性均有。特别是小城镇的社区，专业分工不够发达，其中有很大部分人口组成为农业人口。③社会关系方面，靠近农村地区或远离城市的社区多以地缘和血缘为基础，依靠地方感、家族姓氏等维系社区的社会关系。④文化环境方面，各社区都应有自己的历史文化脉络，突出自己的文化传承和地方特色。小城镇社区具有较强的传统意识和认同意识，地方文化及地方感对维系该社区基本功能的运行及社区良好治理起到重要作用，一定程度上形成一定稳定性的社会空间系统。⑤生活习惯方面，社区生活方式相对大城市来说相对单调，生产与生活方式通常结合在一起。

在社区建设中，宜居社区主要体现：良好的城市基础设施，工业化率、三次产业比例等状况良好，绿色的生态环境，资源的循环再利用、生活便捷、城镇文化富有地方特色、社区文化和谐等。根据社区所处的区位条件及经济发展状况，可以分为 3 类：①近郊型，集中分布在城市周围，离城市很近，已划入城市规划区，但还未完全实现城市化，受城市文化影响强烈，社会经济上与城市联系密切；②远郊型，远离城市没有便捷的交通，也没有可以开发的矿产资源，是传统型的农村；③偏远型，规模很小且分散分布，在全国分布范围广、数量多，但总人口规模不大，通常经济条件比较差。从城市的空间形态来看，宜居社区的宏观空间布局应融入地区宏观区域布局中，微观布局应符合当地生产力发展和生活舒适便捷且能留得住乡愁的客观要求。

11.2 国内外宜居社区关键要素比较分析

11.2.1 美国小镇社区的精明增长开发模式

美国自第二次世界大战以来城市发展呈郊区化态势快速蔓延，富裕家庭纷纷迁居到空气和环境良好、后院宽敞的郊区，使得原有的郊区自然环境受到破坏，出现社区内部住宅同质化、人们远距离通勤、交通拥堵、休闲和步行机会缺乏、空气和水污染、基础设施高额消耗、社区感缺失等郊区化粗放的土地利用方式带来的大量负面效果。针对这一城市问题，从 20 世纪 80 年代中期开始，美国不少建筑师和规划师开始倡导新城市主义运动，开始遵循新城市主义设计原则，提倡回归第二次世界大战之前“美国小镇”风格式的小街坊、尺度宜人的街道、便捷的交通站点和接近社区的服务设施等。强调城市集约化增长，社区社会群体多元化融合，以提高居民生活品质为目标，改善城市和社区环境，表现为精明增长的美国社区开发模式。

在社区建设方面，强调基础设施的建设、提供工作机会、增加就业、满足人们的生活消费需要、提供休闲娱乐空间和活动、创造美好的地方生活，且基础设施建设注意节约但不拘泥于统一的模式。美国传统小镇社区评价从社区物质形态和社会环境两个角度，其社区社会环境更加关注社会群体多样化，指标体系通过土地利用、交通道路、社会群体等载体来分别表述，如表 11－1 所示为传统美国小镇社区评价指标。

表 11－1　传统美国小镇社区评价指标

一级指标	二级指标	涵义
社区物质形态	可穿透性	住房和社区的其他设施连接良好
	活力	致密的文脉，保证社区有丰富的活动
	多样性	混合兼容的土地利用和多样的住房套型选择
	可达性	居民出行的便利条件
	延续性	地方历史的传承与体现
	可识别性	容易辨认出地方环境的架构
社区社会环境	社会群体的混合度	家庭年收入
		贫困集中度
	社区协同性（synergy）	创造邻里公共空间
		尺度宜人的街道等

资料来源：宋彦，陈燕萍，2012. 城市规划评估指引［M］. 中国建筑工业出版社：219－226.

新城市主义社区从鼓励步行、提倡更多的邻里交往、减少对机动交通的依赖等方面提升城市的宜居性和可持续性。同时，也强调在城市中的大区位选择，使居民更接近就业岗位和日常活动。这一思想体现了我国在小城镇建设中着力发展当地生产力，让居民在自己的家乡生产和生活的思想。可以看到，美国小镇社区建设更加注重社区物质形态的延续性，即文化机理的体现和文化传承，更加注重社区的协同性，打造和谐的邻里公共空间及宜人的生产与生活空间。这些理念在我国构建“以人为本”的和谐社区建设中，有着积极的借鉴价值。特别需要指出，在中国城镇化建设进程中，城市集约开发、社会和谐化、生活品质提高应该是作为我国宜居社区发展和建设的目标，也是我国政府在政策研究和指标引导上应该特别关注的关键。

11.2.2 美国“社区经济发展（CED)”模型

美国“社区经济发展（CED)”定义为通过当地社区的活动提供有经济效益的机会，促进社会、居民和环境状况可持续的改善。经济发展战略包括保持持续性的考虑或者说建立应对未来挑战和机会的社区长期能力。可见，美国对于经济发展的内涵更加丰富，不仅局限在狭窄的经济活动直接产出，而且还包含由公共政策和私人商业相互作用所带来的工作、商业、繁荣和财富。在这种宽范围的定义下，经济发展的目标明确地表达为大力改进促进经济繁荣的司法权。分配经济利益是大多数经济发展理念的核心。通常，小城镇资源和能力都有限，所以美国的经济发展战略趋向于包括宽范围的战略，即包括能力建设或社区发展。在小城镇，关于住房、交通或整合传统的经济发展战略是作为社区综合发展战略的一部分。社区发展的成功不仅包括经济发展的产出，还包括社会、居民和环境影响。社区经济发展用增加就业和商业表达繁荣和人们的财富；同时，通过获得经济产出的过程积极地影响社区的社会、市民和环境状况，如图 11－1 所示，小城镇社区经济发展（CED）模型。

宜居城市课题组在“宜居城市科学评价指标体系”研究报告中提出宜居城市科学评价指标体系，分为社会文明、经济富裕度、环境优美度、资源承载度、生活便利度、公共安全度 6 个方面，细分为 28 个分项、76 个评价标准。对比美国社区经济发展战略及其实施路径，可以看到，国内外的指标体系几乎离不开经济、社会和环境这三大领域，发达国家宜居社区的指标在此基础上还更多地关注居民生活的舒适与生活品质的提升；从指标体系的构成看，发达城市的指标体系更加关注民生和环境，国内的宜居指标体系也逐渐力求和国际接轨，除关注经济、社会和环境 3 个方面，还突出关注居民的生活便利性、社会和谐与进步。

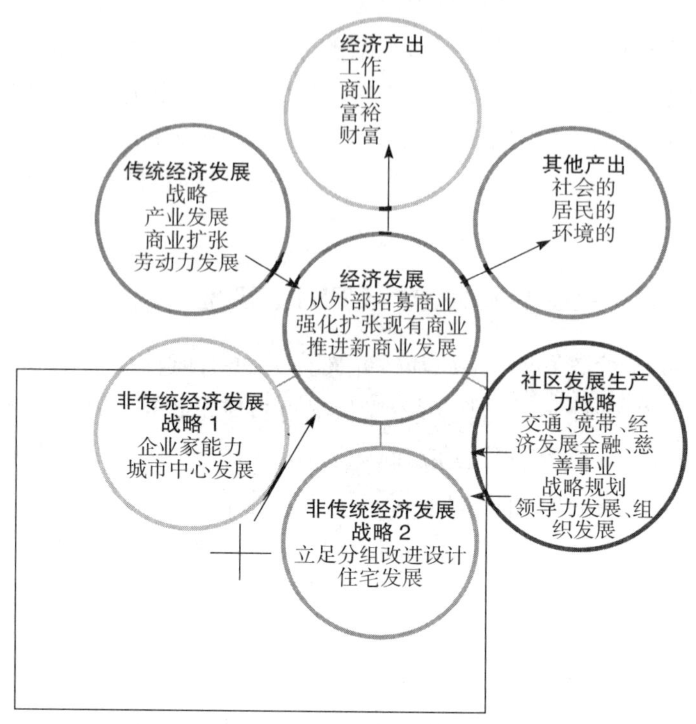

图 11-1　小城镇社区经济发展

11.2.3　国家科技支撑计划对宜居社区指标体系的构建

（1）国家科技支撑计划——《宜居社区规划关键技术研究年度报告》。曹广忠、宋峰等在国家科技支撑计划《宜居社区规划关键技术研究年度报告》进展报告（2013）中将小城镇社区功能空间分解为：宜居社区生活功能空间，包括居住、休闲及公共服务空间等，宜居社区生产功能空间即产业布局空间及农业设施空间等，宜居社区生态功能空间即绿化、水系及其他环境保护空间等，并将其整合为村镇宜居社区功能空间系统，如图 11-2 所示。

从该宜居社区功能空间的指标选取上可以看到，宜居社区建设不仅是经济方面的，还包括生活和生态这两个层面，宜居的内涵是丰富的、多维度的。我国政府在社区规划与建设中，要多维度立体规划，以满足人们的生产和生活的可持续发展，以提高居民生活品质为最终目标。

（2）国家科技支撑计划——“村镇宜居社区与小康住宅建设评价体系

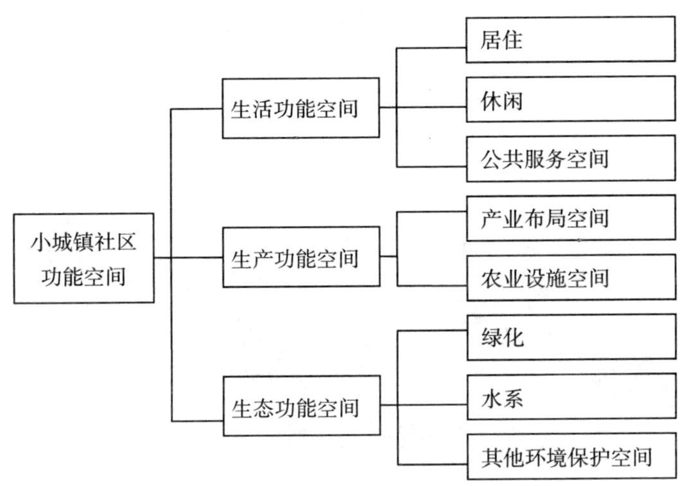

图 11-2 宜居社区功能空间

(2013)”对宜居社区指标体系的构建。焦燕、孙金颖等在《村镇宜居社区与小康住宅建设评价体系 2013 年度研究报告》(2013) 中提出我国宜居社区模型框架应包括基础筛选条款、实施评价条款和加分增项条款。其中，经济持续度包括经济自给性、经济结构合理性；环境友好度包括生态、气候、人文和村镇环境；资源节约度包括水资源、能源、土地资源等；生活便利性包括生活方便性、公共基础设施配套等；社会和谐度包括安全饮用水、卫生条件等（表 11-2）。

这个模型对于经济、环境、自然资源的利用状况、居民生活以及社区建设是否与当地状况和经济发展协调等，做出了指标评价的选取，但是对于另一类特殊群体，残疾人的生活便捷度、是否有普适的社会养老等没有进行指标的引导，也就是说，在社会和谐度的指标引导上还有待加强，以更加突出宜居社区建设的目标。另外，公众参与是社区建设中“以人为本”极其重要的方面，将公众作为社区建设中的“客户”这一角色，让他们在规划与建设过程中以顾客的身份参与其中，在我国社区建设中极其缺乏，在指标选取中可以把此项作为宜居社区建设和评价工作的引导指标纳入体系构建中，如选取指标“社区居民参与公益性社区活动的积极度”作为加强社区公众参与度的引导及考核指标。

表 11-2　村镇宜居社区规划评价基础信息模型

小城镇宜居社区基准信息模型指标内容			
小城镇宜居社区评价基准信息	基础筛选条件	经济持续度	经济自给性
			经济结构合理性
	实施评价条件	环境友好度	生态环境
			气候环境
			人文环境
			村镇环境等
		资源节约度	水资源
			能源
			土地资源等
		生活便利度	生活方便性
			公共基础设施配套等
	加分增项条款	社会和谐度	安全饮用水
			卫生条件等

资料来源：焦燕，孙金颖等，2103. 村镇宜居社区与小康住宅建设评价体系 2013 年度研究报告 . 国家科技支撑计划 .

11.2.4　西雅图城市可持续发展指标体系

西雅图基于“可持续发展”的城市总体目标，由西雅图城市设计、建筑和土地利用局、交通局、持续发展和环境办公室、公园和娱乐局、住房办公室、卫生局、华盛顿大学等部门和机构共同参与，构建西雅图城市规划的可持续发展衡量指标体系，得到了国际上的认同，如表 11-3 所示。

表 11-3　西雅图城市可持续发展指标体系

一级指标	二级指标	注　解
城市发展指标	人口	人口数量及其增长数
	住宅	住宅单位增长数
	就业	工作岗位或职位的增加数
	交通机动性	交通量的增加

（续）

一级指标	二级指标	注　　解
社会发展指标	市民自愿参与社区活动	测量公众对自己社区的参与感
	绿色开放空间	这项指标包括作为公园、社区花园和绿地的空间；还包括在城市村庄每 1 000 户家庭至少有 1 英亩 * 可使用的开放空间；城市村庄内开放空间在距居民区 1/8～1/4 英里范围之内
	犯罪率	分别包括重大犯罪案件、财产犯罪案件等
	社区安全感	调查询问居民在白天、晚上，在市中心和市中心外感觉的安全程度
	自有住房比例	家庭拥有自己的住宅（包括独立住宅、排屋和公寓）占家庭总数的比例
	有小孩的家庭比例	家庭中有 18 岁以下未成年人的家庭数占家庭总数的百分比
经济和安全性	家庭收入	所有居民家庭收入的中间值
	人口教育程度	年龄 25 岁以上居民拥有各类学历者占 25 岁以上人口总数的比例
	高中辍学率	高中学生在预计毕业时间两年内没有毕业的人数与升入高中的学生总数的比例
	非成年母亲比例	该项指标是为引导增进健康的生活方式而设立
	低收入住宅单位	政府给低收入家庭提供住房补贴的出租住宅单位。此项指标体现了西雅图政府提供多种方式帮助低收入家庭租房和买房
社会公正性——测量社会资源分配的公平性	住房的可负担性和住房价格	意在消除住房上的歧视
	收入分布	测量家庭收入中间值同城市总体家庭收入中间值的比例的地理分布
	种族分布	评估各种不同种族人口的地理分布，从而显示社会融合程度
	低于贫困线人口	该指标是衡量社会公平性的重要指标
	健康保险的覆盖范围	衡量有健康保险的人数占总人口的比例

* 英亩为非法定计量单位，1 英亩＝4 047 平方米。下同。——编者注

（续）

一级指标	二级指标	注　解
环境保护指标	水质量	以此确定人对生态完整性的影响
	空气质量	测量1年中空气质量至少达到好的天数
	噪声水平	通过对城市居民问卷调查的统计结果来评定
	树木覆盖率	城市被树木覆盖的百分比
	能源消耗	各类不同用户每天的电能消耗量
	水消耗	各类不同用户每天的用水加仑数
	再循环	城市对可再生物品的回收比例
	出行方式	16岁以上居民上下班使用的各类交通工具的比例
	公交乘客量	每年平均每人搭乘公共交通工具的次数
	非传统交通设施	衡量城市公交专用道、多乘客机动车专用道的里程数和城市街道中附带自行车道的道路里程数

资料来源：宋彦，陈燕萍，2012. 城市规划评估指引［M］. 中国建筑工业出版社：226－230.

把西雅图城市可持续发展指标中的经济和安全一级指标与我国某省经济发展实力综合评价指标进行对比。城市综合经济实力评价分别从经济发展状况、三大产业状况、购买力状况、城镇化状况、居民收入等方面评估城市经济实力。其中经济发展水平从GDP、GDP增速、人均GDP来评价；经济增长质量分别考察全员劳动生产率、地方公共财政收入、地方公共财政收入占GDP比重；三大产业状况分为工业化率、二三产业从业人员比重、第三产业增加值占GDP比重等指标评价；购买力状况分别从消费、投资、进出口来评价；城镇化状况包含城镇人口、城镇化率以及居民收入等指标，如表11－4所示。

对比西雅图城市可持续发展指标体系和某省城镇综合经济实力指标体系，可以看到：

（1）西雅图经济发展指标中还特别关注经济安全，以家庭收入来体现经济状况；考核家庭人口教育程度来引导经济发展的可延续性和保障可持续发展的生产力；以低收入住宅单位体现了所有居民是有同等机会的，维护高质量的生活品质理念；纳入高中辍学率、非成年母亲比例等指标其意欲引导居民健康的生活方式，并在城市建设中配备不断提供生产力的学习场所。

（2）经济指标中除了GDP、人均GDP等引导型指标外，还应该加入单位工业用地增加值作为控制性指标，引导城镇的经济增长方式转型，即由原来的以工业生产为主的粗放增长转变为集约化增长。

表 11-4 经济综合实力评价

	一级指标	二级指标
综合经济实力	经济发展水平	GDP（亿元）
		GDP 增速（%）
		人均 GDP（元）
	经济发展质量	全员劳动生产率（元/人）
		地方公共财政收入（亿元）
		地方公共财政收入占 GDP 的比重（%）
	三大产业状况	工业化率（%）
		二、三产业从业人员比重
		第三产业增加值占 GDP 的比重（%）
	购买力状况	全社会固定资产投资额（亿元）
		社会消费品零售总额（亿元）
		进出口总额（万美元）
	城镇化状况	城镇人口（万人）
		城镇化率（%）
	城乡居民收入	城镇居民人均可支配收入（元）
		农民人均纯收入（元）

（3）综合经济实力指标不应该单纯地以经济元素作为考核指标，忽略环境指标、资源指标的制约和社会民生，以及文化要素融入带来的经济增值性。如西雅图可持续发展指标体系中社会发展指标子项中设置有小孩的家庭比例，以家庭中有 18 岁以下未成年人的家庭数占家庭总数的百分比来评价，目的是表达少年儿童是城市可持续发展的重要资源，引导城市建设中必须考虑提供环境促进他们健康成长。对于持续经济增长的驱动力——知识这一要素的培育在指标上也需要加强引导，指标的选取显得过于单一，对未来生产力的培育和发展不够明确，指标体系的构建还需全面审慎。

经济发展实际上是有许多综合因素相互制约的，其发展的可持续性有许多相互关联的要素，如资源的约束、城市的基础设施配套能力，知识创造的公共设施、场所及环境条件、社会资源分配的公平性等都是对经济增长的协调与可持续性具有导向性作用，发展的终极目标也是提高人们的生活品质，我国政府在指标的选取和制定时可以多加借鉴。

11.3 培育和发展体现时代特征的宜居社区关键要素

通过分析传统美国小镇社区评价指标、美国“社区经济发展（CED）”模型、对比西雅图城市可持续发展指标体系和我国国家科技支撑计划对于宜居社区评价指标的探讨，总结世界宜居城市、城市宜居社区以及不同类型宜居社区的评价指标体系，根据宜居社区的内涵及建设内容，初步确立了我国宜居社区的评价指标体系应该包括经济持续度、环境友好度、资源节约度、生活便利度、社会进步等方面，模型框架如表 11-5 所示。

表 11-5 宜居社区评价基础信息模型

宜居社区关键要素内容		要素子项
经济持续度	增长性	GDP
		人均 GDP
		GDP 增速（%）
		地方财政收入占 GDP 比重
		单位工业用地增加值
	可持续性	全员劳动生产率
		中小型工业企业产值占工业总产值比重
		研发（R&D）经费占 GDP 比重
	和谐性	消费物价指数（CPI）
		生产者物价指数（PPI）
		第三产业占 GDP 比重
		城乡居民收入比
	参与性	私营（个体）从业人口占就业总人口比重
环境友好度	生态环境	万元 GDP 综合能耗
		万元农业 GDP 化肥使用量
		环境保护投资占 GDP 比重
		工业排放废水达标率
		环境空气质量达标天数
		SO_2、COD 排放削减指标（千克/万元 GDP）

（续）

宜居社区关键要素内容		要素子项
环境友好度	气候变化	住宅总二氧化碳产生量——磅（年·人）（住宅和出行）
		非住宅总二氧化碳产生量——磅（年·人）（建筑和出行）
	生态园林	人均公共绿地面积
		森林覆盖率
		园地比例
	人文环境	文化机构从业人数
		广播电视综合覆盖率
		文化产业增加值占 GDP 比重
		文化课题研究总经费占 R&D 比重
		公共图书馆总流通人数
		每万人拥有文化馆（站）数量
		人均图书印刷数
资源节约度	垃圾及废弃物	生活垃圾回收利用率
		生活垃圾无害化处理率
		工业固体废弃物综合利用率
	水资源	各类不同用户每天的用水加仑数
		万元 GDP 耗水量
	能源	各类不同用户每天的电能消耗量
		社会可再生能源的使用量
	土地资源	人均建设用地面积（平方米/人）
生活便利度	社区交通出行	16 岁以上居民上下班使用的各类交通工具的比例
		每年平均每人搭乘公共交通工具的次数
		多乘客机动车专用道里程数
		出租车搭乘情况
		步行系统道路里程数
		绿色自行车道的道路里程数
	社区公共设施	教育设施服务半径
		医疗设施服务半径
		商业网点服务半径（表达购物设施）
		休闲娱乐设施服务半径
		儿童游乐设施服务半径
		其他配套设施情况

（续）

宜居社区关键要素内容		要素子项
社会和谐与进步	增长性	恩格尔系数（城镇）
		恩格尔系数（农村）
		城镇化率
		人口平均预期寿命
		人口自然增长率
		人均住房面积（城镇）
		人均住房面积（农村）
	可持续性	教育经费支出
		教育经费支出占财政支出的比重
		人口规模（万人）
	和谐性	城镇登记失业率
		每万人拥有医疗床位数
		九年义务教育学位供给量
		高中阶段学位供给量
		高等教育机构在校人数
		最低收入家庭住房保障率
		残疾人生活的便捷度
		社会养老便捷性
		人均避难场所用地
		外来务工人员工伤、医疗保险参保率
	参与性	人均文教娱乐及服务支出占生活消费支出的比重（城镇）
		人均文教娱乐及服务支出占生活消费支出的比重（农村）
		人均社会捐赠款物
		社区居民参与公益性活动积极度

11.3.1 宜居社区评价关键要素选取及指标体系的设计思想

坚持以人为本，合理利用和有效保护公共资源，维护社会和谐，从经济、资源、环境和社会进步等方面建立科学的宜居社区指标体系，以引导实现提高人们生活品质的目标。

11.3.2　宜居社区评价基础信息模型及说明

（1）经济持续度要体现增长性、可持续性、和谐型和居民的参与性。在该类指标中，特别设置单位工业用地增加值作为控制性指标，引导城镇的建设不能单纯依靠工业经济增长来带动，实质上是在土地集约化利用和产业转型升级的基础上的经济增长。

由于小城镇社区经济的特殊性，除传统指标外，特增设中小型工业企业产值占工业总产值比重和研发（R&D）经费占GDP比重来体现特色资源产业化以及科技创新的持续度。

（2）环境友好度分别用生态环境、气候变化、生态园林、人文环境、垃圾及废弃物几项关键要素来表达。生态环境子项要素中，用环境空气质量达标天数来测量1年中空气质量至少达到好的天数；选取SO_2、COD排放削减指标（千克/万元GDP）作为控制性指标表达大气状况。在该项指标中，还应涉及噪声水平，但由于该项指标需要通过对城市居民问卷调查的统计结果来评定，所以在此指标的选取中没有作为定量考核列入。

（3）资源节约度。水资源、能源和土地资源。其中，水资源系统需包括分质供水系统、分质排水系统、利用天然或人工溪流湿地进行生态水处理、中水回收利用、景观绿化节水、节水设施与器具的使用等，选取各类不同指标来考核。但是根据数据可获得性的选取思想，城市生活污水处理率、城市再生水利用率在社区范围内不一定可获取，所以在宜居社区要素体系中未做列出。能源主要引导利用建筑的朝向和体型合理节能、利用建筑的围护结构和材料节能、区域集中供热和供冷、设备系统的节能高效利用等。选用各类不同用户每天的电能消耗量和社会可再生能源的使用量来进行评价。

（4）生活便捷度主要考察社区交通出行和社区公共设施。其中社区公共设施分别包括教育、医疗、商业、休闲娱乐、儿童游乐设施等和居民生活密切相关的公共设施。

（5）社会和谐与进步，分别从增长性、可持续性、和谐型和居民的参与性几个角度选取评价要素。

根据我国的实际情况，增设外来务工人员工伤、医疗保险参保率，引导从社会保障角度构建和谐社会。

对于残疾人生活的便捷度和社会养老便捷性这两项指标，有待根据统一的数据收集系统，将对特殊人群的关怀引入到社区的规划和实际建设中去。

社区居民参与公益性活动积极度，可以采用人均造林面积、每万人民间组织数量、每年开展社区公共活动次数以及参与人数比例、组织文化宣传活动次数等子项数据进行评价。

11.4 进一步的思考

中国经历了30年城镇化的高速发展，取得了惊人的成就。同时，也出现了一系列诸如资源配置效率低下、环境破坏严重、小城镇发展滞后等城市病，进一步制约了经济发展方式转型和经济的持续增长。城市的发展是以提升人们的生活品质为目标，要让中国城镇化的发展兼顾规范、高效与公平，亟待对中国城镇化发展用新的思考维度进行重新思考。宜居社区的建设既是对生活空间的再造，更是对国人现代性的再造。宜居社区的建设，交织了一系列自然、经济、社会、人文等中国特征，并强调内涵型的城市功能建设以及均衡的公共服务供给与公平规则享有，而非突出社区的物质外观。我国宜居社区建设关键要素的评价体系应该包括经济持续度、环境友好度、资源节约度、生活便利度和社会和谐与进步等方面，各类指标的选取力求既考核结果，又引导过程，同时对于需要调整的方面设计约束性要素进行引导，以推动经济增长、保护资源与环境、构建和谐社会、提高人们的生活品质。

有待进一步深入探讨的问题是，宜居社区的建设要立足国情与地域特征，寻找并顺应时代发展的要求，突出地方的地域特色。在要素的选取上还可以考虑资源禀赋，将资源禀赋纳入指标体系，在资源禀赋的引导下，构建具有自身特色的宜居社区，让更多的生产力在自己的家乡创造价值。

12 结语

在习近平总书记领导下制定的十八大、十九大国家发展的全面规划，从理论到实践都深刻体现了马克思主义政治经济学的精髓——政治经济为人民。中共十八大以来，党中央提出的一系列治国理政的新理念新思想新战略，尤其是习近平总书记关于全面建成小康社会的论述，关于统筹推进“五位一体”总体布局、协调推进“四个全面”战略布局的论述，关于坚持创新、协调、绿色、开放、共享的新发展理念的论述等，提出并构建了用以指导改革发展实践的理论体系。

在这个精神的指导下，中国的经济迎来了发展转型的关键期。走绿色发展道路，提高人们生活品质、转变经济发展方式是经济社会发展的必然选择。

转变经济发展方式，强调三次产业协同带动，首先是将三次产业分别置于各自在国民经济中重要的战略地位上，寻求其间的战略互动。其中，农业是基础产业，处于战略的基础地位；工业，特别是制造业被放到了战略性的主导产业位置；服务业，特别是生产性服务业，在工业发展中极大地促进了产业的升级。通过实现三次产业的协同融合，提高产业带动力，增强拉动国民经济的三驾马车中的消费需求，使得经济增长由过去的以投资、出口拉动为主转变为主要依靠国内市场，特别是消费需求，经济发展方式突出表现为需求拉动、内生增长。

三次产业协同带动强调的是产业间的关联互动。由于产业关联的内在规律性，产业内各部门间的产品、生产技术、服务、价格、投资等相互关联，不同产业之间通过产业链的前向后向关系相互依托发展，各次产业通过产业关联引领，形成产业间的关联互动、递进发展。创新推进三次产业协同融合，信息化条件下产业关联方式扩展带来三次产业协同融合，由传统的第二产业占主导地位逐渐演变为工业化中下期的二、三产业并重的“双轮驱动”形态和后工业化时期以知识型新兴产业为核心，三次产业高度交织融合并衍生出许多新兴产业的“多维立体创新型”结构形态。

三次产业协同带动的动力源泉在于创新。创新首先催生新兴产业的出现，新兴产业特别是战略性新兴产业具有“战略性”地位，具有全局性、长远性和导向性的特征，拥有显著的技术优势，产业间的溢出和波及效应强，通过发挥其技术引领和产业带动作用，增加传统产业附加值，促进传统产业的高端化发展。同时，通过战略性新兴产业先进技术和高端产品的引入，延伸了传统产业链的长度和宽度，使得传统农业转型升级为一产起步“接二连三”的三产联动格局；工业从“生产型制造”向“服务型制造”转变；技术含量高、高附加值的高端服务业对制造业提出了提供各种物质载体和高效率硬件的要求，促进了传统产业的改造与提升，带动了一、二产业的转型与升级。

经济发展的时序表现为先导产业和特色优势产业的更替。战略性新兴产业由于显著的技术优势，产业渗透性和带动力强，首先表现为先导性产业。其先导性特征决定了战略性新兴产业不仅促进生产力水平的不断提高、劳动力分工的精细化、产业部门的智能化和功能专业化发展，同时引领传统产业向着合理化、高端化和生态化方向转型升级，并注重与区域根植性结合，带动区域特色优势产业发展，形成区域特色经济。

三次产业协同带动在不同的地理空间内涵、形态是不同的，各区域协调发展，需要按照国家区域发展总体战略和全国主体功能区规划的要求，综合考虑资源、环境容量、市场空间等因素，充分发挥区域比较优势，调整优化重大生产力布局。首先，中国迫切需要这样的战略选择和分工：我国经济发达的东部地区和内地有条件的地区，应当因地制宜，发挥各自优势，承担发展不同领域的先进制造业，在新能源、新材料、重大装备、电子数字技术、人工智能、纳米技术、生物工程等领域，加快发展高端制造业；其次，引导地区间产业合作和有序转移，防止落后产能向中西部地区转移；最后积极推进以产业为纽带、资源要素集聚的产业集群建设，深入推进新型工业化产业示范基地创建共建。各地根据自己的资源禀赋和环境基础，因地制宜确定不同的区域发展空间形态。

城市的发展以提升人们的生活品质为目标，让中国城镇化的发展兼顾规范、高效与公平，需要用新的思考维度对中国城镇化发展重新进行思考。宜居社区的建设，交织了一系列自然、经济、社会、人文等中国特征，并强调内涵型的城市功能建设以及均衡的公共服务供给与公平规则享有，而非突出社区的物质外观。既是对生活空间的再造，更是对国人现代性的再造。我国宜居社区建设应该探索经济持续度、环境友好度、资源节约度、生活便利度和社会和谐与进步等方面，力求既考核结果，又引导过程，同时对于需要调整的方面设计约束性要素进行引导，以推动经济增长、保护资源与环境、构建和谐社会、提高人们的生活品质。

参 考 文 献

安世银，2007. 依靠三次产业协同带动经济发展［J］. 中国党政干部论坛（12）：43 - 45.

曹广忠，宋峰，等，2013. 宜居社区规划关键技术研究年度报告［R］. 国家科技支撑计划进展报告，11.

柴福洪，2010. 解读："2012 年财政性教育经费支出占 GDP 的 4%"［N/OL］. 中思网，8.

陈佳贵，2010. 调整优化经济结构　促进发展方式转变［J］. 经济管理（4）：1 - 3.

达捷，2007. 成效、差距、抉择——四川工业对经济的影响力研究［N/OL］.（01 - 15）［2017 - 10 - 31］. 四川统计信息网，http：//www.sc.gov.cn/zwgk/jjjs/tjsj/tjfx/200701/t20070115_169553.shtml.

大卫·科兹，2011. 马克思主义政治经济学的历史及未来展望［J］. 学术月刊（7）：69 - 71.

邓建胜，等，2011. 稳中求进扩大内需——解读中央经济工作会议要点与亮点［N］. 2 版. 人民日报，12 - 15.

邓伟，2011. 突破"中等收入陷阱"的关键在于转变发展方式［J］. 上海行政学院学报（1）.

东佳，1995. 罗默的经济新增长理论［J］. 上海经济研究（8）：36 - 37.

杜肯堂，黄勤，2013. 多点多极支撑发展是经济成长新阶段的必然选择［N］. 6 版. 四川日报，05 - 24.

杜肯堂，2003. 产业互动、城乡相融，加快县域经济发展［J］. 天府新论（1）：34.

杜肯堂，2004. 城乡统筹 区域协调 开拓成都新型工业化城镇化的广阔空间［J］. 四川省情（6）.

杜希尧，赵利宏，廖进中，1999. 过剩经济与我国出口主导产业选择［J］. 国际经贸探索（2）.

方家喜，2010. 发展新兴产业不能"贪大求全"［J］. 理论参考（11）.

冯仙森，2017. 美国防部组织机构将作重大调整 全面聚焦创新驱动与管理效益［N］. 国防科技要闻，08 - 09.

高觉民，李晓慧，2011. 生产性服务业与制造业的互动机理：理论与实证［J］. 中国工业经济（6）：152 - 154.

高永福，2006. 现阶段我国主导产业的选择与对策研究［D］. 厦门：厦门大学.

龚绍东，2010. 产业体系结构形态的历史演进与现代创新［J］. 产经评论（1）：24 - 27.

郭克莎，1996. "八五"期间经济增长的特点［J］. 中国工业经济（11）.

韩振峰，2017. 科学认识和把握我国社会发展的阶段性特征［N］. 人民日报，08-31.
胡鞍钢，2000. "九五"期间经济增长模式转变［N/OL］.（11-31）［2017-10-31］. 中国经济信息网，11. http：//202.114.65.32/index/showdoc.asp? blockcode = 50hag& filename=200107311336.
胡大立，2006. 产业关联、产业协同与集群竞争优势的关联机理［J］. 管理学报（11）：709-713.
黄海峰，刘毅，2010. 北京市三次产业结构变化趋势分析［J］. 价格月刊（11）：55，63.
黄润荣，等，1988 耗散结构与协同学［M］. 贵阳：贵州大学出版社.
冷梅，成达建，胡军，2001. 制度创新：粤港高新技术产业协同发展的新视角［J］. 暨南学报（2）：53-58.
李纲，2017. 学好用好中国特色社会主义政治经济学［J］. 瞭望（28）.
李辉，张旭明，2006. 产业集群的协同效应研究［J］. 吉林大学学报：社会科学版（3）：43-50.
李嘉，吴宇辉，马兰青，等，2010. 发达国家生物经济发展的三次产业融合模式考察与分析［J］. 商场现代化（2）：上旬刊.
李嘉明，甘慧，2009. 基于协同学理论的产学研联盟演化机制研究［J］. 科研管理（3）：167.
李若朋，荣蓉，吕廷杰，2004. 基于知识交流的两种产业协同模式［J］. 北京理工大学学报（3）：42-44.
李文秀，夏杰长，2012. 促进高端服务业发展［N］. 人民日报，06-04.
李晓华，吕铁，2010. 战略性新兴产业的特征与政策导向研究［J］. 宏观经济研究（9）.
李占国，孙久文，2011. 我国四大板块产业集聚经济效应探析［J］. 经济问题探索（1）：53-57.
林兆木，2012. 世界经济走势与中国经济大局［N］. 7 版. 人民日报，01-06.
刘联辉，王坚强，2004. 中小制造企业协同物流模式及其实现途径［J］. 物流技术（11）：118-120.
刘水林，雷兴虎，2006. 论区域协调发展的基本理念［J］. 中南财经政法大学学报（1）：13-18.
刘欣，2010. 后危机时代下的市场共享与区域经济差距［J］. 经济问题探索（11）：12-18.
陆小成，罗新星，2007. 产业集群协同演化与策略选择［J］. 统计与决策（22）：45-48.
马静，张宗斌，2005. 论我国经济增长方式的转变［J］. 山东师范大学文科学报（2）.
农业扶持政策面临挑战，2010. 21 世纪网［J］. 21 世纪经济报道，04-22.
欧阳敏，周维崧，2011. 我国城乡统筹发展模式比较及其启示［J］. 商业时代（3）.
彭志忠，2006. 县域经济产业协同成熟度分析与研究［J］. 山东大学学报（2）：99-105.

乔金亮，2012. 都市农业：一产起步“二连三”[N]. 5版. 经济日报，05-10.

四川省统计局，国家统计局四川调查总队，2014. 四川统计年鉴—2014 [M]. 北京：中国统计出版社.

四川省统计局，2014. 四川省四大城市群经济实力研究 [N/OL]. (01-02) [2017-10-31]. 四川统计信息网，http://www.sc.stats.gov.cn/tjxx/zxfb/201401/t20140107_15110.html.

宋彦，陈燕平，2012. 城市规划评估指引 [M]. 北京：中国建筑工业出版社.

苏明吾，2001. 论新时期的产业协调模式选择 [J]. 经济经纬 (4)：12-15.

谭崇台，郭熙保，1995. 发展经济学 [M]. 上海：上海人民出版社.

唐松，2008. 基于非均衡发展理论的区域协调内涵诊释 [J]. 经济经纬 (1)：70-72.

陶良虎，1999. 我国产业结构的演变及特点 [N]. 光明日报，10-01.

田敏，石爱娣，2011. 三次产业带动的产业经济学机理研究——需求拉动和供给推动分析 [J]. 生态经济 (2).

田敏，宋彦，2016. 宜居社区评价指标比较研究 [J]. 经济体制改革 (3).

田敏，杨慧桢，石爱娣，等，2011. 城乡统筹下三次产业互动发展研究——基于统筹城乡综合配套改革试验区的探讨 [J]. 研究报告 (6).

田敏，2009. 刍议中心城市发展总部经济的构成要素 [J]. 商业时代 (4)：17，22.

汪海波，2007. 对第三产业发展严重滞后原因的分析 [J]. 经济学动态 (4).

王传民，袁伦渠，2006. 基于灰色关联分析的县域产业协同发展模型 [J]. 生产力研究 (4)：188-189.

王怀岳，2001. 中国县域经济发展实论 [M]. 北京：人民出版社.

王建国，2000. 50年来我国产业结构演变的经验和教训及启示 [J]. 郑州轻工业学院学报 (1).

王军，2007. 我国经济发展方式转变的理论要义与政策思路 [N/OL]. (11-26) [2017-10-31]. http://www.sddx.gov.cn/001/001016/001016007/2423312270436.htm.

王政，2010. 工业大国如何向工业强国转变 [N]. 10版. 人民日报，06-01.

吴冰，2011. 探索乡镇发展新模式——访广东省科技厅厅长李兴华 [N]. 人民日报：中国区域经济发展论坛特刊，09-08.

吴焕新，2008. 县域循环经济与产业协同发展成熟度评价指标体系研究 [J]. 攀登 (3)：38-42.

吴双，2010. 重庆产业结构现状分析及优化思路 [J]. 农村经济与科技 (1)：77-78.

肖文韬，2003. 产业结构协调理论综述 [J]. 武汉理工大学学报 (3)：151-155.

徐婕，张丽琦，吴季松，2007. 我国各地区资源、环境、经济协调发展评价 [J]. 科学学研究 (2)：282-287.

徐力行，毕淑青，2007. 关于产业创新协同战略框架的构想 [J]. 山西财经大学学报 (4)：

51 - 55.
徐力行，高伟凯，2007. 产业创新与产业协同—基于部门间产品嵌入式创新流的系统分析［J］. 中国软科学（6）：131 - 135.
许静，万瑶，2011. 四川休闲农业与乡村旅游成全国典范农家乐带动 400 余万农民增收［N］. 四川日报，09 - 29.
许青云，2010. 加快转变经济发展方式内涵、意义及战略选择研究［J］. 中国商界（5）：156 - 157.
杨公仆，干春晖，等，2005. 产业经济学［M］. 上海：复旦大学出版社.
杨艳秋，2009. 浅议政府在产业结构调整中的作用及角色定位［J］. 保山师专学报（2）.
张丽峰，2010. 低碳经济背景下我国产业结构调整对策研究［J］. 开放导报（2）.
张乃丽，牟小楠，2010. 战后中日主导产业与非主导产业的政策比较——基于产业政策史的视角［J］. 山东大学学报（5）.
张晓婷，2010. 势分析方法在我国科技进步贡献率测度中的应用［J］. 中国商界（7）.
赵双琳，朱道才，2009. 产业协同研究进展与启示［J］. 郑州航空工业管理学院学报（12）：15 - 20.
赵旭，吴孟，2007. 区域城市化与城市生态环境藕合协调发展评价［J］. 重庆工商大学学报（6）：73 - 78.
郑新立，2010. 应对世界金融危机的回顾与展望——2009 年我国经济运行与宏观调控政策分析［J］. 产经评论（1）.
中共中央宣传部，2016. 习近平总书记系列重要讲话读本（2016 年版）［M］. 北京：学习出版社，人民出版社：33 - 36.
中国科学技术发展战略研究院科技进步贡献率研究小组，2011. 科技进步贡献率测算须引入无形资本因素［N］. 科技日报，12 - 04.
叶健，晏国政，2011. 中国中部省份在产业转移承接中构建“增长极”［N/OL］.（09 - 30）［2017 - 10 - 31］. http://www.china.com. cn/economic/txt/2011 - 09/30/content_23532386.htm.
申晓佳，2017. 重庆市战略性新兴产业蓬勃发展［N］. 重庆日报，05 - 08.
周芳，林小昭，2016. 多省份发布年报：第三产业跑得快重庆或领跑全国［N/OL］.（01 - 20）［2017 - 10 - 31］. 第一财经，http://www.yicai.com/news/4741849.html.
朱道才，赵双琳，2008. 产业协同、县域经济协调发展与政策选择［J］. 兰州商学院学报（5）：93 - 100.
Batty M，Xie，Y C，1999. Self - organized Criticality and Urban Development［J］. Discrete Dynamics in Nature and Society（3）：109 - 124.
Benguigui L，1992. Some Speculations on Fractals and Railway networks［J］. Physica A（191）：75 - 78.

Berg T D, Reshaping Gotham, 1999. The City Livable Movement and the Redevelopment of New York City: 1961—1998 [D] . Indiana, USA: Purdue University Graduate School.

Casellati A, 1997. The Nature Livability [C] . Making Cities Livable. International Making Cities Livable Conferences. California, USA: Gondolier press: 21 - 23.

Ebenezer Howard, 1902. Garden Cities of Tomorrow [M] . Ltd. London: Swan Sonnenschein & CO: 26 .

F Tonnes, 1957. Community and society [M] . Michigan: Michigan State University Press: 55.

H Haken, 1977. Synergeties Anintroduetion [M] . Berlin: Springer.

H Haken, 1987. Advancde Synergetics [M] . Berlin: Springer.

H Haken, 1997. Visions of Synergetics [M] . J. J Franklin Inst, 334B, (5/6) : 759 -792.

Harvey Armstrong, Jim Taylor, 1985. Regional Economics and Policy [M] . Philip Allan Publishers Limited.

Henderson J V, 1996. Equilibrium Location Locations of Vertically Linked Industries [J] . International Economics Review (37): 341 - 359.

Lennard H L, 1997. Principles for the the Livable City [C] . Making Cities Livable. International Making Cities Livable Conferences. California, USA: Gondolier press: 5 - 19.

Masahisa Fujita, Paul Krugman, Anthony J. Venable, 1999. The Spatial Economy—Cities, Regions and International Trade [J] . Massachusetts Institute of Technology.

Tian M, Tang N, Han J, 2017. Research on the Comprehensive Economic Strength of Macro Regional Distribution in Urbanization [C] . 21st International Conference on Advancement of Construction Management and Real Estate (Hong Kong, December 2016) .

Will Lambe, 2008. Small Towns Big Ideas—Case Studies in Small Town Community Economic Development [C] . Community & Economic Development Program. School of Government, University of North Carolina at Chapel Hill. UNC School of government. N. C. Rural Economic Development Center. N. C, USA December: 238.

后　记

本书得到国家留学基金委项目“城市产业布局和区域空间分布协调发展研究”（CSC 201408515155）和博士后流动站基金项目“我国转变经济发展方式中的三次产业协同带动机理研究”（BH2012）的资助。经过5年多的艰苦工作，在大量田野调查的基础上，精心选择材料，收集最新数据，对材料和数据进行认真甄别、计算，对研究中的重点难点问题反复专题讨论和研究，并注重在理论上加以分析、提炼和升华，逐步建立起本书现有体系框架。在整个研究过程中，取得许多阶段性成果，发表CSSCI收录论文3篇，核心期刊论文4篇，参加国内外学术会议并发表学术论文4篇（其中2篇EI检索）。并在此基础上，申报并立项教育部国际合作课题“城乡生态格差与经济发展的共赢模型构建研究”，四川省人力资源和社会保障厅课题“特色小镇建设中的‘互联网＋’新经济平台发展研究”（川人社函〔2017〕436号）和“两化互动城乡统筹推进我省重点小城镇建设研究”（川教计〔2014〕第35号）以及四川省科技厅软科学项目“四川省产学研协同创新驱动产业转型升级研究”（2015ZR0165）等，其中3项课题已结题。全书的研究和撰写得到四川大学杜肯堂教授和农业部农村经济研究中心主任龙文军教授的悉心指导，以及美国北卡罗来纳大学（University of North Carolina at Chapel Hill）终身教授、中国城市研究中心主任宋彦教授的中肯建议，在此致以诚挚的谢意！感谢西华大学2017级硕士研究生贾冯潆和曹梅的帮助，在数据更新工作中，她们做了大量的工作！感谢西华大学以及管理学院给予我的支持和激励！

本研究还有许多不尽如人意之处。三次产业协同带动评价指标体系的建立由于数据完备性的欠缺，验证没能体现在本书中；

城乡统筹实验区三次产业协同发展的实证研究由于数据的欠缺没能完善；发展模式的总结和全面创新改革的实践还有待更深层次的提炼等。这些尚待解决的问题，在今后的研究工作中，我将继续收集相关数据及发展动态，把相关研究深入探讨下去。

在书稿即将付梓之际，首先感谢国家留学基金委对本研究的资助！感谢四川大学博士后流动站对课题研究的资助！感谢给予研究调研帮助的各级政府相关部门领导、工作人员以及朋友们！感谢中国农业出版社对本书出版的帮助！本书的最终完成，也借鉴了国内外众多专家、学者已有的研究成果，在此一并致谢！同时由于著者的学识和水平有限，难免疏漏和不成熟之处，恳请学界同仁批评指正！

田　敏

2017年10月于四川成都